SCORPIO

GERTI SAMEL

LIEBE IN DER NEUEN ZEIT

Wie Seelenpartner jetzt die Welt verändern

SCORPIO

FSC
www.fsc.org
MIX
Papier aus verantwortungsvollen Quellen
FSC® C014889

2. Auflage 2011

Umschlaggestaltung und Motiv: David Hauptmann,
Hauptmann & Kompanie Werbeagentur, Zürich
Satz: BuchHaus Robert Gigler, München
Druck und Bindung: Pustet, Regensburg
ISBN 978-3-942166-12-6

www.scorpio-verlag.de

INHALT

VORWORT

Schon wieder ein Buch über die Liebe? Richtig. Es kann nicht genug Bücher darüber geben. Unsere Welt sieht nicht danach aus, als hätten wir die Liebe begriffen.

Aber ich – darf ausgerechnet ich ein Buch über ein so großes Thema schreiben? Das habe ich mich oft genug gefragt, glauben Sie mir. Und dann habe ich beschlossen, es einfach zu tun, aus einem einfachen Grund: Weil ich mein ganzes Leben lang nach der Liebe gesucht habe. Genau wie Sie, genau wie wir alle. Und weil ich heute, am Ende meiner Suche, von mir sagen kann: Ich liebe. Ja, ganz ehrlich, ich weiß, wovon ich rede.

Alles in allem halte ich mich für eine relativ normale Frau. Vieles von dem, was man in Liebesangelegenheiten mitmacht, habe ich durchlebt. Ich hatte Lover und Lebensabschnittspartner, war verheiratet, bekam ein Kind, ließ mich scheiden und litt viele Jahre lang unter den Schuldgefühlen der alleinerziehenden, berufstätigen Mutter. Sogar mit einer Patchworkfamilie habe ich experimentiert, es hat leider nicht geklappt. Und so suchte ich weiter, fand Liebesparadiese, durchlief Liebeshöllen und stand immer wieder vor den gleichen großen Fragen: Was bedeutet Liebe? Wo finde ich sie? Gibt es einen Partner, der für mich bestimmt ist? Wer bin ich? Wozu bin ich hier? Was ist meine Aufgabe? Ich wollte es wissen und bin dafür verdammt weit gereist in diesen Jahren – vor allem durch meine innere Welt. Mutig habe ich in Abgründe geschaut und Schatten integriert. Schlimmer als die Talsohlen fand ich die flachen, faden Strecken, auf denen nichts passierte. Fast drei Jahrzehnte war ich unterwegs, und aus dieser Zeit habe ich so viel mitgebracht, dass ich ein ganzes Buch damit füllen kann!

So kann ich zum Beispiel ganz gut Energien spüren und mit ihnen arbeiten. Das haben mir meine verschiedenen Lehrer beigebracht. Zwischen Kind, Küche und Karriere zog es mich immer wieder in Kurse und Workshops zur Selbstfindung. Es gibt inzwischen eine ganze Reihe spiritueller Menschen, die keine Birkenstock-Schuhe tragen, sondern Spaß an Mode und Hedonismus haben. Ich gehöre zu ihnen. Trotzdem verbinde ich mich täglich mit meinem höheren Selbst.

Anfang der 80er-Jahre hat mir ein Homöopath erklärt, dass die unsichtbare Welt für mich eine ganz selbstverständliche Sache sei. Das war mir bis dahin nicht bewusst, aber ich habe diesen Satz nie vergessen. Erst als mir ein Shiatsu-Therapeut zeigte, wie man den Fluss von Energien lenken kann, begann ich zu spüren, wie machtvoll diese unsichtbaren Kräfte wirken. Wenn ich mich nach einer Sitzung bei ihm von der Matte erhob, fühlte sich mein Körper lebendig und gleichzeitig entspannt an. So lernte ich, wie es ist, in seiner Mitte zu sein: hellwach und doch gelassen. Fortan waren das die Kriterien, anhand derer ich feststellen konnte, ob ich mit mir im Reinen war.

Bald begann ich, meine Energiezentren zu erkunden. Ich ließ meine Chakren in ihren sieben Farben rotieren, das dritte Auge in Indigo für die Intuition, das Kronenchakra violett für die Verbindung zu Gott. Es war eine Welt, die mich zunehmend in ihren Bann zog. Sogar in meinen Beruf, den Journalismus, ließ ich esoterische Themen einfließen. Einmal machte ich für meine Zeitung eine Reportage über einen merkwürdigen Tarotkurs. Es sollte ein Verriss werden, aber dann merkte ich, dass an diesen magischen Karten etwas dran sein musste. Jedenfalls erzielte ich mit meinen Vorhersagen so erstaunliche Trefferquoten, dass mir der Spott nicht mehr so recht aus der Feder fließen wollte. Ich hatte die kritische Distanz zum Thema verloren. Für einen Journalisten unmöglich. Das war verwirrend.

So ging mein Lernen weiter. Ich machte einen Kurs in Reiki, setzte mich mit den Lehren großer spiritueller Meister auseinander, beschäftigte mich mit dem Buddhismus und tibetischer Medizin. Ich traf den Dalai-Lama und erkundete das Phänomen der Erleuchtung, lernte echte von falschen Gurus zu unterscheiden. Bald erkannte ich, dass Menschen, die sich für erwacht halten, es in den seltensten Fällen sind.

Einer meiner interessantesten Lehrer war übrigens ein Medium. Er schulte mich darin, mein Bewusstsein anzuheben und meinen Körper zu verlassen. Ich war total fasziniert von den Welten, die sich mir eröffneten. In Begleitung meiner Geistführer bereiste ich verschiedene geistige Ebenen, enterte fremde Galaxien und traf auf Lichtwesen, mit denen ich kommunizieren konnte. Ich lernte, Botschaften aus höheren geistigen Ebenen zu empfangen und aufzuschreiben. Ich orakelte. Drei Jahre war ich wie besessen von dieser Bewusstseinsarbeit. Dann erlosch mein Interesse von einem Tag auf den anderen.

Mit der Zeit begann ich zu begreifen, dass alles, aber auch alles, letztlich Energie ist. Es gibt Gedankenenergie, Willensenergie, Lichtenergie, Bewegungsenergie, Körperenergie ... Das gesamte Universum besteht aus sich wechselseitig beeinflussenden Energien. Auch ich verwandle im Augenblick des Schreibens meine Gedanken in Wortenergie, und Sie nehmen beim Lesen die Schwingung meiner Worte auf. Wenn diese mit Ihrer Schwingung in Resonanz geht, werden Sie weiterlesen. Wenn nicht, werden Sie das Buch irgendwann beiseitelegen.

Eines Tages fühlte ich mich in der Lage, mein Wissen weiterzugeben. Ich gab Meditationsunterricht, hielt Seminare und lehrte nun meine Schülerinnen und Schüler, ihr Bewusstsein anzuheben und ihr Herz zu öffnen. Mir ging es immer um die Liebe.

Heute bin ich so weit, dass ich mit geistigen Energien kommunizieren kann und Antworten auf meine Fragen erhalte. Wenn ich ein Problem habe und um Hilfe bitte, bekomme ich sie – meistens. Aber ich bekomme auch Denkzettel und Lehren erteilt, wenn es mir an Demut fehlt oder ich in mein altes Grübeln und Zweifeln zurückfalle. Am schlimmsten ereilt es mich, wenn ich aufhöre, an mich zu glauben, oder wenn ich vergesse, mich selbst zu lieben. Das ist aus der Sicht der geistigen Welt der größte Fehler, den man begehen kann!

Wie viele andere Menschen spüre auch ich, dass unsere Welt sich wandelt. Die Energie der gesamten Erde ändert sich, und zwar auf allen Ebenen!

Ich spreche hier nur am Rande von den klimatischen Veränderungen, von Polverschiebungen und Umweltkatastrophen, von Finanzkrisen und Terror. Mein Blick richtet sich vor allem auf die Veränderungen in unserer Gesellschaft und ganz speziell auf die Beziehung zwischen den Geschlechtern. Was ist passiert zwischen Männern und Frauen? Wir müssen ja nur unsere eigenen Liebesbeziehungen betrachten, um zu erkennen, dass uns die Orientierung abhandengekommen ist. Die alten Rollenvorbilder verschwimmen zusehends, und wir sind gezwungen, uns zwischen Tradition und Fiktion immer wieder ein neues Selbstverständnis zu erschaffen. Mit dem einen Fuß noch in alten Beziehungsmustern verhakt, betreten wir mit dem anderen bereits Neuland. Ein qualvoller Spagat.

Mein Buch beschäftigt sich mit der neuen Liebe zwischen Mann und Frau und mit dem steinigen Weg dorthin. Es ist mehr als eine Bestandsaufnahme mit Lösungsvorschlägen, denn es enthält eine Vision und eine Botschaft. Ich bin fest davon überzeugt, dass es einen neuen Prototyp von Adam und Eva geben wird. Wir werden künftig in der Lage sein, uns von allem zu verabschieden, was Mann und Frau über Tausende von Jahren getrennt hat. Keine Konventionen, keine Projektionen, keine Bedingungen – nichts wird das Paar der Zukunft mehr daran hindern, sich in Liebe zu begegnen.

In diesem Buch geht es um die Kraft der Liebe, die uns hilft, unseren Seelenpartner zu finden. Damit meine ich den

Lebensgefährten, mit dem wir eine neue Form der Beziehung leben können. Kompromisslos, frei, bedingungslos und doch zutiefst verbunden – so sehe ich die Liebe in der neuen Zeit. Immer wieder habe ich in den letzten Jahren angefangen, meine Visionen dazu niederzuschreiben, doch irgendwie kam ich nicht weiter. Heute weiß ich, was mir fehlte: mein eigener Seelenpartner. Jetzt ist er da, er kam wie über Nacht an meine Seite, und ein paar Monate später entstand die Idee zu diesem Buch. So lade ich Sie also ein zu einer Reise, die hier und heute beginnt und die da endet, wo wir alle hinmöchten.

Ihre Gerti Samel

1. Kapitel:

EINE NEUE ZEIT BRICHT AN

Ich habe viele Männer von Herzen geliebt. Aber nur einer ist mein Seelenpartner.

Liebe Leserin und lieber Leser,

ich schreibe dieses Buch, weil ich glaube, dass die Menschen zu wenig über Seelenpartnerschaft wissen. Dabei ist es genau das, wonach sie sich aus tiefstem Herzen sehnen! Ist es nicht seltsam: Millionen von Menschen haben den gleichen Wunsch und wissen nicht, wie er sich erfüllen kann ...

Nach allem, was ich über die Liebe begriffen habe, bin ich davon überzeugt, dass das Schicksal für jeden von uns einen Seelenpartner vorgesehen hat. Einen, wohlgemerkt – einen einzigen, und dieser eine ist der Mensch, zu dem unsere Seele »Ja« sagt. Unser Herz ist da ganz anders gestrickt. Es sagt zu vielen Partnern »Ja«, denn es möchte immerzu lieben. Aber unsere Seele erkennt nur einen einzigen Liebespartner als den Richtigen an und sagt zu ihm: »Du bist es. Ich sehe dich in deiner Seele.« Und er ist es dann wirklich: Der Mensch, den das Schicksal für uns bestimmt hat und an dessen Seite unser Leben sich erfüllt.

Bitte fragen Sie mich nicht, ob ich diese Behauptung wissenschaftlich begründen kann. Ich kann es nicht. Aber ich habe das, was ich hier beschreibe, erfahren, gefühlt und erkannt, und wenn ich mich umschaue, sehe ich es an vielen Beispielen bestätigt. Über Seelenpartner gibt es keine forschungsrelevanten Studien, und trotzdem existieren sie. Ich bin mir sicher, dass auch Sie einige kennen. Es sind die Paare, die man um ihre Innigkeit beneidet. Sie sind so tief miteinander verbunden, dass man geneigt ist, von einer überirdischen Liebe zu sprechen – vielleicht sogar von einer transzendierten Liebe. Auf jeden Fall handelt es sich um eine Verbindungen, die über alles erhaben sind, was übliche Beziehungen früher oder später zermürbt. Eifersüchteleien, Konkurrenzkämpfe, Machtspiele, Kontrollsucht – all das spielt keine Rolle in der Verbindung, die ich meine. Selbst Zeit und Raum kann so eine Beziehung überwinden, weil die Partner auch über große Entfernung hinweg Intimität und Nähe aufrechterhalten können. Ja – es ist genau die Art von Liebe, nach der wir uns sehnen: reife, erfüllte Liebe.

Eine neue Mann-Frau-Beziehung kristallisiert sich heraus – meine Vision

Sie finden, das klingt zu schön, um wahr zu sein? Täuschen Sie sich nicht! Das Phänomen Seelenpartner erscheint nur wie ein Mythos, weil es unsere tiefsten Sehnsüchte weckt. Nicht von ungefähr handeln die bewegendsten Liebesdramen aus Literatur und Filmgeschichte vom Suchen und Finden zweier Seelen.

Trotzdem geht es hier nicht um eine Fiktion. Seelenpartner gibt es im ganz realen Leben, und das Phänomenale an diesem Phänomen: Es werden immer mehr! Als ich anfing, mich damit zu beschäftigen, stellte ich zu meinem Erstaunen sehr schnell fest, wie brandaktuell das Thema ist. Als hätte ich eine Lawine losgetreten, hörte und las ich plötzlich überall die berührenden Geschichten von Seelenpartnern, die in den letzten Jahren zueinandergefunden hatten. Ich stieß auf Foren im Netz, die sich ausschließlich dem speziellen Themenkreis dieser Paare widmen. Einige Stimmen meinten sogar, erst das Internet hätte es möglich gemacht, dass Seelenpartner auf der ganzen Welt sich jetzt begegnen können. Was geschieht hier gerade zwischen Männern und Frauen? Wir leben in einer Zeit, in der die Chance, dem Seelenpartner zu begegnen, so groß ist wie selten zuvor. Während auf der einen Seite reihenweise vermeintlich stabile Beziehungen unerwartet auseinanderbrechen, finden auf der anderen Seite ebenso unerwartet neue, sehr tiefe und intensive Liebesbegegnungen statt. Diese Begegnungen wirken auf den ersten Blick deswegen so irreal, weil sie etwas Magisches haben. Sie erscheinen wie von oben gelenkt und zusammengefügt. Schauen Sie sich einmal in Ihrem Bekanntenkreis um oder reden Sie mit Freunden. Sie werden feststellen, dass fast jeder von einer solchen besonderen Liebe zu berichten weiß.

Für mich ist es kein Zufall, dass zurzeit so viele Menschen ihrem Seelenpartner begegnen. Ich denke, wir Menschen sind dabei, uns im besten Sinne weiterzuentwickeln. Wir nehmen feiner wahr und öffnen uns für Beobachtungen, die wir vor zehn Jahren niemals thematisiert hätten. Es geschieht gerade eine Menge in unserem Bewusstsein, und deswegen bin ich überzeugt, dass diesen Paaren eine große Bedeutung für die Zukunft zukommt. Ich behaupte, Seelenpartner sind die Vorboten einer neuen Mann-Frau-Beziehung. An ihrem Beispiel wird uns gezeigt, worum es künftig zwischen Mann und Frau gehen wird: um reine, bedingungslose, aus dem Herzen heraus gelebte Liebe. Diese Liebe lässt nichts zu, was aus anderen Motiven heraus entstanden ist. Liebe ist das Erkennungsmerkmal, die Nahrung und die Essenz der Partnerschaft von morgen, und zwischen den Seelenpartnern von heute schimmert das bereits auf. Das ist meine Vision.

Ich werde auf den nächsten Seiten versuchen, Sie davon zu überzeugen. Das ist zugegeben nicht ganz einfach. Bei Visionen kann man sich bekanntlich nicht auf Studien beziehen. Ich stütze mich stattdessen auf Beobachtungen und auf Recherchen, auf persönliche Erfahrungen und Einsichten und nicht zuletzt auf meine Inspirationsquellen. Wenn Sie zu den Analytikern gehören, für die nur zählt, was sie sehen, hören und mit dem Verstand erfassen können, ist nun der Augenblick gekommen, dieses Buch beiseitezulegen. Glauben Sie mir, es ist nichts für Sie. Ich habe es aus dem Herzen heraus geschrieben und mich dabei von meiner rechten, intuitiven Gehirnhälfte führen lassen. Es gab nicht mal ein detailliert ausgearbeitetes Konzept. Trotzdem war ich mir von Anfang an sicher, dass sich viele Menschen für das Thema interessieren werden. Es ist für all diejenigen unter Ihnen entstanden, die immer noch bereit sind, an das Wunder der Liebe zu glauben. Und daran, dass neue Zeiten zwischen Mann und Frau anbrechen.

Sollten Sie also gerade eine Trennung durchmachen oder in eine ausweglose Beziehung verstrickt sein – lesen Sie bitte weiter. Sie werden herausfinden, warum es ist, wie es ist, und Sie werden eine Menge Vorschläge finden, um Ihre Situation zu verbessern. Sollten Sie Single sein und nach Ihrem Seelenpartner suchen: Lesen Sie bitte auf jeden Fall weiter. Sie werden begreifen und verstehen, warum er nicht bei Ihnen ist und was Sie tun können, damit er in Ihr Leben tritt. Versprechen kann ich Ihnen jetzt schon eines: Wenn es geschieht, dass Sie mit ihm zusammentreffen, werden Sie es als das größte Glück Ihres Lebens empfinden. Falls Sie sich nicht sicher sind, ob der Mensch an Ihrer Seite Ihr Seelenpartner ist: Lesen auch Sie bitte unbedingt weiter. Am Ende des Buches werden Ihre Zweifel beseitigt sein.

Last but not least ist mein Buch auch für all diejenigen unter Ihnen geschrieben, die mit ihrem Seelenpartner zusammen sind. Hier wird Ihnen das wunderbare Potenzial Ihrer Verbindung aufgezeigt. Mag sein, dass Sie beim Lesen immer wieder lächeln und sich bestätigt fühlen. Vielleicht nicken Sie schon jetzt überzeugt mit dem Kopf: »Es stimmt. Es gibt schon heute bedingungslose Liebe …« Niemand wird es schaffen, Ihnen diese Überzeugung zu nehmen, denn sie ist eine in all Ihren Zellen gefühlte Gewissheit.

Bevor Sie sich jetzt aber die Hände reiben und rufen: »Au fein, dann finde ich ja doch bald den Menschen, der für mich bestimmt ist«, muss ich Sie vorwarnen. Seelenpartnerschaften finden heute zwar häufiger statt, aber sie enden nicht zwangsläufig im immerwährenden Glück. Auch Seelenpaare haben etwas zu lernen. Was genau, das erfahren Sie im vierten Kapitel. Hier möchte ich Sie nur darauf hinweisen, dass die absolute Harmonie zwischen Seelenpartnern oft erst etwas später im Leben entsteht. Das habe ich am eigenen Leib erfahren, und ich habe beobachtet, dass es anderen ähnlich ergeht. Meine Mutter zum Beispiel ist ihrem Seelenpartner im Alter von 76 Jahren wiederbegegnet, nachdem sie ihn in den Wirren des Zweiten Weltkriegs verloren hatte. Ihre wunderbare Altersliebe hält sie seit vielen Jahren so gesund, dass es die reine Freude ist. Natürlich muss nicht jeder so alt werden wie meine Mutter, um seine Liebe zu finden. Allerdings glaube ich, dass man eine gewisse Reife dafür braucht, vielleicht sogar ein gewisses Maß an Seelenweisheit. Es gibt Menschen, die schon sehr früh Reife und Seelenweisheit erlangen. Andere brauchen dafür etwas länger – wie meine Mutter und ich.

Exkurs: Mein persönlicher Beziehungsweg

Wie so viele bin auch ich in jungen Jahren ohne viel Bewusstsein von einer Beziehung in die nächste getaumelt. Ich machte mir nicht viele Gedanken über Partner oder über das, was ich von einer Beziehung erwartete. Das war in meinen Studentenkreisen nicht angesagt. Man verliebte sich, blieb eine Weile zusammen, machte bestimmte Erfahrungen, und wenn man das Gefühl hatte, dass es nicht mehr stimmte, ging man auseinander. So eine Trennung tat natürlich weh, und so suchte man sich jemanden, der einem über den Schmerz hinweghalf. Schwups, steckte man schon in der nächsten Beziehung, und das Karussell ging in eine weitere Runde. Psychologen nennen dieses Beziehungsverhalten serielle Monogamie. Sie ist die zurzeit üblichste Form der Partnerschaft.

Heute weiß ich, dass Beziehungen große Lernfelder in meinem Lebens waren, und mir scheint, dass das Schicksal mir diesbezüglich ein besonders großes Paket an Hausaufgaben aufgebrummt hat. Mir wurde wahrlich nichts erspart. Sobald ich mich ernsthaft verliebte, begannen meine tief sitzenden Verlustängste aufzubrechen, durch die ich mich mühsam hindurcharbeiten musste. Ich war gezwungen, emotionale Abhängigkeiten zu erfahren, zu erkennen, zu durchleiden und mich von ihnen zu befreien. Ich musste verstehen, wie gegenseitige Projektionen funktionieren, und Wahrheit von Selbsttäuschung trennen. Ich lernte, mich abzugrenzen, meine Bedürfnisse zu erkennen und durchzusetzen. Ich begegnete den vielen Gesichtern meiner Angst und staunte, wozu ich fähig bin, wenn ich in die Ecke gedrängt werde. Das alles kostete mich Wannen voller Tränen und spielte sich in gut drei Jahrzehnten meines Lebens ab. Insgesamt gab es in dieser Zeit nur wenige Monate, in denen nicht irgendein Mann eine Rolle in meinem Leben gespielt hat. Allerdings hatte ich nie das Gefühl, dem einen begegnet zu sein. Ehrlich gesagt, konnte ich mir gar nicht vorstellen, dass es so jemanden wirklich gibt. Die Erfahrung hatte mir längst gezeigt, dass Männer bestenfalls zum Lebensabschnittspartner taugen.

Selbst die Ehe trat ich relativ illusionslos an. In meinen Dreißigern war mein Nestbautrieb ausgebrochen. Ich wollte heiraten und eine Familie gründen. Mein Mann schien mir dafür ein guter Partner zu sein. Er war fürsorglich, verlässlich und ein rührender Vater. Zum ersten Mal fühlte mich in einer Beziehung sicher und geborgen und war der Überzeugung, dass ein reibungsloser Alltag und gegenseitige Toleranz das Höchste der Gefühle in einer Ehe sind. Ich war zufrieden. Eine Zeit lang funktionierte das Modell, es war schließlich alltagstauglich. Doch irgendwann begann ich zu leiden und begriff, dass meine Seele dabei war, zu verkümmern. Ich fühlte mich nicht geliebt und nicht geachtet und schob die Schuld auf meinen Mann. Erst sehr viel später sollte ich begreifen, dass ein Mensch nur dann seelisch verkümmert, wenn er sich selbst zu wenig Liebe und Achtung entgegenbringt.

Meine Scheidung war ein Rosenkrieg, bei dem ich mächtig Federn lassen musste. Dabei hatte ich doch alles richtig machen wollen. Mein Sohn sollte in einer intakten Familie aufwachsen, ich wollte die perfekte Mutter sein, die liberale Ehefrau und die erfolgreich Berufstätige, die souverän eine Karriere wie aus dem Bilderbuch hinlegt und nebenbei an ihrem inneren Diamanten feilt. Schön, klug, erfolgreich, intelligent und immer ein bisschen anders als die andern – das war mein Wunschbild von mir selbst. Doch nun war ich gescheitert. Saß da mit einem traumatisierten Scheidungskind, hatte Geldsorgen und einen Exehemann, der mir das Leben zur Hölle machte.

»Was habe ich falsch gemacht? Wieso habe ich nie Glück mit Männern?«, fragte ich zornig einen Freund, der als Astrologe arbeitet. »Du hast die Krebssonne im zwölften Haus«, war seine Antwort, »du bist dazu bestimmt, einen Teil deines Weges alleine zu gehen und dich zu transformieren.« »Transformieren!«, schnaubte ich. »Ich will keine Einsiedlerin werden, ich will mit einem Mann glücklich sein!«

Mit der Zeit kam es dann aber doch genau so, wie es mein Astrologenfreund vorhergesagt hatte. Ich lebte alleine. Obwohl ich es anfangs sehr gewöhnungsbedürftig fand, war es letztlich eine enorme Befreiung. Endlich Frieden im eigenen Haus! Ich ging zur Arbeit, erzog meinen Sohn und genoss den neuen Freiraum. Doch es dauerte nicht lange, da hatte ich wieder einen Lover. Er besuchte mich hin und wieder, wir wollten einfach nur Spaß. Nichts Verbindliches, darauf bestand ich von vornherein. »Bitte keine Ansprüche, ich muss mein Leben aufarbeiten«, erklärte ich ihm. In all den vergangenen Beziehungen war ich so verwundet, so verletzt worden, dass ich nur eines wollte: heil werden.

Schon ein paar Jahre zuvor hatte ich angefangen, zu meditieren und mit Energien zu arbeiten. Ich wusste, dass ich mit mir nur dann ins Reine kommen würde, wenn ich lernte zu verzeihen – allen Menschen, die mir wehgetan hatten, vor allem aber meiner eigenen Person. Längst war mir klar geworden, dass ich in all den Jahren mich selbst am meisten verletzt hatte. Diese Erkenntnis tat verdammt weh, das können Sie mir glauben. Aber sie war auch ein Anfang. Der Anfang einer langen Reise zu mir selbst ...

Heute bin ich oft glücklich ohne Grund. Echtes Glück, das weiß ich jetzt, freut sich an sich selbst. Ich brauche niemanden mehr, der mich glücklich macht. Ich habe mich. Und wie es oft so kommt, habe ich inzwischen auch meinen Seelenpartner.

Das Gesetz der Resonanz

So funktioniert es nun mal, das Leben. Brauchst du keinen, kriegst du einen. Bist du dir selbst genug, bekommst du gratis etwas dazu. Bist du glücklich und zufrieden, bekommst du etwas geschenkt, das dich noch glücklicher und noch zufriedener macht. Immer erhält man im Außen das, was man im Innern schon hat. Mein Opa sagte früher: »Wie du in den Wald hineinrufst, so schallt es heraus.«

Heute meint man dasselbe, wenn man vom Gesetz der Resonanz spricht. Man drückt es nur etwas wissenschaftlicher aus. Im physikalischen Sinne entsteht Resonanz, wenn gleiche Schwingungen aufeinandertreffen und sich gegenseitig verstärken. Gleiches reagiert auf Gleiches und gewinnt dadurch an Bedeutung. Im zwischenmenschlichen Bereich erfahren wir das tagtäglich. Ein fröhlicher Mensch zieht fröhliche Menschen an, die zusammen sehr viel mehr Spaß haben als die einzelne Frohnatur. Resonanz erfährt man auch im Umgang mit sich selbst: Achten und respektieren Sie sich, werden Sie von anderen geachtet und respektiert. Oder so: Möchten Sie mehr Anerkennung, müssen Sie sich die Anerkennung zuerst selbst entgegenbringen. Wünschen Sie sich Fülle in Ihrem Leben, sollten Sie sich darum bemühen, immer in einer Verfassung des Gebens und der Dankbarkeit zu sein.

Resonanz entsteht immer und überall, achten Sie einmal darauf. Sie finden genau den Menschen spontan sympathisch, der etwas in Ihnen zum Schwingen bringt. Was immer Sie bei Ihrem Gegenüber anrührt oder bewegt, im positiven oder negativen Sinne, ist ein Zeichen von Resonanz. Beobachten Sie also, wie viel Wohlwollen, wie viel Wärme und wie viel Respekt Ihnen Ihr Partner schenkt. Er spiegelt Ihnen damit Ihr eigenes Verhältnis zu sich selbst.

Seit ich mich mit Resonanzen beschäftige, erfahre ich regelmäßig am eigenen Leib, dass ich einige Eigenschaften an mir immer noch nicht integriert habe. Mein Körper teilt es mir durch entsprechende Signale und Reaktionen mit. Wenn ich zum Beispiel dem Mann einer Kollegin begegne, den ich nur flüchtig kenne, entsteht in mir das dringende Bedürfnis, ihm aus dem Weg zu gehen. Inzwischen bin ich mir auf die Schliche gekommen. Er hat eine Art an sich, die ich von mir selbst kenne und zutiefst ablehne.

Dass ich mit solchen Erlebnissen nicht alleine bin, erfuhr ich kürzlich bei einem geschäftlichen Abendessen. Meine

Tischnachbarin erzählte mir von einem Erlebnis während eines Vortrags. Sie saß neben einer Frau, an deren Seite sie sich aus unerklärlichen Gründen sehr unwohl fühlte. Sie versuchte, das Gefühl zu ignorieren und sich auf den Vortrag zu konzentrieren, spürte aber die ganze Zeit ein seltsames Unbehagen. Plötzlich sprang die Frau neben ihr auf, murmelte etwas von Entschuldigung und kletterte ohne Vorwarnung über ihre Sitzlehne nach hinten, um sich zwei Stuhlreihen weiter auf einen freien Platz zu setzen. Sie hatte offensichtlich dasselbe gespürt.

Das Gesetz der Resonanz funktioniert auch in Sachen Liebe. Wenn Sie geliebt werden möchten, müssen Sie zuerst Liebe in sich selbst finden, denn nur das, was Sie in sich haben, kann mit etwas außerhalb von Ihnen in Resonanz gehen. Ich erinnere mich sehr genau an die Szene, in der ich zum ersten Mal mit dieser Wahrheit konfrontiert wurde. Ich war Mitte zwanzig und wie so oft in meinem Leben in eine unglückliche Beziehung verstrickt. Ich fühlte mich von meinem Partner nicht geliebt und suchte deswegen einen Psychologen auf. Als er mich fragte, warum ich gekommen sei, erklärte ich ihm: »Ich möchte mich weiterentwickeln. Ich möchte mich so verändern, dass mein Freund mich endlich wirklich liebt.« Der Therapeut schaute mich eine Weile schweigend an, dann sagte er einen Satz, den ich nie vergessen werde: »Ich kann Ihren Freund nicht dazu bringen, Sie zu lieben. Ich kann nur Ihnen helfen, sich selbst zu lieben.« Ich war aufgebracht. Das wollte ich nun wirklich nicht hören. Ich war angetreten, um meine Beziehung zu retten, und dieser Mann erzählte mir etwas von Selbstliebe! Wütend verließ ich die Praxis und beschloss, sie nie wieder zu betreten.

Ohne Selbstliebe gibt es keine Liebe

In diesem Buch wird viel die Rede von Selbstliebe sein. Heute halte ich sie für das Wichtigste, das wir in unserem Leben lernen können. Ohne uns zu lieben, werden wir nie in der Lage sein, anderen Liebe zu schenken. Indem wir uns selbst lieben, erlauben wir anderen, uns zu lieben. Darüber sind sich alle Menschen einig, die sich jemals ernsthaft Gedanken zu diesem Thema gemacht haben. Auch die Paarpsychologin Eva-Maria Zurhorst gehört zu ihnen. Sie hat mit ihrem Bestseller *Liebe dich selbst und es ist egal, wen du heiratest* offensichtlich den Nerv unserer Zeit getroffen. Ich stimme Frau Zurhorst voll und ganz in dem Punkt zu, dass ein Mensch, der in der Lage ist, sich bedingungslos anzunehmen, damit auch jeden anderen bedingungslos annehmen kann. Trotzdem würde ich für meinen Teil die Aussage gerne anders formulieren. Ich behaupte nämlich, dass Selbstliebe nicht nur zu einer beliebigen, guten Liebesbeziehung führen kann, sie bringt uns wesentlich weiter: Selbstliebe ist der erste Schritt zum Seelenpartner! Deshalb lautet mein Credo so:

Liebe dich selbst, und du findest Zugang zu deiner Seele. Sie wird dich zu deinem Seelenpartner führen. Mit ihm zusammen potenziert sich deine Kraft, und dein Schicksal kann sich vollenden.

Wie hört sich das an? Lesen Sie den Satz ruhig noch ein- oder zweimal. Ich werde versuchen, ihn in den nächsten Kapiteln aus unterschiedlichen Blickwinkeln zu beleuchten, und hoffe, Sie spätestens am Ende dieses Buches überzeugt zu haben.

Annäherung an die Seele

Zunächst aber möchte ich mich mit dem Begriff »Seele« befassen. Als ich im Internet nachsah, fand ich ungefähr 14 100 000 Einträge zum Thema Seele. Ich stieß auf die Definitionen der großen Philosophen, von Sokrates über Nietzsche bis Kant und Schopenhauer, aber auch auf die Sichtweisen zeitgenössischer Theologen, Philosophen und Psychologen. Am Ende des Tages stellte ich beruhigt fest, dass viele Autoren übereinstimmend einräumten, ihre Erklärungen seien nur Versuche, etwas zu beschreiben, das man mit Worten letztlich nicht beschreiben könne. Damit war meine Suche nach einer Definition zu Ende, und ich versuchte eine neue Annäherung über die Begriffe, mit denen wir unsere Seele umschreiben.

Die einen nennen sie Geist, die anderen höheres Selbst, wieder andere das Unverwundbare, die Essenz, den Kern, die innere Kraftquelle, unser unsterbliches Bewusstsein oder den göttlichen Teil in uns. Neuerdings spricht man sogar davon, dass die Seele Gott sei – oder zumindest der Gott in uns. Die meisten Menschen, mit denen ich darüber gesprochen habe, empfinden ihre Seele als göttlichen Funken, als ihre Essenz oder als einen Strahl Gottes in sich selbst. Die Bestseller-Trilogie von Neale Donald Walsch über die Gespräche mit Gott, die seit vielen Jahren in 27 Sprachen übersetzt um die Welt geht, hat die Idee, dass wir alle etwas Göttliches in uns tragen, in die Köpfe von Millionen von Menschen eingepflanzt. Allein damit hat Herr Walsch schon einen Friedensnobelpreis verdient.

Die Existenz der Seele wird heute nicht einmal mehr von Naturwissenschaftlern bestritten. Namhafte Physiker erkennen inzwischen an, dass es eine physikalisch beschreibbare Seele gibt. Der britische Kernphysiker und Molekularbiologe Jeremy Hayward von der Cambridge-Universität etwa gibt sogar offen zu, dass neben Raum, Zeit, Materie und Energie auch das Bewusstsein eines der Grundelemente der Welt sein könnte. Das menschliche Bewusstsein, das gleichbedeutend sei mit unserer allwissenden, unsterblichen Seele, könne möglicherweise sogar grundlegender als Raum und Zeit sein. So etwas zu lesen erfreut mein Herz, denn es beweist einmal mehr, dass wir in einer Zeit leben, in der die alten Wertvorstellungen aufbrechen. Tatsächlich könnte das offizielle Anerkennen der Seele unser bisheriges Weltbild maßgeblich erschüttern, denn damit würden sich Naturwissenschaft und Religion nicht mehr wie Gegensätze gegenüberstehen, sondern sich ergänzen, wie der rechte und der linke Schuh eines Menschen.

Ich schließe mich der Meinung an, dass eine Seele etwas kaum Beschreibbares ist. Aber ich füge hinzu: Sie ist erfahrbar! Rein subjektiv kann jeder Mensch seine Seele erfühlen, erspüren und auf seine Art definieren. Jeder hat seinen Zugang zu seiner Essenz, und den kann ihm keiner streitig machen. Ich setze mich schon sehr lange mit dem Thema Seele auseinander und habe über all die Jahre eine Menge spiritueller Weisheitsbücher dazu gelesen. Möglichst viel Wissen darüber zu sammeln war gut und wichtig für mich, denn es hat mir sehr viele Aspekte nähergebracht und mir geholfen, mich dem Thema analytisch anzunähern. Den wahren Zugang zu meiner Seele aber hat mir etwas ganz anderes verschafft: Es waren Gefühle! Ganz bestimmte Gefühle: Liebe und Freude.

Ich erinnere mich sehr genau an den strahlenden Sommertag, an dem ich das zum ersten Mal erfahren habe. Wie so oft war ich in Sachen Selbsterfahrung unterwegs. Ich hatte mich entschlossen, bei einer spirituellen Lehrerin private Unterrichtsstunden zu nehmen, um meine erwachende Medialität zu schulen. Andrea, so heißt die Frau, lebte damals in einem Weiler hoch in den Bergen in der Nähe von Inzell. Wir saßen in ihrem von Bergwiesen umsäumten Garten und genossen den geradezu kitschpostkartenartig schönen Blick auf die Alpen, als Andrea mir erklärte, wie man sich mit seinem höheren Selbst, wie sie es nannte, verbinden kann: »Du musst dein Bewusstsein auf die hohe Schwingung deiner Seele anheben, indem du dich emotional auf Liebe und Freude einstimmst«, sagte sie. Andrea regte an, mir vor meinem geistigen Auge einen großen Brunnen vorzustellen, der wie eine Etagère gebaut ist. Das Wasser fließt plätschernd über mehrere Ebenen nach unten, wo es in einem Bassin aufgesammelt wird. Ich tat, wie geheißen, und tatsächlich gelang es mir mühelos, mithilfe des Brunnenbilds eine Stimmung von Freude und Leichtigkeit in mir zu erzeugen. Es war ein geradezu fantastisches Gefühl von Unbeschwertheit, das mir gleichzeitig eine Art Weitsicht bescherte. Zum ersten Mal hatte ich Zugang zu höheren Erkenntnissen über mein Leben. Noch heute nutze ich das Bild des Brunnens, um mich meditativ auf die Ebene meiner Seele einzuschwingen und mit ihr zu kommunizieren. Wenn Sie noch nie bewusst mit Ihrer Seele gesprochen haben, kann ich Ihnen nur raten, es einmal zu versuchen. Es ist gar nicht so schwer, wie Sie vielleicht denken. Das weiß ich nicht nur von mir selbst, sondern auch aus Gesprächen mit den Menschen, denen ich die Brunnenübung weitergegeben habe.

Brunnenübung – Seelenkontakt

Suchen Sie sich einen Platz, an dem Sie etwa eine halbe Stunde lang ungestört sein können. Setzen Sie sich aufrecht hin, aber achten Sie darauf, dass Sie sich trotzdem gut entspannen können. Die Wirbelsäule sollte gerade sein, der Hals in ihrer Verlängerung ebenfalls aufrecht. Senken Sie das Kinn ein wenig ab, damit der Nacken lang wird und der Scheitelpunkt der höchste Punkt Ihres Kopfes ist. Schließen Sie die Augen und nehmen Sie nun zehn tiefe Atemzüge, um währenddessen alle belastenden Gedanken loszuwerden. Atmen Sie über den Mund in den Bauch ein und durch die Nase aus. Mit jedem Ausatmen sagen Sie sich innerlich »loslassen«. Wenn Sie das Gefühl haben, ruhig geworden zu sein, lassen Sie in sich das Bild des oben erwähnten Brunnens entstehen. Wenn Sie die Fontana di Trevi in Rom kennen, können Sie sich gedanklich dieses Bild herbeiholen, genauso gut kann es jeder beliebige, ähnlich gebaute Brunnen sein. Nehmen Sie sich Zeit, um das Bild innerlich auszumalen:
Von oben ergießt sich eine Wasserfontäne in das erste Becken, von dort plätschert es munter in das darunterliegende, breitere Becken, von da aus weiter zum nächsten, noch breiteren Becken und so weiter, bis es unten im Bassin angelangt ist. Verfolgen Sie den Lauf des Wassers möglichst genau mit Ihrem inneren Auge. Vielleicht gelingt es Ihnen sogar, sein Gluckern zu hören. Je plastischer das Bild entsteht, desto besser. Lassen Sie das Plätschern des Wassers eine Weile auf

sich wirken und vertiefen Sie sich in die Stimmung des Bildes. Vielleicht gelingt es Ihnen, die reine Freude nachzuempfinden, mit der sich das Wasser über die Beckenränder ergießt. Es fließt frei und ungehindert, einfach um des Fließens willen. Wenn in Ihnen Freude und Leichtigkeit aufkommen, haben Sie Ihre Schwingung angehoben und befinden sich auf der Ebene Ihrer Seele. Sie können nun eine Frage stellen und abwarten. Manchmal kommt die Antwort in Form eines Bildes, das Ihnen vor den Augen erscheint, manchmal in Form eines Wortflusses, manchmal geschieht gar nichts. Auch das ist in Ordnung. Wenn Sie das Gefühl haben, die Übung ist beendet, bedanken Sie sich und lenken Sie Ihren Atem wieder in den Bauch, um mit Ihrer Aufmerksamkeit zurück in Ihren Körper zu kommen. Lassen Sie sich Zeit damit. Bewegen Sie zuerst Hände und Füße, dann strecken Sie sich und kehren langsam wieder ins Alltagsbewusstsein zurück. Falls Sie sich bestimmte Botschaften oder Bilder merken möchten, nutzen Sie jetzt die Zeit, in der alles Gesagte oder Gesehene noch präsent ist, um es sich aufzuschreiben.

Als ich anfing, mit meiner Seele in Kontakt zu treten, war mir, als würde ich meine innere Heimat betreten – das Reich, in dem ich wirklich zu Hause bin. Falls es Ihnen bei der Übung ähnlich ergangen ist, kann ich Sie nur ermutigen: Machen Sie weiter, Sie liegen richtig! Denn was bin ich, was sind Sie, was sind wir alle? Wir sind nur auf einer äußeren Ebene Lisa Müller oder Otto Mustermann. In Wahrheit sind wir unsterbliches Bewusstsein, das sich in einem Körper manifestiert hat. Sollten Sie also zu den Leuten gehören, die sich in stillen Stunden manchmal fragen, welches ihrer vielen Gesichter eigentlich ihr wahres ist, möchte ich Ihnen an dieser Stelle antworten: Hören Sie auf mit solchen Fragen. Das Einzige, was Sie wirklich *sind,* ist verkörpertes Bewusstsein – Sie *sind* Ihre Seele, die sich Ihren Körper ausgesucht hat, um sich durch ihn auszudrücken.

Wenn Sie sich die üblichen Wer-bin-ich-Fragen stellen, haben Sie wahrscheinlich all die veränderlichen Rollen, Eigenschaften und Persönlichkeitsanteile vor Augen, die Sie sich im Laufe Ihres Lebens angeeignet *haben.* Das sind aber nicht Sie, sondern nur Ihre äußeren Rollen, die Sie abwechselnd ausspielen können. Heute sind Sie vielleicht die strahlende Karrierefrau oder der auf höchsten Ebenen operierende Manager, morgen vielleicht ein von Versagensängsten geplagtes Nervenbündel, übermorgen die oder der sinnliche Geliebte, sanfte Mutter oder strenger Vater, ehrgeizige Sportlerin, fairer Athlet oder dominanter Platzhirsch. Welche Rollen wir annehmen und welche Charakterzüge wir herausstellen, hängt immer von der Situation und von der Umgebung ab, in der wir uns befinden. Je nachdem, was wir gerade fühlen oder denken, sind wir mal charmant, mal wütend, mal eitel oder ganz bei uns selbst. Anders ist es bei der Seele, dem höheren Selbst oder dem göttlichen Teil in uns – wie auch immer Sie ihn nennen mögen: Diese Instanz ist immer da, immer gleich. Dass wir sie manchmal besser und manchmal schlechter wahrnehmen, hat mit uns selbst zu tun. Je nach Verfassung haben wir mal mehr, mal weniger Zugang zu ihr. Selbst wenn wir keine Ahnung haben, was eine Seele ausmacht, bleibt sie immer das, was sie ist: reines Bewusstsein mit einem Körper außenherum.

Was ich Ihnen hier in meinen Worten zu erklären versuche, habe ich mir übrigens nicht aus den Fingern gesogen. Es ist die herrschende Meinung der Fachleute, die sich hauptberuflich mit Seelen beschäftigen – der Theologen, Philosophen, spirituell orientierten Psychologen und überreligiösen spirituellen Meister. Sie alle stimmen darin überein, dass die Seele die höchste, allwissende, unsterbliche Instanz in uns ist.

Da unsere Seele genau weiß, wozu wir auf der Erde sind und was wir hier zu erledigen haben, ist sie sehr daran interessiert, dass wir unsere Lebensaufgabe erfüllen. Dazu sind wir schließlich bestimmt, und der Weg zu unserem höchsten Lebensziel ist der immer wieder zitierte Weg unserer Seele. Kommen wir vom Pfad ab, gibt die Seele uns zuerst ein sanftes Zeichen. Wenn wir es überhören, fällt das nächste Zeichen schon etwas unsanfter aus. Dann fliegen wir vielleicht auf die Nase und landen im Graben.

Für mich war es nicht immer einfach, die Zeichen meiner Seele zu erkennen, geschweige denn ihnen zu folgen, und ich wette, es geht Ihnen da nicht anders. Unsere Seele meint es zwar gut mit uns, aber eben in seelischer Hinsicht, was oft etwas ganz anderes ist als das, was wir uns in unserem normalen Alltag so wünschen. Weder Ihrer noch meiner Seele ist daran gelegen, dass wir viel Geld auf dem Konto oder tolle Kleider im Schrank haben. Sie möchte, dass wir uns seelisch weiterentwickeln. Und da wir Menschen uns in aller Regel nur selten durch eine erhellende Erkenntnis weiterentwickeln, sondern durch Prüfungen und andere schmerzhafte Ereignisse, stellt sie uns immer wieder vor entsprechende

Herausforderungen. Ich weiß, ich weiß, und jeder, der mitten in einer Krise steckt, weiß es auch: Die Widrigkeiten des Lebens tun weh, und dann heißt es kämpfen oder loslassen, je nachdem. Hat man sein Thema aber im Sinne der Seele gelöst, fühlt man sich hinterher ziemlich gut und ist ein großes Stück weiter. Dieses Gefühl kennen Sie auch, da bin ich mir sicher.

Ich persönlich verstehe meine Seele als Verbindung zur göttlichen Quelle. Sie ist mein Draht zur geistigen Welt, zum Kosmos, dem Universum oder dem Himmel, wie immer man den sinnlich nicht wahrnehmbaren Raum nennen möchte. Meine Seele macht es mir möglich, bestimmtes Wissen anzuzapfen oder zu Erkenntnissen zu kommen, die mir im normalen Alltag nicht zugänglich sind. Auch wenn solche Techniken nicht zu Ihren Gepflogenheiten zählen, können wir uns darauf einigen, dass unsere Seele Dinge weiß, die für unseren Verstand »zu hoch« sind. Deswegen ist es schlau, sich einen guten Draht zu ihr zu verschaffen.

Jedenfalls habe ich im Laufe meiner vielen »Kontaktgespräche« begriffen, dass unsere Seele den großen Überblick über unser Leben hat. Sie weiß, woher wir kommen und wohin wir gehen. Sie weiß, warum wir hier sind, was wir zu lernen haben – sie schickt uns die Menschen, mit denen wir die entsprechenden Erfahrungen machen. Und hiermit schlagen wir wieder den Bogen zurück zu unserem großen Thema, dem Seelenpartner. Er ist nämlich ein Teil unserer Bestimmung, und unsere Seele sorgt zur rechten Zeit und am rechten Ort dafür, dass wir ihm begegnen und – was noch viel wichtiger ist – dass wir ihn erkennen. So einfach ist das, wenn es denn geschieht.

Wie so ein Erkennen vor sich geht, werden Sie ausführlich in Kapitel vier erfahren. Ich für meinen Teil werde hier weitermachen und Ihnen erklären, was unsere Seele mit Liebe zu tun hat.

Warum unsere Seele möchte, dass wir uns lieben

Als ich anfing, über Selbstliebe zu recherchieren, stieß ich im Internet auf folgenden Satz: Wenn unser Lebensziel Selbstliebe ist, dann ist alles, was wir tun, richtig. Ich finde diese Aussage großartig, denn sie erfasst den Kern des Themas in wenigen Worten. Allerdings meine ich, dass damit noch nicht alles gesagt ist. Zum Beispiel bin ich der Meinung, dass Selbstliebe eine der größten Herausforderungen unseres Lebens ist und dass die Welt, in der wir leben, Selbstliebe geradezu sabotiert. Es wird uns verdammt schwer gemacht, uns so zu mögen, wie wir sind. Wie es trotzdem möglich ist, möchte ich Ihnen kurz mit einem Gedankengang erklären: Jeder Mensch, der sich auf den Weg zu sich selbst macht, entwickelt mit der Zeit mehr Bewusstsein. Er wird sich seiner selbst bewusst, und wie wir ein paar Absätze weiter oben gelernt haben, bedeutet das: Er wird sich seiner Seele bewusst. Was bitte sehr kann ein Mensch falsch machen, der sich immer wieder von Neuem ins Gedächtnis ruft, dass sein Körper der Tempel seiner Seele ist? Dass der Körper es verdient, geachtet, gehegt, gepflegt und gesund erhalten zu werden, wenn er etwas so Kostbares beherbergen darf wie eine Seele?

Viele Menschen meinen, es sei nicht gut, sich zu lieben. Das ist nicht nur falsch, es ist grundfalsch und zudem äußerst selbstschädigend. Selbstliebe hat nichts mit Egoismus zu tun. Einer meiner Lieblingsphilosophen, der 1980 verstorbene Schriftsteller und Sozialpsychologe Erich Fromm, hat den Gegensatz von Selbstliebe und Selbstsucht einmal sehr klar herausgestellt: Der selbstsüchtige Egomane liebe sich selbst gar nicht, er hasse sich sogar. Der Mangel an Freude an sich selbst erzeuge ein Gefühl der inneren Leere und Enttäuschung, das er zu kompensieren und zu vertuschen versuche, wodurch er nach außen narzisstisch erscheine. Selbstsüchtige seien unfähig, andere zu lieben, sie seien jedoch auch nicht fähig, sich selbst zu lieben. Nach Fromm ist Selbstsucht also eine Folge fehlender Selbstliebe.

Im Gegensatz dazu bedingen Liebe zu anderen Menschen und Selbstliebe einander. Getreu dem Bibelspruch »Liebe deinen Nächsten wie dich selbst«, sei die Liebe zu seinem Selbst untrennbar mit der Liebe zu anderen verbunden. Wer *nur* andere lieben kann, könne überhaupt nicht lieben. Im Gegenteil: Die Fähigkeit, andere zu lieben, wird erst durch die Liebe zu sich selbst möglich. Selbstliebe ist also die unabdingbare Voraussetzung dafür, dass wir uns einem anderen Menschen in Liebe zuwenden können. Nur in dem Maße, in dem wir uns selbst gegenüber Liebe und Achtung entgegenbringen, werden wir anderen Liebe und Achtung schenken können.

Ich möchte diese Definition mit einem spirituellen Aspekt anreichern. Für mich ist Selbstliebe nicht nur der Schlüssel zur Liebe, sie ist auch der Schlüssel zur Seele. Indem wir unsere Seele achten und ihr die gebührende Aufmerksamkeit schenken, achten wir Gott in uns. Selbstausbeutung ist eine Missachtung dieses göttlichen Geschenks, und Selbsthass ist die Ablehnung des Göttlichen. So besehen, begehen wir eine der größten menschlichen Sünden, wenn wir uns nicht lieben! Und nun überlegen Sie einmal, liebe Leserin und lieber Leser, wie viele Menschen sich tagtäglich gegen sich selbst versündigen.

Die erste Beziehung, die Sie verbessern sollten, ist die zu sich selbst. Ich rate Ihnen, es einmal mit Selbstwahrnehmung zu versuchen, ich habe damit wunderbare Erfahrungen gemacht. Selbstwahrnehmung ist nicht das, was wir sehen, wenn wir in den Spiegel schauen – es ist das, was wir spüren, wenn wir die Augen schließen und in uns hineinsehen, -fühlen oder -horchen, wenn wir unsere Bedürfnisse erforschen, auf die Signale des Körpers hören, dem Bauchgefühl trauen. Selbstwahrnehmung bedeutet essen, wenn man Hunger hat, sich schlafen legen, wenn man müde ist, nach einem Arbeitstag vorm Computer einen Spaziergang im Wald machen oder ins Grüne schauen, sich ausruhen nach anstrengender Arbeit, sich Genüsse gönnen und wissen, wo deren Grenzen sind.

Ich freue mich immer, für ein Buch auf dem Land in Schreibklausur gehen zu können, weil ich mich dann vollkommen auf mich selbst und die eigenen Körperrhythmen zurückziehen kann. Ohne die üblichen Außenreize wie Uhr, Telefon oder Weckerklingeln stellt sich mein Körper sofort auf seine eigentlichen Schlaf- und Wachrhythmen ein. Ich setze mich ans Notebook, wenn ich spüre, dass meine geistige Kraft gerade stark ist und mir lauter gute Ideen im Kopf herumspuken. Das ist meistens zwischen 14 und 16 Uhr der Fall. Sobald ich die ersten Anzeichen von Müdigkeit bemerke, gehe ich zu Bett. Heute war das zum Beispiel um halb vier Uhr morgens. Aufgewacht bin ich um halb zwölf, mein erstes Essen nahm ich gegen 14 Uhr zu mir, denn erst da hatte ich Hunger. Es erstaunt mich immer wieder, wie unbändig gute

Laune es mir macht, mit meinen eigenen Rhythmen im Einklang zu sein. Ohne darüber nachzudenken, bin ich dann automatisch auch stärker mit den Rhythmen der Natur verbunden. Ich freue mich, wenn es draußen regnet oder stürmt, wenn die Sonne scheint oder auch nicht. Ich schaue hinaus in die Bäume vorm Fenster und bin dankbar, hier sein zu dürfen. Ich freue mich an meiner Gesundheit und darüber, in eine schöne Landschaft schauen zu können. Nachts lausche ich dem Waldkauz und danke dem Universum, dass mein Leben inzwischen so wunderbar und friedvoll geworden ist. Und glauben Sie mir. Es ist keine Einbildung oder Selbstsuggestion. Selbstliebe setzt eine Menge Kettenreaktionen in Gang.

Sich selbst zu lieben bedeutet, im gegenwärtigen Augenblick mit sich zufrieden zu sein und Gedanken zu denken, die einen glücklich machen. Sie können das auch. Entscheiden Sie sich dafür, sich nicht zu kritisieren, sich nicht zu beklagen, sich nicht die Schuld für irgendetwas zu geben, nicht zu jammern und sich nicht einsam zu fühlen. Zeigen Sie sich Ihre Liebe, indem Sie sich verwöhnen. Stellen Sie sich Blumen in die Wohnung und umgeben Sie sich mit den Farben, Stoffen und Düften, die Ihnen gefallen. Das Leben spiegelt uns immer unsere Gefühle wider. Wenn Sie ein inneres Gefühl von Liebe und Romantik entwickeln, werden Liebe und Romantik auch durch andere Menschen zu Ihnen kommen. Je mehr Sie sich lieben, desto mehr sind Sie in Ihrer Mitte, ruhig und voller Selbstvertrauen. Die beste Grundstimmung, um sich zu lieben, ist die heitere Gelassenheit Buddhas. Suchen Sie also Wege, um diese Stimmung in sich entstehen zu lassen. Lernen Sie, sich zu entspannen, meditieren Sie. Dann werden all Ihre Beziehungen, ob privat oder beruflich, sich verbessern. Sie werden merken, dass Sie auf Situationen und Menschen anders reagieren, dass Dinge, die Sie einmal furchtbar wichtig nahmen, an Bedeutung verlieren. Neue Menschen werden in Ihr Leben treten, andere werden sich verabschieden, und das wird Ihr Leben erleichtern.

In der Gesellschaft findet ein Wertewandel statt

Die Idee, gut zu sich und zu anderen zu sein, ist, seit ich denken kann ein Thema der Selbsthilfeliteratur. Eine der großen Vorreiterinnen des Genres ist die von mir sehr geschätzte Amerikanerin Louise L. Hay, deren Bücher über Selbstheilung und die Kraft der Gedanken in den 80er- und 90er-Jahren viele Herzen berührten. Seit zwei, drei Jahren jedoch scheint das Thema einen neuen Boom zu erleben. Als hätte die Bankenkrise 2008 eine Welle verstärkter Selbstreflexion ausgelöst, entdeckt zurzeit vor allem die Generation der heute Zwanzig- bis Vierzigjährigen die inneren Werte. Mehrmals hintereinander wurden die Bestsellerlisten im Politmagazin *Der Spiegel* von Titeln über Gutmenschentum angeführt. Darin geht es zum Beispiel um die Kunst, ein guter Mensch zu sein, um den Sinn des Gebens oder um Nächstenliebe, ja sogar um Liebe als solches. Was geschieht da gerade in unserer Gesellschaft? Noch vor zehn Jahren hätte ein Selbstfindungsroman wie *Eat, Pray, Love* von Elizabeth Gilbert nicht einen Bruchteil der Leser gehab, die er 2007 fand, als er gleich nach Erscheinen seinen Siegeszug um die Welt antrat. Ganz sicher wäre er in den 90ern auch niemals in Hollywood verfilmt worden, schon gar nicht mit einer Julia Roberts als Protagonistin.

Wie es aussieht, ist der augenblickliche Trend zu sogenannten weichen Themen auf dem Buchmarkt und im Film als Ausgleich zu verstehen. Er ist sozusagen die Antwort auf die massive Nicht-Selbstliebe, die zurzeit unsere Welt in Angst und Schrecken versetzt. Der schon einmal erwähnte Astrologe Erich Bauer, von dem ich viel über das Leben gelernt habe, hat mir einmal das hier offensichtlich wirkende Lebensgesetz der Balance erklärt: Immer, wenn die Waagschale zu sehr nach der einen Richtung ausschlägt, wird es auf der anderen Seite einen entsprechenden Gegenausschlag geben. So wie viel Licht viel Schatten erzeugt, gibt es zu jedem Trend, jeder Bewegung einen Gegentrend, eine Gegenbewegung. Je mehr Krieg, desto stärker die Friedensbewegung. Je mehr Angst und Terror, desto lauter wird der Ruf nach Liebe. Wenn Selbstmordattentäter, Wirtschaftskrisen und Wikileaks-Enthüllungen die Grundfesten unserer Weltordnung erschüttern, gewinnen die unerschütterlichen Werte an Bedeutung. Plötzlich steht das Wort Liebe im Raum. Im gleichen Ausmaß, wie sich Hass ausbreitet, bilden sich Netzwerke der Liebe.

Lichtarbeiter

Vielleicht ist Ihnen schon einmal der Begriff Lichtarbeiter zu Ohren gekommen? Das sind Leute, die sich darum bemühen, mehr Licht auf unseren Planeten zu bringen. Sie machen Energiearbeit wie Schamanismus, Reiki oder Geistheilung und Meditation, viele von ihnen arbeiten als spirituelle Lehrer, um Wissen und Aufklärung zum Thema Heilung und Liebe zu vermitteln. Lichtarbeiter sind Menschen, die dem Licht (oder Gott oder der göttlichen Quelle) dienen möchten. Ich erinnere mich sehr gut an Zeiten, als man Lichtarbeit gerne als esoterischen Firlefanz abgetan hat. Menschen, die sich für Spiritualität und Heilung interessierten, wurden milde belächelt oder stigmatisiert. Auch das ist jetzt anders geworden. Heute öffnet sich eine breite Masse für Mystik und Grenzwissenschaften. Als Beispiel fällt mir spontan die große Serie in der Zeitschrift *Bunte* ein, in der Anfang 2010 Hellseher, Engelmedien und Kartenleger zu Wort kamen und zahlreiche Prominente sich dazu bekannten, an übersinnliche Kräfte zu glauben. Es kann kein Zweifel mehr daran bestehen, dass zurzeit etwas mit uns geschieht, das ich hier einmal ganz vorsichtig mit den Worten »Bewusstsein für Liebe« umschreiben möchte. Ich habe den Eindruck, als öffne sich damit für uns auch eine Tür in eine vielversprechende neue Zeit. Mein Beitrag besteht darin, Ihnen mit diesem Buch aufzuzeigen, wie Sie mehr Liebe in Ihr eigenes Leben und in die Welt bringen können. Denn ich glaube, das ist der einzige Weg, um die Hürden der kommenden Jahre zu meistern.

Exkurs: Mein Ausgangspunkt für die Beschäftigung mit dem Thema Liebe

Fangen wir also an. Ich bin Journalistin und verdiene mein Geld damit, Themen zu suchen, die mir neu und berichtenswert erscheinen. Darüber schreibe ich Artikel. Obwohl ich in meinem Leben schon sehr viele Zeitungsseiten getextet habe, finde ich meinen Beruf immer noch spannend. Außerdem mag ich das Gebiet, worüber ich schreibe. Ich bin auf Gesundheit und Wellness spezialisiert. Dafür bin ich sehr dankbar. Früher musste ich über schlimme Krankheiten berichten. Das war nicht immer lustig, denn dabei ging es mir ähnlich wie vielen Medizinstudenten. Ich hatte immer genau die Symptome, mit denen ich mich gerade beschäftigte. Schrieb ich über Krampfadern, bekam ich nachts Venenschmerzen, schrieb ich über Kopfschmerzen, konnte ich davon ausgehen, dass mir bald der Schädel brummen würde, ging es um Tinnitus, hörte ich es in den Ohren piepsen. Und als ich einen Bericht über Multiple Sklerose verfasste, litt ich prompt unter den diffusen Anfangssymptomen der Krankheit, wie Schwindel und Benommenheit. Man konnte in der Zeitung nachlesen, welche Beschwerden ich kurz zuvor durchlitten hatte.

Heute geht es mir in dieser Hinsicht besser. Ich berichte nicht mehr über Krankheiten, sondern darüber, wie man sie verhindert. Ich schreibe, wie man dem Burn-out entgeht, wie man Energietiefs überwindet, einen gesunden Schlafrhythmus findet, sich ausgewogen ernährt und fit hält. Ich erkläre, wie man in jedem Alter sein Gewicht behält, wie Heißhunger entsteht und wie man ihn umgeht, was es mit dem glykämischen Index auf sich hat und wie Frauen mit Kinderwunsch sich auf ein Baby vorbereiten. Ich schreibe über Sinnlichkeit und wie man auf gesunde Art mit seinen Gefühlen umgeht. Vor allem aber versuche ich, meinen Lesern zu erklären, wie wichtig es ist, seinen Körper zu akzeptieren, auch wenn er nicht die Maße eines Models hat.

Als ich anfing, an diesem Buch zu arbeiten, habe ich einmal versucht, meine journalistische Arbeit auf einen Nenner zu bringen. Dabei kam für mich etwas Überraschendes heraus. In letzter Konsequenz ermutige ich die Menschen, sich zu lieben. Das fand ich erstaunlich, denn ich verspüre schon seit geraumer Zeit den Wunsch, über das Thema Liebe zu schreiben. Mir war nicht klar, dass ich genau das ja schon lange tue.

Es hat eine Weile gedauert, bis ich darauf gekommen bin,

warum wir Menschen dazu neigen, uns so lange auszubeuten, bis wir krank werden. Heute weiß ich die Antwort: Wir haben verlernt, uns zu lieben – oder besser: Es wurde uns von Kindesbeinen an abtrainiert! Gehen Sie heute in eine Schule, und Sie werden sofort merken: Die beliebteste Erziehungsmethode besteht immer noch darin, den Kindern einzureden, dass sie nichts wissen, nichts können und nichts wert sind. Damit erzeugt man auf einfachstem Wege jede Menge Schuldgefühle und macht die Kleinen gefügig. Sind Sie auch so groß geworden? Ich schon. Mir hat man eingetrichtert, dass ich erst etwas wert bin, wenn ich gute Noten nach Hause bringe und ansonsten immer schön brav bin. Dafür erntete ich dann Anerkennung.

In meinem Bekanntenkreis kann ich die Zahl der Erwachsenen, die dieses System nicht verinnerlicht haben, an einer Hand abzählen. Auch ich ertappe mich heute noch dabei, mir Liebe durch Leistung erarbeiten zu wollen. Die anerzogene Überzeugung, von Natur aus unvollkommen zu sein, sitzt uns allen tief in den Knochen. Schauen Sie sich in der arbeitenden Bevölkerung um. Kennen Sie jemanden, der sich nicht über seine Leistung definiert? Sicher – viele von uns haben Angst um ihren Job und arbeiten bis an die Grenze der Erschöpfung, um ein ständig wachsendes Arbeitspensum zu bewältigen. Aber abgesehen davon, geht es uns auch um Anerkennung. Wie viele Menschen geradezu süchtig nach Anerkennung sind, beobachte ich jeden Tag. Wir wachsen durch Lob in den Himmel, wir heischen nach Komplimenten. Die Kollegen, der Chef, der Partner – von allen Mitmenschen erhoffen wir Lob und Bestätigung, weil wir tief drinnen meinen, uns nur dann wertschätzen zu können. Wie tüchtig, wie fleißig, wie kompetent wir sind – das lassen wir die anderen entscheiden. Wie viel einfacher wäre das Leben, wenn wir uns die Anerkennung selbst schenken könnten, regelmäßig, zuverlässig, Tag für Tag.

Der in Kalifornien ansässige indische Heiler und Meister Deepak Chopra behauptet in fast jedem seiner Bücher, dass die meisten menschlichen Probleme auf einen Mangel an Selbstliebe zurückzuführen seien. Wenn ich die Leserbriefe zu meinen Artikeln durchschaue, kann ich das bestätigen. Es ist erschreckend, wie viele Menschen etwas an sich ablehnen. Manche hassen ihre ganze Person, andere kommen mit einzelnen Schwächen nicht zurecht. Sie leiden darunter, dass sie unbegabt in Sprachen sind, das Abitur nicht bestanden haben, sich das Rauchen nicht abgewöhnen können. Was den Körper angeht, gehen vor allem die Frauen kritisch mit sich ins Gericht. Die einen fühlen sich zu dick oder zu dünn, die anderen mögen ihre Nase nicht, ihre Haare, ihre Figur, sie finden ihren Busen zu groß, zu klein oder zu asymmetrisch, sie leiden unter einem dicken Bauch, schlaffem Bindegewebe, Hamsterbäckchen, Cellulite, Augenringen, Falten. Irgendeine Problemzone findet jede.

Und dass es so bleibt – dafür sorgt die Konsumindustrie. Stellen Sie sich vor, liebe Leserin, Sie fänden sich schön, wie Sie sind. Was könnte die Kosmetikbranche an Ihnen verdienen? Keinen Cent! Also tut sie alles, um Ihnen zu suggerieren, Sie seien nicht perfekt genug – erst der Erwerb bestimmter Produkte würde Ihnen zu dem Aussehen verhelfen, das Sie liebenswert macht und Ihnen Anerkennung sichert. Was würde aus all den teuren Lotionen gegen Cellulite, den Cremes gegen Augenringe oder Falten, wenn Sie Ihren Körper lieben würden? Sie lägen achtlos in den Regalen, wanderten nach Ablauf des Haltbarkeitsdatums in den Müll. Aber das wird nicht passieren, solange es der Industrie so hervorragend gelingt, uns permanent das Mangelbewusstsein einzureden, das unseren Geldbeutel öffnet. Als ich begriffen habe, wie viel Geld die Industrie mit meiner Unzufriedenheit verdient, habe ich als Erstes aufgehört, in Parfümerien einzukaufen. Wenn ich mich heute hin und wieder in einen dieser Tempel verirre und in die leeren Augen der Verkäuferinnen blicke, durchläuft mich ein Schauer.

Ich kenne das Gefühl der Leere nur zu gut. Ausgerechnet in der Blüte meines Lebens hatte ich am wenigsten Selbstachtung. Ich war unglücklich, unzufrieden und dermaßen in äußere Werte und Oberflächlichkeit verstrickt, dass ich keine Ahnung hatte, was mir fehlte. Wenn ich die jungen Menschen von heute erlebe, muss ich bedauernd feststellen, dass sich in dieser Hinsicht noch nicht viel geändert hat. Erst gestern sprach ich mit jemand über eine junge Frau, die es nicht geschafft hat, aus der Wohnung ihres Exfreundes auszuziehen – aus Angst vor dem Alleinsein. Das Paar hat sich nach der Trennung darauf geeinigt, die gemeinsame Wohnung als WG umzudefinieren, in der jeder sein eigenes Leben führt. Der junge Mann hält sich an die Abmachung. Er lebt seine Sexualität frei aus und bringt seine Bettgefährtinnen mit nach Hause. Und was tut die junge Frau? Sie schaut zu und leidet stumm. Wie kommen wir nur dazu, uns selbst so zu schädigen? Warum verletzen wir uns bis zur Selbstaufgabe? Warum lassen wir uns so demütigen? Psychiatrische Ärztevereinigungen warnen immer häufiger, dass Depressionen in erschreckendem Maße zunehmen. Ein depressiver Mensch ist innerlich tot. Er hat den Zugang zu seiner Seele verloren.

Die Kunst, nicht zu werten

Als ich in den 90er-Jahren eine Zeit lang unter Sannyasins verkehrte, lernte ich ein Phänomen kennen, das mir bis dahin nicht bewusst gewesen war. Es geht um unsere Sucht, uns ständig mit anderen zu vergleichen und zu bewerten. Sannyasins sind die Schüler des 1990 verstorbenen indischen Meisters Osho, der vielen westlichen Anhängern die Sinne verwirrte, indem er sie aufforderte, ihr konditioniertes Denken abzulegen. Ich stand den Anhängern Oshos sehr skeptisch gegenüber, aber ich bin ihnen dankbar, dass sie mir die Augen für die Unsitte des Bewertens geöffnet haben, die erwiesenermaßen Stress und Unzufriedenheit verstärkt. Als ich meinen Alltag einmal daraufhin abklopfte, wie oft ich mich vergleiche und in Relation zu einer anderen Person setze, fiel es mir wie Schuppen von den Augen: Es geschah immerzu, ständig und fortwährend. Kaum eine Stunde verging, in der ich mich nicht mit jemandem verglich. Es fing morgens im Büro an, wenn ich in der Kaffeeküche das Outfit der Kollegen musterte. Es ging weiter mit den Freunden und deren Wohnungseinrichtung, mit dem Auto des Nachbarn, dem beruflichen Erfolg der Geschwister, der Ausstrahlung der Gäste auf der Party, den Passanten auf der Straße, der Verkäuferin vom Schreibwarenladen nebenan. Was hat sie, was hat er, was ich nicht habe? Oder bin ich vielleicht doch besser dran als sie oder er? Wir haben es so gelernt: Immerzu stellen wir unseren eigenen Wert infrage, indem wir ihn in Bezug zu einer anderen Person setzen. Und je nach Ergebnis bekommen wir gute oder schlechte Laune.

Leider macht es uns der westliche Lebensstil nicht eben

leicht, das Vergleichen aufzugeben. Tagtäglich werden wir im Fernsehen, im Kino, auf Werbeplakaten und in Zeitschriften mit Bildern von perfekten Körpern und Gesichtern konfrontiert. Hätten Sie gedacht, dass die Zufriedenheit einer Frau deutlich absinkt, je mehr Modemagazine sie liest? Das dürfte Sie jetzt nicht mehr wundern. Besonders tragisch finde ich aber, dass die Leserinnen sich mit etwas vergleichen, das es in natura gar nicht gibt. Wer wollte ihnen auch freiwillig erklären, dass all die makellosen Gesichter und Körper mit einem Computerprogramm künstlich perfektioniert werden! Man muss schon sehr standhaft sein, um sich dem Sog der geschönten Fotos und ihrer suggestiven Botschaft zu entziehen. Wir können es nicht ändern, dass wir fortwährend manipuliert werden, aber wir können uns dessen bewusst werden. Indem wir Dinge, Phänomene, Personen und Situationen bewerten, teilen wir die Welt in Lager auf: in gut oder schlecht. Wir lehnen die schlechten Seiten ab und berauben uns der Chance, uns eine unbefangene Meinung zu bilden. Wir denken in Schubladen, statt das Leben so zu spüren, wie es sich in diesem Moment darbietet. Wir züchten Vorurteile, werden bequem, denkfaul und starr. Wir beschreiten den Weg der Trennung und der Abspaltung. Mit Liebe hat das nichts zu tun.

Um neue Wellnessmethoden kennenzulernen, bereise ich häufig luxuriöse Spas und Resorts, um anschließend darüber zu berichten. Ich gebe zu, es gibt Schlimmeres, als auf der Massageliege eines Fünfsterne-Wellnesstempels zu liegen und sich von kundigen Händen die blockierten Energien auflösen zu lassen. Ich beklage mich nicht über private Yoga- oder Pilatesstunden von exzellenten Lehrern, über Instruktionen von

Fitness-Coaches, über Bäder in Kreideschlamm, das Schweben in der Schwerelosigkeit warmer Salzwasserpools. Ich halte sehr viel von den Gesundheitsberatungen medizinischer Koryphäen in den Medizinabteilungen dieser Hotels. Auch die Detox-Menüs sind nicht nur ein Meisterwerk ausgeklügelter Energiebilanzen, sie schmecken überdies noch gut. Ja, es gibt viel zu testen im expandierenden Wellnesssektor. Jedes Jahr werden auf den Malediven, in Thailand, St. Barth, Antigua, auf Mauritius und anderen tropischen Luxusdestinationen neue Resorts eröffnet. Ich kann es gut aushalten, am Abend mit dem Sundowner in der Hand aufs Meer oder auf eine grandiose Bergkulisse zu blicken und spektakuläre Sonnenuntergänge zu beobachten. In solchen Augenblicken danke ich dem lieben Gott für mein Leben.

Wenn ich dann mit frisch pedikürten Füßen, durchgekneteten Muskeln und samtweicher Haut wohlig entspannt im Restaurant sitze, mache ich allerdings häufig eine merkwürdige Feststellung. Ich sehe in gelangweilte Gesichter. Bis auf einzelne, frisch verliebte Pärchen sitzen sich Männer und Frauen mit versteinerten Mienen gegenüber und spielen das Spiel aller Paare, die sich nicht mehr viel zu sagen haben. Sie beobachten die anderen, tauschen sich darüber aus. Das ist unverfänglicher Gesprächsstoff. Die Frauen, ab 45 fast ausnahmslos geliftet, mustern die Taschen, Schuhe, Kleider, Frisuren und Figuren der anderen Frauen. Blitzschnell schätzen sie deren Alter ab und vergleichen. Wirkt sie älter für ihr Alter als ich für meines? Ist sie schöner, schlanker, hat sie den attraktiveren Partner? So viel Neid, so viel Missgunst und Häme durchziehen die noblen Dinnersäle. Dieses Sichmessen ist eine Seuche. Wir sind so davon besessen, mit anderen zu konkurrieren, als hinge unser gesamtes Selbstwertgefühl von Sieg oder Niederlage ab. Wir feiern Triumphe, wenn wir besser abschneiden, wir stürzen in Abgründe, wenn uns jemand in den Schatten stellt.

Warum können wir die anderen nicht lassen, wie sie sind? Weil wir selbst ständig an uns herumkritisieren. Stellen Sie sich vor, wie reibungslos unsere Beziehungen vonstatten gingen, wenn wir aufhören könnten, uns abzulehnen, unsere Partner abzulehnen, andere Menschen zu beneiden oder abzuwerten. Nicht nur unser Liebesleben, unser gesamtes Leben würde sich auf einen Schlag verbessern. Stattdessen wird es immer schwieriger.

Exkurs: Meine persönlichen Erfahrungen mit der Selbstliebe

Auch ich habe viele Jahre ohne Selbstliebe gelebt. Das war mir nicht klar, denn ich hielt mich für relativ selbstbewusst. Ich gehörte zu den Frauen, die gerne neue, unkonventionelle Wege gehen, und habe schon relativ früh neue Beziehungsmodelle gelebt. Da ich mehr Geld als mein Mann verdiente, bot es sich an, dass er zu Hause blieb und unser Kind versorgte, während ich meinen Fulltimejob beibehielt. Wir kamen bestens zurecht, weil unsere Aufgaben bis ins Detail klar verteilt waren – und weil ich mich klaglos über Jahre hinweg überforderte. Da ich mich nicht ausreichend um mein Baby kümmern konnte, litt ich permanent unter Schuldgefühlen und bestrafte mich unbewusst, indem ich mich total zwischen Job und Familie zerrieb. Über Jahre gönnte ich mir keine Zeit für mich. Kam ich am Abend aus dem Büro nach Hause, hatte ich gerade noch die Chance, meinen Mantel an der Garderobe abzuhängen, schon sprang mir mein Kind auf den Arm und ließ mich nicht mehr los. Mein Mann griff erlöst nach seiner Jacke und verabschiedete sich. Er musste sich von der Anstrengung seines Tages als Hausmann erholen. Ich gönnte ihm seinen Freizeitausgleich zwar durchaus, kam aber nicht auf die Idee, dass auch mir etwas Ähnliches zustehen könnte. Etwas in mir wollte es genau so: Ich wollte nun mal so oft wie möglich bei meinem Kind sein. In der Nacht, wenn es schlief, schrieb ich meine Artikel, zu denen ich tagsüber nicht gekommen war, wenn es wach war, war ich für es da. So ging das über Jahre, und ich merkte gar nicht, wie ich innerlich verkümmerte. Dass ich eigene Bedürfnisse hatte, hatte ich ganz vergessen, und auch, welche es waren. Ich musste funktionieren, denn von mir hing schließlich das Überleben der Familie ab. In meinem Leben zählten mein Kind und mein Job, meinen Mann hatte ich irgendwie ausgelagert. Was war passiert? Heute weiß ich es: Ich hatte aufgehört, mich zu lieben, mich zu achten, ja, ich schenkte mir selbst keine Beachtung mehr. Ich fing an, mein Äußeres zu vernachlässigen. Wie sollte da meine Ehe noch funktionieren? Wie zur Antwort auf meine Selbstverleugnung fing mein Mann an, an mir herumzunörgeln. An allem, was ich tat, hatte er etwas auszusetzen.

Eines Tages musste ich beruflich zu einem Gynäkologenkongress nach Heidelberg. Eine von vielen Herausforderungen in dieser Zeit, denn es hieß, dass ich dort übernachten musste. Jede Mutter eines Babys weiß, wie viel Stress das bedeutet. Ich weiß nicht mehr, welche Themen bei dem Kongress referiert wurden. Ganz genau erinnere ich mich aber an den grauhaarigen Psychologen, der bei dem abendlichen Galadiner neben mir saß. Wir hatten uns eine ganze Weile über

Belanglosigkeiten unterhalten. Ich hatte ihm von meiner kleinen Familie erzählt, er mir von seiner. Bis er mir plötzlich ohne Vorankündigung aufs Gesicht zu sagte, wie er mich sieht: »Sie sind dabei, sich bis zur totalen Selbstaufgabe auszubeuten. Erzählen Sie mir nicht, dass es nicht stimmt. Ich kann genau sehen, was Sie mit sich anrichten.« Ich wies seine Behauptung zunächst empört zurück und versuchte, mich so gut es ging zu verteidigen, aber tief im Innern war ich so getroffen, dass ich wohl nicht sonderlich überzeugend rüberkam. »Ich kenne Frauen wie Sie«, setzte mein Nachbar nochmals an und sah mich dabei durchdringend an. »Ich bin unter Frauen aufgewachsen und von Frauen erzogen worden«, fuhr er fort, »und ich sehe Ihnen an, dass Sie keine Grenzen setzen können. Nicht Ihrem Mann, vor allem aber nicht Ihrem Kind. Was ist denn groß dabei, dass Ihr Kleiner mal eine Nacht ohne Sie auskommen muss? Sie schaffen es aus lauter Sorge nicht einmal, sich auf Ihren Job hier zu konzentrieren. Sie machen sich völlig kaputt!«

Ich war schockiert. Von der Direktheit dieser Aussage, vor allem aber von ihrer Wahrheit. Ich fühlte mich decouvriert, bloßgestellt, ich fühlte mich entsetzlich. Ich war froh, diesen Mann nie wiedersehen zu müssen.

Im Nachhinein kommt es mir so vor, als wäre die Begegnung ein Warnschuss gewesen. Jemand hatte mir in gnadenloser Offenheit aufgezeigt, wie sehr ich dabei war, meine Selbstachtung zu ruinieren. Doch wie es so geht mit unbequemen Wahrheiten – man hat sie schnell verdrängt. Bald hatte der Alltag mich wieder, und ich kehrte zu meinem gewohnten Verhalten zurück. Zwei weitere Jahre mussten vergehen, bis ich aufwachte. Mein Sohn war vier, als ich mich aus der Ehe löste. Leider ist auch das keinem von uns gut bekommen. Die Trennung hat in jedem von uns dreien tiefe Traumen hinterlassen. Hätte ich doch damals schon begriffen! Hätte ich doch begriffen, dass ich keine heile Welt schaffe, indem ich mich verleugne! Hätte ich doch damals schon begriffen, dass jede Heilung mit Selbstliebe beginnt.

Auch heute gibt es noch Augenblicke, in denen ich an mir zweifle. Aber im Gegensatz zu früher kann ich damit umgehen. Ich mache mir zum Beispiel bewusst, dass es sich um eine Momentaufnahme meines Lebens handelt – um eine vorübergehende Verstimmung, die sich irgendwann auflösen wird. Man kann solche Situationen einfach hinnehmen, ohne sie ändern zu wollen. Ich sage mir dann: »Jetzt zweifelst du wieder«, und damit ist es schon fast vorbei. Wenn ich an einem Spiegel vorbeikomme, lächle ich mir zu: »Wird schon wieder anders.« Manchmal mache ich auch den Selbstliebe-Test. Er wirkt wie ein Seismograf der Gemütsverfassung, denn er zeigt exakt, woran man gerade mit sich selbst steht. Ich lege Ihnen diese kleine, hocheffektive Spiegelübung sehr ans Herz. Ein Spiegel reflektiert die wahren Gefühle, die wir für uns selbst hegen. Wenn man in den Spiegel schaut und dabei etwas laut ausspricht, wird man sich sofort seines inneren Widerstands bewusst. Probieren Sie es einmal aus:

Selbstliebe-Test

Schauen Sie in einen Spiegel,
lächeln Sie sich zu und schauen Sie sich dabei in die Augen.
Sagen Sie zu sich: »Ich liebe dich.«
Wie fühlt sich das an?
Können Sie diese drei Worte aufrichtig und von Herzen kommend sagen?
Können Sie sich liebevoll und wohlwollend in die Augen schauen?
Wenn Ihnen dabei nicht wohl zumute ist, rate ich Ihnen, nicht aufzugeben.
Bleiben Sie vor dem Spiegel stehen und lächeln Sie sich aufmunternd zu.
»Du bist das Beste, was ich habe.«
Warten Sie ab, bis Sie sich mit einem guten Gefühl in die Augen schauen können.

Menschen, die sich mögen und annehmen, verspüren dieses gute Gefühl. Ihnen gefällt, was sie sehen.
Sie wissen, dass sie nicht perfekt sind, trotzdem nehmen sie sich an und sind sich ein guter Freund.

Wenn Ihnen diese Übung Probleme bereitet, können Sie die Herausforderung an sich selbst etwas herunterschrauben. Gewöhnen Sie sich an, immer, wenn Sie an einem Spiegel vorbeigehen, sich in die Augen zu schauen und etwas Positives zu sich selbst zu sagen.

Auch wenn Ihnen im Laufe des Tages etwas Unangenehmes passiert, gehen Sie sofort zu einem Spiegel und sprechen Sie sich Mut zu: »Ich liebe dich trotzdem.«
Wenn Ihnen etwas Gutes widerfährt, treten Sie ebenfalls vor den Spiegel und sagen Sie: »Danke!« Damit würdigen Sie sich dafür, diese angenehme Erfahrung kreiert zu haben.

Am besten, Sie schauen sich am Morgen als Erstes und am Abend als Letztes in die Augen und sagen sich: »Ich liebe dich. Ich liebe dich von ganzem Herzen und akzeptiere dich, wie du bist.«
Am Anfang mag das schwierig sein, aber Selbstliebe-Übungen gelingen mit der Zeit immer besser. Wenn Sie dabeibleiben, werden Ihre Sätze schon bald für Sie wahr, und je liebevoller Sie werden, desto liebenswerter werden Sie.
Jede Liebe will gepflegt werden, auch die Liebe zu sich selbst. Sie ist das Wichtigste, was Sie im Leben besitzen!

Das Phänomen der ratlosen Paare

Ich beobachte zurzeit in vielen Liebesbeziehungen heftige Veränderungen. Langjährige, vermeintlich stabile Partnerschaften brechen plötzlich auseinander, ohne dass die Partner wissen, warum. Oft gibt es nicht mal den berühmten Dritten. Es geschieht aus dem Gefühl heraus, dass es so einfach nicht mehr weitergehen kann. Verzweiflung, Verständnislosigkeit,

Ratlosigkeit sind an der Tagesordnung, wenn Paare nach einem neuen Selbstverständnis suchen. Die alten Regeln funktionieren nicht mehr, neue sind noch nicht da.

Die globale politische, gesellschaftliche, ökologische und ökonomische Krise scheint sich eins zu eins in unseren Liebesbeziehungen zu spiegeln. Hand aufs Herz: Wie viele Partnerschaften kennen Sie, die nach 30 Jahren noch stabil sind? Ich kenne eine einzige. Alle anderen Paare aus meinem Bekanntenkreis haben sich getrennt, leben mit neuen Partnern zusammen oder halten aus den unterschiedlichsten Gründen an ihrer kaputten Beziehung fest, innerlich frustriert und verbittert, auf bessere Zeiten wartend, in der Hoffnung, dass dann der Absprung leichter gelingt. Wenn die Kinder aus dem Haus sind, die wirtschaftliche Großwetterlage sich gebessert hat, die Lebensversicherung fällig wird.

In bundesdeutschen Großstädten wird inzwischen fast jede zweite Ehe geschieden, in ländlichen Gebieten jede dritte. Insgesamt etwa 200 000-mal im Jahr lösen Richter in Deutschland eine Ehe auf – am häufigsten übrigens nach fünf bis sechs Jahren. Längst haben sich die meisten innerlich auf Lebensabschnittspartnerschaften eingestellt. Man erwartet nicht mehr, dass eine Ehe bis an das Lebensende hält. Im Gegenteil: Drei-, vier-, fünfmal oder noch öfter im Leben durchlaufen die Menschen heute schmerzvolle Trennungen von einem Partner, den sie einmal geliebt haben. Sie erleben seelische Verwundungen, die sie für den Rest ihres Lebens prägen, lassen sich auf neue Beziehungen ein, um nach dem hoffnungsvollen Neubeginn mit einem anderen Partner wieder mit den alten Mustern konfrontiert zu werden. So geht es dahin. Man scheitert, trennt sich erneut, und auf der Seele kerben sich weitere Narben ein. Wie viele Trennungen kann ein Mensch verkraften, ohne als seelischer Krüppel zurückzubleiben?

Ich habe an anderer Stelle schon einmal erwähnt, dass die Zahl der Depressionen in der Bevölkerung in erschreckendem Maße zunimmt. Man weiß heute, warum: In den meisten Fällen entstehen Depressionen durch nicht verarbeitete Verlusterlebnisse. Viele verlieren bei einer Trennung oder Scheidung nicht nur einen Menschen, sie erleben auch Vermögenseinbußen, die unter Umständen bis an die Armutsgrenze führen, verlieren ihren sozialen Status, gemeinsame Freunde, und all das nimmt Stück um Stück den Lebensmut.

Dabei hat jeder von uns einmal an die Liebe geglaubt. Sie war die Hoffnung, mit der wir als junge Menschen ins Leben zogen. War nicht jeder Einzelne von uns davon überzeugt, es besser zu machen als die eigenen Eltern? Haben wir uns nicht geübt in konstruktiven Auseinandersetzungen, haben Schuldzuweisungen vermieden und unsere Gefühlsausbrüche so dosiert, dass sie nicht verletzend waren? Irgendwie scheint in Sachen Liebe trotzdem alles durcheinandergekommen zu sein. Egal, ob mit oder ohne Trauschein – Beziehungen scheitern heute früher, häufiger, schneller als je zuvor. Männer und Frauen finden sich, lieben sich, driften auseinander. Oft wissen sie nicht einmal genau, warum: »Wir haben uns auseinandergelebt«, heißt es lakonisch, oder »unsere Interessen waren zu verschieden«, »die Luft ist raus«, »es klappte einfach nicht mehr zwischen uns«.

Paarpsychologen, die zu Rettungsversuchen bemüht werden, stehen der Situation meist hilflos gegenüber. Wir erwarten zu viel von unseren Partnern, ist ein häufiges Resümee. Tatsächlich sind 41 Prozent aller heute Alleinlebenden der

Meinung, sie hätten zu hohe Ansprüche an den Partner. Besonders betroffen: die 30- bis 50-Jährigen, die den größten Anteil der Suchenden auf dem Heiratsmarkt ausmachen. Dem Politmagazin *Der Spiegel* war das Thema kürzlich sogar eine Titelgeschichte wert. Unter anderem wurde darin festgestellt, dass im Jahr 2009 fast 40 Prozent aller Haushalte in Deutschland Einpersonenhaushalte waren. In Großstädten ist das Verhältnis noch dramatischer. In München zum Beispiel gibt es 70 Prozent Einzelhaushalte, und fast 30 Prozent der Einwohner zwischen 18 und 59 bezeichnen sich als Single. Senioren sind dabei also nicht mitgerechnet! Nie gab es in Deutschland so viele Menschen, die so sehnsüchtig nach dem richtigen Mann oder der richtigen Frau suchen, aber gleichzeitig so hohe Ansprüche an den Partner haben, dass sie lieber allein leben als in schlechter Begleitung. Die meisten warten auf die große Liebe. Sie warten und hoffen auf den oder die, mit dem oder der sie durch Höhen und Tiefen gehen können, bis ans Ende aller Tage.

Der romantische Traum, mit dem wir alle groß geworden sind, existiert also noch. Aber warum erfüllt er sich so selten, warum verirren sich so viele Suchende in den Partnerbörsen, die seit Jahren wie Pilze aus dem Boden schießen? In meinem Bekanntenkreis daten einige Männer und Frauen regelmäßig potenzielle Partner, die sie über Onlinevermittlungen kennenlernen. Seriöse Anbieter erstellen von jedem Neukunden ein Persönlichkeitsprofil und machen auf dieser Basis Partnervorschläge. Wie groß die Chance ist, dass man zueinanderpasst, wird über Matchingpunkte errechnet. Mehr als 60 Punkte heißt: Hoffnung, unter 40 Punkte: Finger weg! Ich weiß von zwei Frauen, die übers Netz einen Mann gesucht und gefunden haben. Aber was für einen! Die eine saß einem Heiratsschwindler auf, die andere einem brotlosen Künstler, der eine wohlhabende Dame zur mietfreien Unterkunft suchte. Obwohl behauptet wird, dass sich viele Seelenpartner über das Internet finden, kenne ich persönlich keinen solchen Fall. Aber ich kenne die Umsatzzahlen der Internetbörsen: jedes Jahr bis zu 180 Millionen Euro.

Die Frage, was nicht mehr stimmt zwischen Mann und Frau, beschäftigt die Wissenschaft seit Jahren. Psychologen theoretisieren, wir seien in Beziehungen zu sehr auf die großen Kicks aus, wir suchten nur Höhepunkte und lodernde Leidenschaft und würden uns im Normalfall Alltag zu schnell langweilen. Andere meinen, wir könnten uns nicht mit einem Partner abfinden, der nur in Ordnung sei, aber eben nicht optimal. Wieder andere behaupten, das Aufweichen der klassischen Geschlechterrollen hätte uns derart verunsichert, dass wir nicht mehr wissen, wann ein Mann ein Mann und eine Frau eine Frau ist.

Wahrscheinlich ist jede dieser Annahmen auf ihre Weise richtig. Eine befriedigende Erklärung liefert aber keine davon. Beziehungen sind ein komplexes Gefüge, in dem die Wünsche und Vorstellungen, Gefühle und Verhaltensstrukturen, Persönlichkeitsanteile, Erfahrungen und Reaktionsmuster zweier Menschen aufeinanderprallen. Hinzu kommt: Wir brauchen keinen Partner mehr zum Überleben. Wir können auch ohne ihn. Die Frauen der westlichen Welt sind heute besser denn je in der Lage, ihr Leben alleine zu organisieren. Sie können tollen Sex haben, Karriere machen, sogar Kinder können sie über anonyme Samenspender bekommen. Aber: Finden sie das gut? Ist das ein erfülltes Leben? Die angestrengte Partnersuche zeigt allzu deutlich, wie gerne die Mehrzahl der Singles mit jemandem ihr Leben teilen würde.

Und nun dürfen Sie raten, was die meisten dieser Männer und Frauen tief im Innern meinen, wenn sie sagen, sie suchen den Mann oder die Frau fürs Leben: Ja, sie suchen ihren Seelenpartner. Warum sie ihn nicht finden und wie sie ihn niemals finden werden, das wissen Sie jetzt ebenfalls, wenn Sie mir bis hierher gefolgt sind.

Etwas geht zu Ende, und alle sind verwirrt

Wie es aussieht, leben wir in einer Zeit der kranken Beziehungen. Das gilt nicht nur für die Beziehung zwischen den Geschlechtern, es gilt auch für die Beziehung zu uns selbst, zu unseren Mitmenschen und zu den Menschen, die wir nicht kennen, zu den Dingen, zu Besitz, Macht und Image, zur gesamten Erde, der Umwelt, der Natur, unseren Ressourcen, dem Meer, den Flüssen, den Tieren, Bäumen und Pflanzen, den Lebensmitteln, Eigentum, Geld, zu inneren Werten wie Moral oder Tugend. Die Reihe ließe sich beliebig fortsetzen. Irgendwie scheint sich unsere Beziehung zum gesamten Leben verändert zu haben – oder wäre es vielleicht besser mit dem Begriff denaturiert umschrieben?

Liebe Leserin und lieber Leser, wenn Sie mir bis hierher aufmerksam gefolgt sind, haben Sie hoffentlich den Eindruck gewonnen, dass ich nicht zu denen gehöre, die mit dem Zeigefinger auf die anderen deuten und sagen: Die Welt ist schlecht und von Grund auf böse. So etwas zu behaupten wäre allein schon wegen des bereits erwähnten Gesetzes des Ausgleichs falsch. Danach gibt es ja immer genauso viel Böses wie

Gutes, ebenso viel Liebe wie Hass. Trotzdem teile ich mit vielen anderen Menschen auf diesem Planeten den Eindruck, dass unsere Welt zurzeit aus den Fugen gerät: Auflösung und Chaos, Irritation, Desorientierung allenthalben. Was gestern galt, gilt heute nicht mehr. Woran wir unser Leben lang glaubten, verliert über Nacht seine Gültigkeit. Seit einigen Jahren werden unsere Werte gründlich auf den Kopf gestellt! Es ist, als litten sämtliche Systeme der menschlichen Gesellschaft unter Auflösungserscheinungen.

In Forschung und Wissenschaft werden jahrhundertealte Dogmen widerlegt, unsere Weltwirtschaft steht kurz vor dem Zusammenbruch, Terrorgruppen unterminieren die Zivilisation. Und als wäre ein überirdischer Scheinwerfer auf unseren Planeten gerichtet, kommen seit ein, zwei Jahren mehr und mehr Lügen und Ungereimtheiten ans Licht. Nichts kann mehr länger im Dunkeln versteckt bleiben, und vieles von dem, was wir bisher als Wahrheit erachtet haben, stellt sich plötzlich völlig anders dar. Eine regelrechte Enthüllungsmanie scheint ausgebrochen zu sein. Erst wurden die Steuerhinterzieher entlarvt, kurz darauf ging es um Missbrauchsskandale in Schulen und Kirche, dann gerieten Staatsgeheimnisse über Botschaftsdepeschen an die Öffentlichkeit, durch aufgedeckte Schmiergeldaffären kamen deutsche Staatsbeamte in Konflikt, eine gefälschte Doktorarbeit brachte einen Minister zu Fall.

Und als würde die Erde auf Lügen, Umweltzerstörung und Profitgier mit ihren eigenen Mitteln antworten, erleben wir seit 2010 eine Serie von Naturkatastrophen, die alles bisher Erlebte in den Schatten stellt. Legte im April des Jahres 2010 die Lavaasche des isländischen Vulkans Eyjafjallojökull den nordeuropäischen Flugverkehr tagelang lahm, blies im Spätsommer der Vulkan Merapi auf Java wochenlang kilometerhohe Aschefontänen in die Luft und begrub 26 Dörfer unter Glut und Steinen. In Indien richteten Überschwemmungen verheerende Schäden an. Die Erde bebte an mehreren Stellen rund um den Globus in selten erreichten Stärken auf der Richterskala – erst Haiti, dann Chile, Mexiko, später Pakistan, Neuseeland, Thailand – und dann der größte anzunehmende Unfall der Weltgeschichte in Japan, die durch ein Erdbeben der Stärke neun auf der Richterskala ausgelöste Reaktorkatastrophe von Fukushima. Der GAU vom 11. März 2011 fiel fast zeitgleich mit dem Beginn der sogenannten neunte Welle des Mayakalenders zusammen, die unserem Planeten angeblich die intensivste Zeit der Weiterentwicklung bieten soll. Der Mayaforscher Carl Johan Calleman, der das behauptet, schließt nicht aus, dass das Atomunglück einen höheren Sinn hatte, nämlich den Menschen ihr höchstes Ziel, das Einheitsbewusstsein, zu vermitteln. Von vielen Seiten hört man im Nachhinein, dass es eine Katastrophe dieses Ausmaßes gebraucht habe, um die Menschen zum Aufwachen zu bringen.

Unsere Erde scheint sich ausdehnen zu wollen, als müsste sie die Spannungen ausatmen, die sich auf und in ihr angesammelt haben – und wie es aussieht, ist dieses Atmen, dieses Aufbrechen noch lange nicht zu Ende.

Dass wir uns in einer Zeit tief greifenden Wandels befinden, wird seit gut 40 Jahren in regelmäßigen Abständen von vielen Seiten bekundet. Kennen Sie das Musical *Hair,* das in den 70er-Jahren um die Welt ging? Ich durfte damals mit meiner Schulklasse nach Paris fahren und hatte dort Gelegenheit, mir die Show anzusehen. Es war zwar eines der ersten wirklich guten, modernen Bühnenstücke, die ich kennenlernte, trotzdem kann ich mich kaum noch an die Handlung erinnern. Bis heute im Gedächtnis geblieben ist mir aber die Botschaft vom anbrechenden Zeitalter des Wassermanns. Sie beschäftigte mich irgendwie, zumal ich in meiner pfälzischen Kleinstadt noch nie etwas von diesem geheimnisvollen New Age gehört hatte, von dem immerzu die Rede war. Erst in den 80er-Jahren kam ich wieder mit dem Wort in Berührung, diesmal in Zusammenhang mit dem Physiker und Esoteriker Fritjof Capra, der den Begriff »Paradigmenwechsel« publik machte, um damit die von ihm postulierte Wende zu einem harmonischen, freiheitlichen und ganzheitlichen neuen Zeitalter zu kennzeichnen.

Heute, knapp 30 Jahre später, bezweifelt niemand mehr den Wertewandel unserer Gesellschaft. In Politik, Wissenschaft, Wirtschaft, Ethik und Religion werden gängige Paradigmen – also Lehrmeinungen, Weltanschauungen und Leitbilder – infrage gestellt, abgelöst und durch neue ersetzt. Die logische Folge davon ist, dass eine neue Zeit anbricht. Nur: Wie diese Zeit aussehen wird, ist für uns, die Generation Umbruch, nicht abzusehen.

Beängstigende Vermutungen und Prognosen gibt es indessen genug. So heißt es aus den Reihen der Biophysiker Dr. Paulo und Alexandra Correa, dass nicht nur unsere Erde, sondern alle Planeten des Sonnensystems zurzeit gravierende, nie da gewesene physikalische Veränderungen durchlaufen. Die beispiellosen Wetterveränderungen, die gegenwärtig viele Menschen alarmieren, seien Teil einer umfassenden, rätselhaften Transformation, die unsere Sonne, ihre Planeten und deren Trabanten betrifft. So haben die Strahlungsemissionen der Sonne seit den 80er-Jahren um 0,5 Prozent pro Jahrzehnt zugenommen, was nach Aussagen eines NASA-Wissenschaftlers auf der Erde einen »beträchtlichen Klimawandel« hervorrufen könnte. Immer häufiger ist auch von zunehmend heftigeren Sonnenstürmen die Rede. 1989 und 2001 wurden die beiden stärksten Sonneneruptionen, sogenannte Flares, seit Beginn der Aufzeichnungen auf einen beispiellosen Wert von X-20 eingestuft. Doch schon 2003 fand eine Eruption statt, die um 200 Prozent stärker gewesen sein soll als die beiden vorhergehenden – man sprach von einem Wert von mindestens X-40. Wie bei solchen Ausbrüchen üblich, folgte bald darauf ein kolossaler Massenauswurf, der eine riesige Blase von Milliarden Tonnen elektrifizierten Gases in das Sonnensystem entließ. Die NASA-Experten waren sich einig, dass die Sonne zurzeit aktiver sei als seit Menschengedenken und dass »es so etwas nie zuvor gegeben hat«. Zieht man in Betracht, dass die Sonne 99,87 Prozent der Masse unseres Sonnensystems enthält, neben der die Planeten Erde, Venus, Mars oder Merkur wie Sandkörnchen aussehen, kann man davon ausgehen, dass die derzeitigen Veränderungen sich auf alles auswirken, das dem Einfluss der Sonne unterliegt.

Was bedeutet das nun für unsere Erde? Der Biophysiker Dieter Broers, Autor des Buches *(R)evolution 2012 – warum die Menschheit vor einem Evolutionssprung steht,* warnt, die Sonnenstürme könnten in den kommenden Jahren das elektromagnetische Feld der Erde verändern, was weitreichende Auswirkungen auf unser Energienetz hätte. Stromausfälle könnten die Energieversorgung ganzer Landstriche wochenlang lahmlegen.

Auch die Astrologen erkennen anhand extremer planetarischer Konstellationen, dass unsere Welt einem rasanten, tief greifenden Wandel unterzogen wird. Aus ihrer Sicht haben wir 2010 endgültig die alte Zeit hinter uns gelassen und sind in das Zeitalter des Wassermanns eingetreten. Jahre des Umbruchs und des Neubeginns sollen nun vor uns liegen, es sollen chaotische, aber auch heilsame Jahre sein, denn jeder von uns bekäme jetzt den Impuls, sein eigenes Leben zu transformieren.

Ich weiß nicht, wie es Ihnen geht, wenn Sie mit solchen Nachrichten konfrontiert werden. Mich überkommt zwischendurch immer wieder das Gefühl, zu diesem Thema nichts mehr hören zu können. Und doch holt es mich wieder ein. Es ist inzwischen sogar schon Partygespräch. Letzten Herbst war ich bei einer Freundin zum Geburtstagsessen eingeladen. Wir waren zu fünft – im Alter zwischen 45 und 60. Als irgendjemand auf das Thema Zeitenwandel zu sprechen kam, fingen alle wie auf Kommando an, etwas dazu zu äußern. Es entstand eine lebhafte Diskussion, in deren Verlauf die Gäste sich einig wurden, dass die Veränderung am deutlichsten an der Zeitbeschleunigung zu spüren sei. »Die Zeit rast nur so davon, man erledigt heute an einem Tag viel weniger als früher«, meinte meine Freundin. Wir sprachen eine Weile darüber, wie viel fokussierter und bewusster man heute seine Arbeit machen müsse, um sein normales Pensum zu schaffen. Am Schluss stand die Frage im Raum, ob Zeit objektiv tatsächlich schneller vorangehen kann oder ob sich unser subjektives Zeitgefühl verändert haben könnte.

Als ich nach Hause ging, beschäftigte mich das Thema noch eine ganze Weile. Zufällig landete am nächsten Tag der Newsletter einer Bekannten in meiner E-Mail-Box, die regelmäßig Artikel zum Thema Wendezeit verschickt. In der neuen

Aussendung ging es genau um das Thema der Freundinnenrunde vom Vorabend: Viele Menschen hätten heute den Eindruck, dass die Zeit schneller vergehe. Das sei ein typisches Phänomen für die Zeit des Wandels. Tatsächlich beschleunige sich aber nicht die Zeit, sondern die Manifestation: Unsere Gedanken, Wünsche und Pläne brauchen nun viel weniger Zeit, um sich in der physischen Welt zu materialisieren – und zwar auf individueller und kollektiver Ebene. Seit 1999 habe sich die Manifestationszeit zunehmend beschleunigt, wodurch immer mehr Dinge in immer kürzerer Zeit geschahen. Die Ereignisse begännen sich regelrecht zu überschlagen. Ein spiritueller Lehrer namens Abraham wurde zitiert, demzufolge man heute nur 17 Sekunden konzentrierte, positive Aufmerksamkeit benötige, um eine physische Veränderung zu bewirken, während vor 20 Jahren noch viel mehr Zeitaufwand dafür nötig war. Die Auswirkungen unserer Gedanken auf die Materie und die Ereignisse unseres Lebens seien deutlicher und schneller sichtbar als je zuvor, und diese Entwicklung werde sich noch fortsetzen und weiter verstärken.

Ich stutzte, dachte kurz darüber nach. Tatsächlich scheint sich die gesamte Weltgeschichte seit einigen Jahren immer schneller zu verändern. Es ist fast unmöglich geworden, sich der Energie der Veränderung zu entziehen. Unsere Großeltern verbrachten ihr ganzes Leben im selben Ort und übten für gewöhnlich lebenslang den gleichen Beruf aus. Heute haben wir zwei oder drei Karrieren nacheinander oder zwei, drei Jobs zur gleichen Zeit, ziehen im Schnitt alle fünf Jahre oder noch öfter um und heiraten zweimal oder noch öfter. Auch auf politischer und gesellschaftlicher Ebene gehen die Entwicklungen innerhalb von Monaten so schnell voran wie früher nicht in Jahrzehnten. Wie viele Themen, an denen lange keiner rührte, verändern sich sprungartig. In Wirtschaft und Politik werden bedeutsame Entscheidungen von heute auf morgen gefällt, neue Gesetze in Windeseile umgesetzt – man denke nur an die beiden 2010 in wenigen Wochen geschnürten finanziellen Rettungspakete der EU für Griechenland und Irland.

Die Menschen wachen auf

Obwohl viele von uns längst aufgehört haben, die Welt verstehen zu wollen, gibt es auch Positives zu vermelden: Die Menschen wachen auf. Mitten im Chaos des Umbruchs scheint sich ein lange aufgestauter Unmut über die Obrigkeit Bahn zu brechen. Die Soziologen beobachten zwar schon seit Jahrzehnten einen abnehmenden Respekt gegenüber öffentlichen Institutionen und Autoritäten, doch jetzt scheint auch hier ein Höhepunkt erreicht. Eine neue Protestkultur hat sich entwickelt, und das mitten in der Bourgeoisie! Brave Bürger beginnen sich aus ihrer Komfortzone herauszubewegen und gehen auf die Straße. Stuttgart 21, die neue Antiatomkraftbewegung, Elternprotest gegen die Schulreform, Ärzteprotest gegen neue Kassenregelungen – das sind nur einige von vielen Beispielen für das Aufbegehren der Mittelschicht. Menschen von nebenan entdecken ihren inneren Rebellen. Man ist nicht mehr gewillt hinzunehmen, wie der Staat Milliarden von Steuergeldern für einen neuen Bahnhof verschwendet, der in Zeiten der Wirtschaftskrise wie blanker Unsinn erscheint. »Wir« sind nicht mehr Papst, »wir« demonstrieren! Und die Verlage reagieren: Die neue Empörungskultur hat eine Welle von Wutbüchern auf den Markt gebracht, die den Zeitgeist eins zu eins widerspiegeln. Da schreibt ein französisches Kommunardenteam unter dem Namen *Unsichtbares Komitee* ein Buch mit dem Titel *Der kommende Aufstand*, Alain Ehrenberg referiert über *Das erschöpfte Selbst* und Richard David Precht über *Die Kunst, kein Egoist zu sein*. Die Massen begehren auf. Man könnte sich an Zeiten vor Beginn der Französischen Revolution erinnert fühlen.

Doch auch im Innern der Menschen scheint sich eine Revolution zu vollziehen. Die neue Innerlichkeit, vom Institut für Zukunftsforschung schon seit Jahren propagiert, erlebt seit 2008 neue Höhepunkte. Die Menschen beginnen, ihr Denken und Handeln zu reflektieren und nach dem Sinn ihres Lebens zu suchen. Sie sehnen sich nach geistiger Orientierung, möchten mit der Schwingung des Universums in Einklang kommen. Selten zuvor haben so viele Menschen der westlichen Welt gemeinsam für eine neue Erde meditiert.

Da ich viel mit Kolleginnen und Kollegen zwischen Anfang zwanzig und Ende dreißig zu tun habe, kann ich gut beobachten, wie stark der Wunsch nach Authentizität und Wahrheit in der jungen, aufstrebenden Generation in den Vordergrund drängt. Eine Grafikerin erzählte mir kürzlich ganz nebenbei, sie habe letztes Jahr ein Sabbatical eingelegt, um ihre innere Stimme wieder hören zu können. Ein Jahr lang sei sie um die Welt gereist, auf der Suche nach mehr Tiefe in ihrem Leben. Von einer relativ bekannten Autorin weiß ich, dass sie ein Zen-Seminar buchte und dort drei Tage vor einer weißen Wand meditierte. Als sie einen Tag später an ihren Arbeitsplatz zurückkehrte, reichte sie die Kündigung ein. Sie sei in sich gegangen und habe herausgefunden, dass sie am falschen Platz gelandet ist.

Die Suche nach der eigenen Göttlichkeit, Erleuchtungserlebnisse, besondere energetische Zustände, die den Zugang zu höheren Weisheiten öffnen – all das sind Themen, über die jetzt offen gesprochen wird. Man redet nicht mehr von Eso-Tussis, sondern von einem neuen Zeitgeist, von erwachender Spiritualität. Die Suche nach Gott ist auch für Zeitschriften und Hochglanzmagazine ein sogenanntes Mainstream-Thema geworden. Wenn in den Redaktionskonferenzen vorgeschlagen wird, ein Thema zu recherchieren, wie man die Natur als Kraftquelle nutzen kann, um neue Energien zu schöpfen, winkt niemand mehr ab. Es gibt schließlich wissenschaftliche Studien über die Heilkraft der Natur.

Ich besuche seit mehreren Jahren regelmäßig Klassen in verschiedenen Münchner Yogazentren und mache mir manchmal einen Spaß daraus, die Schuhregale vor den Übungsräumen zu mustern. Ich kenne nur wenige Plätze, an denen die moderne, urbane Spiritualität so augenfällig ist. Korksandalen, Birkenstock und Kreppsohlen sind fast vollkommen von der Bildfläche verschwunden. Sie haben Stilettos von Gucci und Bikerboots von Prada Platz gemacht. Das Durchschnittsalter in den Yogaklassen ist von 50 auf 30 gesunken. Eine 30-jährige Freundin von mir hat sich dem Yogaweg inzwischen so hingegeben, dass sie sich nur noch vegan ernährt und fast jedes Wochenende mit Yoga-Workshops von Gastlehrern zubringt. Ich bin mir zwar nicht sicher, ob sie ihre Askese lange durchhalten wird, aber, und das ist wohl das Wichtigste, sie fühlt sich wach, lebendig und vor allem: beseelt.

Die alte Faustregel, dass Spiritualität eine Sache für Menschen in der Midlife-Crisis sei, ist längst ad absurdum geführt. Überall auf der Welt widmen sich junge Erdenbürger dem Erforschen innerer Ziele. Wenn diese Generation sich in der Lebensphase, in der man reift und wächst und beruflich expandiert, nicht von Erfolgsdenken, der Jagd nach Ruhm und Geld und allen anderen äußerlichen Zielen vereinnahmen lässt, wird die spirituelle Dimension sehr kraftvoll in unsere Welt einziehen.

Die größte Veränderung der neuen Zeit vollzieht sich im menschlichen Bewusstsein. Darüber sind sich alle einig, die sich mit der Zukunft der Erde auseinandersetzen. Und in der Tat scheint der Mensch sein geistiges Potenzial schon jetzt stärker auszuschöpfen. Er beginnt zu begreifen, dass im Universum alles mit allem verbunden ist und dass alles, was jeder Einzelne denkt und tut, einen Einfluss auf das gesamte Weltgeschehen hat. Er erkennt, wie machtvoll jeder in das Gesamtgeschehen eingreifen kann, indem er lebt, woran er glaubt. Indem er Liebe in ihrer umfassenden Bedeutung erkennt. Nicht nur in der Seelenpartnerschaft, in jeder erfüllenden Zweisamkeit müssen wir unterscheiden: zwischen dem, was Liebe ist, und dem, was wir dafür halten. Genau darum geht es im nächsten Kapitel.

2. Kapitel:

LIEBE – ODER HABEN WIR AN EINE ILLUSION GEGLAUBT?

Als ich mich innerlich auf dieses Kapitel einstimmte und ein wenig meditierte, um Inspirationen zu sammeln, fiel mir sofort ein Satz ein: »Liebesbeziehungen sind nicht dazu da, um uns glücklich zu machen, sondern um uns wachsen zu lassen.« Ich habe ihn vor vielen Jahren einmal gelesen und ewig daran herumgeknabbert. Er wollte so gar nicht in mein Konzept passen, und ich kann mir vorstellen, dass es Ihnen ähnlich geht. Wozu lassen wir uns denn mit einem anderen Menschen ein? Doch wohl um glücklich mit ihm zu werden – oder?

Und genau hier liegt das grundlegende Missverständnis zwischen Partnern. Wir meinen, wir bräuchten einen anderen Menschen, um wirklich glücklich zu sein. Und als sei das nicht schon falsch genug, delegieren wir unser Lebensglück auch noch an den anderen, wir legen es geradezu in dessen Hände: Du musst mich jetzt glücklich machen! Du gibst meinem Leben Sinn. Erst durch dich wird mein Leben lebenswert. Ohne dich bin ich nichts. Ich brauche dich. Was wäre ich ohne dich? Ich kann nicht ohne dich leben. Ich bin nur glücklich, wenn du mich liebst.

Sie kennen solche Sätze. Ich kenne sie auch, und das nicht

nur vom Hörensagen. Ich habe sie ausgesprochen, viele Male, weil ich sie so gefühlt habe. Und ich habe sie so gefühlt, weil ich so geglaubt habe. Warum habe ich diesen Sätzen geglaubt? Weil alle sie glaubten. Weil ich dachte, es müsse wohl stimmen, was alle denken. Meine Mutter, meine Tante, mein Onkel – alle haben mir vermittelt, dass Leben so funktioniert: Du musst nur den Richtigen oder die Richtige finden, dann wirst du glücklich, und alles ist gut. Nur zu dumm, dass ich immer beim Falschen gelandet bin. Leider hat mich niemand aufgeklärt, wie es sich wirklich verhält. Ich musste es selbst erfahren, wie Sie auch, wie wir alle. Liebesbeziehungen sind dazu da, um an ihnen zu wachsen. Heute kann ich das vorbehaltlos bestätigen.

In keinem Lebensbereich lernen wir uns selbst so gut kennen wie in engen Liebesbeziehungen. Nirgendwo sonst können wir so intensive Lernprozesse durchleben wie mit dem Menschen, der uns am Nächsten steht. Er schafft es wie kein anderer, uns an die Grenze unserer Beherrschung zu führen und uns mit Gefühlen zu konfrontieren, die wir in dieser Geballtheit anders nie zu spüren bekämen. Wir erleben die gesamte Palette der Emotionen: lieben, leiden, kämpfen, hassen, und all das durch einen einzigen Menschen. Wer kam nur auf die Idee, uns weiszumachen, Sinn und Zweck einer Beziehung sei es, glücklich zu werden?

Beziehungen schulen unser Liebesbewusstsein

Glück ist nur eine von vielen wertvollen Erfahrungen, die wir in einer Partnerschaft machen dürfen. Das Leben will, dass wir auch die andere Seite der Medaille kennenlernen: Schmerzen,

Ängste, seelische Abstürze, Trennungen, Abschiede, Kontrollverlust, Enttäuschung, Bitterkeit, Aggression, Eifersucht, Vorwürfe und Schuldzuweisungen, Missgunst und Neid. Jede Beziehungserfahrung ist wichtig für unsere seelische Entwicklung. Sie schleift unseren inneren Diamanten.

Wenn Sie also bereits leidvolle Beziehungen hinter sich haben oder in einer solchen feststecken: Hören Sie auf, mit Ihrem Schicksal zu hadern. Nichts von dem, was Sie durchgemacht haben oder gerade durchmachen, wird umsonst gewesen sein. Und egal, ob Sie es schaffen, Ihre Beziehung zu retten, oder beschließen, sich zu trennen – beides wird Sie weiterbringen. Letztlich geht es immer um dasselbe: bewusster zu werden und alles aus dem Weg zu räumen, was uns daran hindert, bedingungslos zu lieben.

Ich schlage Ihnen vor, ab sofort jede Erfahrung mit Ihrem Partner oder Ihrer Partnerin als einen Meilenstein auf Ihrem Weg zur erfüllten Liebe zu betrachten! Überlegen Sie einmal, welche wertvollen Erkenntnisse Ihnen Ihre schmerzhaften Erlebnisse geschenkt haben: Sie wissen jetzt ganz genau, was Sie nie wieder erleben möchten. Wir sind nun mal so gebaut, dass wir erst erfahren müssen, was wir nicht wollen. Um eine erfüllte Liebe leben zu können, müssen wir zuvor erlebt haben, was unerfüllte Liebe ist. Wir können Vertrauen besser wertschätzen, wenn das unsrige schon einmal missbraucht wurde. Wir sehnen uns mit allen Fasern unseres Seins nach Freiheit, wenn wir schon einmal abhängig waren oder in Abhängigkeit gehalten wurden.

Ich persönlich habe vieles von dem, was ich in meinen vorherigen Beziehungen schmerzlich vermisst habe, in der Partnerschaft mit meinem Seelengefährten bekommen und noch einige Überraschungen dazu, die ich nie für möglich gehalten hätte. Aber ganz ehrlich, nie hätte ich diese Geschenke wertschätzen können, wenn ich es zuvor nicht anders erlebt hätte. Deshalb lege ich Ihnen dringend ans Herz: Leben Sie Ihr jetziges Beziehungsleben in seiner ganzen Fülle und akzeptieren Sie auch seine tragischen Momente. Gehen Sie bewusst durch Krisen und Katastrophen, denn deren Sinn und Zweck ist es, dass Sie stärker als zuvor aus ihnen herauskommen. Wenn es Ihnen ernst ist mit dem Wunsch, Ihrem Seelenpartner zu begegnen, sollten Sie sich Ihre Neugierde auf Erfahrungen bewahren. Es gehört dazu, dass Sie verletzt werden. Sie selbst verletzen auch. Wichtig ist nur, dass Sie Wege finden, Ihre Gefühle so zu verarbeiten, dass Sie an ihnen wachsen können. Erlauben Sie sich bitte niemals, sich verbittert zurückzuziehen! Das wäre die schlechteste aller Möglichkeiten. Falls Sie dazu neigen, nach schlimmen Erlebnissen innerlich zu verhärten und sich zu isolieren: Bleiben Sie an der Aufarbeitung dran! Im nächsten Kapitel finden Sie eine Menge Anregungen, wie Sie Ihre verletzten Gefühle und Ihr Leben heilen können. Und ich weiß, das möchten Sie. Sie würden dieses Buch sonst nicht in den Händen halten.

Nach allen Erfahrungen und allen Einsichten, die ich über die Liebe gewonnen habe, bin ich heute der Überzeugung, dass Liebesbeziehungen dazu da sind, um unser Liebesbewusstsein zu schulen. Das Universum, der liebe Gott oder wie immer Sie die Instanz nennen, die unser Schicksal lenkt, möchte, dass wir lernen, was Liebe bedeutet – körperlich, geistig, seelisch und spirituell. Warum sonst sind Liebeserfahrungen jedem Menschen zugänglich? Warum sonst sehnen wir uns danach, mit unserem Partner eins zu werden?

Wir möchten die Einheitserfahrung der Liebe machen, und jede Liebesbeziehung ist der erste Schritt. Leben Sie Ihr jetziges Leben also so authentisch, so mutig, so lebendig, so vielfältig und so engagiert wie möglich. Und bleiben Sie aufmerksam für alles, was dabei in Ihrem Kopf und Ihrem Herzen vor sich geht.

Die Last der falschen Kernsätze

Was Liebesbeziehungen betrifft, sind wir vollgestopft mit Kernsätzen und sogenannten Lebensweisheiten, die wir von den Bezugspersonen unserer Kindheit übernommen haben. »Geld macht nicht glücklich, aber es gibt Sicherheit.« »Such dir einen reichen Mann! Mit einem armen Schlucker kommst du nicht weit!« »Einer Straßenbahn und einem Mann sollte man nicht hinterherrennen.« Kennen Sie solche Sprüche? Als Kinder und junge Erwachsene haben wir alles geglaubt und verinnerlicht, was unsere Erziehungsberechtigten von sich gegeben haben, auch wenn es noch so unüberlegt war. Wir haben sogar unser Leben danach ausgerichtet. Doch was hat es uns gebracht: Unglück, Miseren, Scheidungskriege. Unsere Beziehungen sind zum Scheitern verurteilt, weil sie auf nicht mehr funktionierenden Überzeugungen basieren. Viel zu lange haben wir uns an den überholten Paarkonzepten unserer Eltern und Großeltern orientiert. Jetzt ist es an der Zeit, sie loszulassen.

Auf den folgenden Seiten werde ich mich mit Ihnen darüber unterhalten, warum sogenannte »normale« Beziehungen nicht glücklich machen können. Ich möchte Ihnen zeigen, worüber jeder von uns stolpert, der ungeprüft das nachlebt, was ihm vorgelebt wurde. Es geht um negative Glaubenssätze und schädliche Überzeugungen, um Projektionen und Konditionierungen und um das daraus resultierende Unglück. Und es geht um Mittel und Wege, um aus den über Jahrhunderte fest zementierten Paargesetzen auszubrechen.

Exkurs:
Meine persönliche Erfahrung in einer Spannungsbeziehung

Die Beziehung, in der ich die schlimmsten Erfahrungen gemacht habe, hat ganze sieben Jahre gedauert. Sie war von Anfang an problematisch. Eine sogenannte Spannungsbeziehung, die, wie ich heute weiß, ganz besonders zum persönlichen Wachstum »erzieht«. Immer wieder gab es Dramen und Versöhnungen, viele Male haben wir uns getrennt und konnten uns doch nicht lösen. Als wäre ich in einem Bann gefangen, musste ich wieder und wieder die gleichen, peinigenden Streite und Kämpfe durchleiden, die mich von Mal zu Mal näher an die Grenzen psychischer Belastbarkeit brachten. Niemals hätte ich von mir gedacht, dass ich, die ich mich für einen so friedfertigen Menschen halte, eines Tages fähig wäre, in blinder Zerstörungswut Kleider zu zerschneiden oder mit einer Axt eine (leider meine eigene) Tür zu zertrümmern. Offensichtlich musste ich einmal dermaßen die Beherrschung verlieren, um zu erfahren, wozu ein Mensch in der Lage ist, wenn seine persönlichen Grenzen überschritten werden.

Heute würde ich so etwas nicht mehr zulassen. Ich habe meine Lektion gelernt, und darauf bin ich stolz. Ich bin sogar in der Lage, meinem Exlebensgefährten für alles zu danken, was ich durch ihn lernen durfte. Es geschieht zwar immer noch mit Zähneknirschen, aber immerhin geschieht es. Durch diesen Menschen bin ich in einer Art Crashkurs meinen großen Lebensthemen begegnet. Am Ende war ich erschöpft und verwundet wie eine Kriegerin nach sieben Jahren Kampf: äußerlich um Jahre gealtert, innerlich zerbrochen – fast! Dann habe ich gemerkt, dass gebrochene Herzen heilen können, und erlebte eine der tiefsten und wunderbarsten Erfahrungen meines Lebens! Ich werde den Moment nie vergessen, als ich, am Boden zerstört, instinktiv zu einem Heilmittel griff, das sich für mich als sehr effektiv herausstellen sollte: Rosenöl. Die reine Essenz aus Rosenblättern war es, die mein Herz vor dem Zerspringen bewahrte. Ich legte mich ins Bett und rieb meine Herzgegend mit dem ätherischen Öl der Damaszener Rose ein, von dem ich wusste, dass es ein Mittel gegen Liebeskummer ist. Mit tiefen Atemzügen sog ich den Duft ein, ließ ihn auf mich wirken. Tatsächlich spürte ich schon nach ein paar Minuten, dass etwas mit mir geschah. Ich fühlte, wie ich zusehends weicher und sanfter wurde und etwas in mir wegzuschmelzen schien. Die Verbitterung, die mich über die Jahre innerlich hart und starr gemacht hatte, schien sich aufzulösen. Mir war, als bräche etwas in mir auf, und tatsächlich: Plötzlich konnte ich weinen. Endlich! Es war wie eine Erlösung, den Schmerz und die Trauer aufrichtig fühlen zu können, die ich in mir selbst eingeschlossen hatte. Das war kein verzweifeltes oder hysterisches Schluchzen, sondern ein warmer Fluss von Tränen – ein schönes Weinen. Es war der Beginn meiner Selbstheilung.

Warum ich Ihnen das erzähle? Weil ich glaube, dass mir erst diese Erfahrung ermöglicht hat, meinem Seelenpartner zu begegnen. Ich bin ein Mensch, der gerne alles richtig macht – vor allem wenn es um mein eigenes Seelenheil geht. Das mag egoistisch klingen, aber ich bin mir sicher, Sie werden mich verstehen. Ich wollte richtig heil werden, mit allen mir zur Verfügung stehenden Mitteln. Alles, was ich über Heilung wusste – und das war zum damaligen Zeitpunkt nicht wenig –, wollte ich anwenden, um an Leib und Seele wieder gesund zu werden. Ich sammelte Daten und Fakten über das Broken-Heart-Syndrom – der Krankheit vieler Menschen nach einem emotionalen Schock, zum Beispiel dem Verlust des Partners. Die Symptome sind denen eines Herzinfarkts sehr ähnlich, haben aber keine organischen Ursachen und verschwinden nach einigen Tagen wieder genauso plötzlich, wie sie aufgetaucht sind. Ich interviewte sogar einen Professor für Psychosomatik über Gefühle, die Frauenherzen kränken, machte mich in der Psycholiteratur über die Phasen der Trauer schlau. Ich besuchte einen Workshop des spirituellen Paarpsychologen Chuck Spezzano über die Kunst, von ganzem Herzen zu lieben, ging zum Familienstellen, um karmische Verstrickungen aufzulösen. Alle Ursachen meines lebenslangen Leidens an Beziehungen wollte ich aufarbeiten. Ich schonte mich nicht. Ja, und ich lernte auch, zu verzeihen, und zwar erst meinem Ex und danach mir selbst – was ich wesentlich schwieriger fand. Das Verzeihensritual, das mir sehr geholfen hat, finden Sie auf einer der nächsten Seiten.

Sie können sich vorstellen, was in meinem Leben los war, als ich anfing, damit aufzuräumen. Ein Knoten nach dem anderen platzte. Und plötzlich hatte ich auch beruflich einen überraschenden Erfolg. Ich verdiente mit einem Buch sehr viel Geld, was sogleich ein weiteres Buchprojekt nach sich zog. Und mittendrin in diesen turbulenten Zeiten begann ich eine Affäre mit einem Mann. Erinnern Sie sich an die Passage im letzten Kapitel, in der ich ganz kurz eine unverbindliche Liebesgeschichte erwähnte. Ich wollte damals niemanden an mich heranlassen, weil ich doch mitten im seelischen Heilungsprozess steckte. Es sollte einige Jahre dauern, bis wir uns erkannten. Heute weiß ich, dass dieser Mann mein Seelenpartner ist.

Mettameditation und das Ritual: »Ich verzeihe dir«

Bevor ich mit Ihnen die Ursachen durchgehe, die meines Erachtens unsere Beziehungen zerstören, möchte ich Ihnen die beiden Übungen vorstellen, die mir am meisten geholfen haben, meine verletzten Gefühle zu heilen. Die erste ist eine Meditation. Wenn Sie herzkrank sind, unter Liebeskummer oder gebrochenem Herzen leiden, kann sie zur Heilung Ihres Herzens beitragen. Sie hilft aber auch, wenn Sie unzufrieden mit sich sind oder an Ihrem Selbstwert zweifeln.

Mettameditation

Der Begriff Metta stammt aus der Palisprache, die zu Buddhas Lebzeiten gesprochen wurde. Ins Englische wird Metta mit »loving kindness« übersetzt – und das kann sehr viel bedeuten. Zum Beispiel wohlwollende Freundlichkeit, bedingungslose Sympathie, Warmherzigkeit oder liebevolle Unterstützung. Die typische Mettahaltung entwickeln wir beim Anblick eines Babys oder eines schutzbedürftigen Tieres. Die Mettaübung hilft Ihnen, sich selbst und anderen mehr Liebe zu schenken. Sie öffnet Ihr Herz für Lebensfreude und hüllt Sie in einen warmen Mantel von Wohlwollen.

Außerdem spüren Sie dabei eine besonders innige Verbundenheit mit allen Lebewesen. Ganz nebenbei reinigt Metta auch den Geist, fördert die Konzentration und schenkt Ihnen ein sehr angenehmes Gefühl von Schutz und Geborgenheit.
Nehmen Sie bitte eine sitzende Meditationshaltung ein, die Ihnen angenehm ist. Setzen Sie sich mit aufrechtem Rücken hin, ohne sich dabei zu überanstrengen oder zu überdehnen. Nehmen Sie einige tiefe Atemzüge und entspannen Sie Ihren Körper. Kommen Sie mit Ihren Gedanken ganz in den Moment.
Wandern Sie mit Ihrer Aufmerksamkeit nun in Ihr Herz. Spüren Sie in diesen Raum hinein und lassen Sie ihn weit werden und sich immer mehr öffnen. Stellen Sie sich vor, dass der Raum um Ihr Herz von der Sonne angeleuchtet wird und dass dort nun eine rote Rose aufgeht. Lassen Sie diese Rosenblüte in ihrer vollen Schönheit vor Ihrem inneren Auge entstehen. Ihr Rot durchströmt Ihr Herz, und es öffnet sich noch weiter. Aus tiefem Herzen sprechen Sie nun den ersten Mettasatz:
Möge ich glücklich sein.
Sagen Sie ihn einige Male – so lange, bis er wirklich in Ihrem Innern ankommt.
Möge ich glücklich sein.
Machen Sie eine Pause und wiederholen Sie den Satz, bis Sie seine Botschaft spüren. Lassen Sie sich Zeit, den Satz wirklich zu spüren. Wiederholen Sie ihn in Ihrem eigenen Rhythmus.
Möge ich glücklich sein.

Nun sprechen Sie den zweiten Mettasatz:
Möge ich in Sicherheit leben.
Wenn Ihnen die Formulierung nicht gefällt, wählen Sie eine Version, die Ihnen mehr entspricht. Zum Beispiel: Möge ich frei von Gefahren leben, oder: Möge ich beschützt leben. Sobald der zweite Satz für Sie stimmig klingt, wiederholen Sie beide Wünsche nacheinander:
Möge ich glücklich sein.
Möge ich in Sicherheit leben.
Wenn Sie diese Sätze einige Male sprechen, stellt sich wievon selbst ein Rhythmus ein, und Sie werden merken, dass Sie nebenbei nichts anderes mehr denken können.
Nun kommt der dritte Mettasatz.
Möge ich gesund sein.
Wiederholen Sie einige Minuten lang alle drei Sätze:
Möge ich glücklich sein.
Möge ich in Sicherheit leben.
Möge ich gesund sein.
Der vierte Mettasatz formuliert den Wunsch, ohne schwerwiegende Sorgen und Konflikte den Alltag zu meistern. Er heißt:
Möge ich mit Leichtigkeit leben.
Probieren Sie diesen Satz aus, bis er eine Form hat, der Sie voll und ganz zustimmen können. Sie können zum Beispiel sagen:
Möge ich unbeschwert leben. Oder:
Möge ich leichten Herzens sein.
Wenn auch der vierte Satz für Sie stimmt, sagen Sie nun alle vier Sätze immer wieder nacheinander auf.

Möge ich glücklich sein.
Möge ich in Sicherheit leben.
Möge ich gesund sein.
Möge ich mit Leichtigkeit leben.

Es kann passieren, dass Sie beim Aufsagen der Sätze aus dem Takt geraten, dass Sie den nächsten Satz vergessen oder die Sätze in der falschen Reihenfolge aufsagen. Macht nichts, es ist Teil der Übung, dass dieses geschieht. Lassen Sie sich nicht aus der Ruhe bringen. Bleiben Sie klar und suchen Sie immer wieder aufs Neue die Abfolge Ihrer vier Sätze.

Nach einiger Zeit, wenn Sie die wunderbare Wirkung am eigenen Körper ausgekostet haben, wird in Ihnen das Bedürfnis entstehen, das Erlebte weiterzugeben. Denken Sie an einen Menschen, dem Sie sehr viel Gutes verdanken, der Sie immer wieder gefördert hat und der Sie so annimmt, wie Sie sind. Vielleicht war es Ihr Großvater, eine Tante, ein Lehrer oder jemand aus Ihrem Freundeskreis. Stellen Sie sich vor, dass diese Person jetzt vor Ihnen sitzt – in einem angenehmen Abstand.

Nun beginnen Sie, Ihre Mettasätze zum Herzen dieser Person hin zu sprechen. Spüren Sie, wie zwischen Ihrem Herzen und dem Herzen der Person ein Fließen des Wohlwollens entsteht. Wiederholen Sie die Sätze in einem ruhigen Rhythmus an die Adresse Ihres Gegenübers.

Mögest du glücklich sein.
Mögest du in Sicherheit leben.
Mögest du gesund sein.
Mögest du mit Leichtigkeit leben.

Wenn Sie das gute Gefühl der Mettasätze einer weiteren Person schenken möchten, wählen Sie als Nächstes eine Freundin oder einen Freund und schenken Sie ihr oder ihm Ihre Wünsche genau wie zuvor. Sie können aber auch Gruppen wählen – zum Beispiel Ihre Familie, Ihre Nachbarn, Ihre Kollegen oder Freunde aus einer Gruppe, der Sie angehören.
Sie können die Sätze auch beim Einkaufen sprechen. Im Supermarkt, auf Reisen, im Zug oder im Flugzeug. Verbinden Sie Ihr Herz mit dem der anderen durch die vier Sätze. Schenken Sie den Menschen Liebe und Mitgefühl – genauso wie den Menschen, die ihnen nahestehen und Ihnen lieb und teuer sind. Denken Sie auch an Tiere und Pflanzen. Es gibt so viele Wesen, die Ihre Zuneigung und Aufmerksamkeit brauchen.
Im nächsten Schritt denken Sie an die Menschen, mit denen Sie Probleme haben. Lassen Sie Frieden und Freude aus Ihrem Herzen in das Herz dieser Person oder Personen fließen. Schenken Sie ihnen Liebe und Mitgefühl.
Denken Sie nun auch an all jene, deren Leben sehr viel schwieriger als das Ihre ist. Menschen, die in Krankenhäusern liegen, die Schmerzen haben, Menschen in Gefängnissen, in Flüchtlingslagern, im Krieg. Menschen, die blind oder verkrüppelt sind oder hungern müssen, die einsam sind, ohne Freunde, ohne Hilfe. Umarmen Sie diese Menschengruppe mit Ihrer Liebe und der Kraft Ihrer Sätze, damit auch sie Frieden, Freude und Hoffnung finden. Lassen Sie mit dem

Sprechen der Mettasätze Ihre gesamte verfügbare Liebe fließen, um so viele Menschen wie möglich zu erreichen. Zum Schluss kommen Sie mit Ihrer Aufmerksamkeit wieder zu sich selbst zurück. Spüren Sie nun den Frieden und die Freude, die Sie sich gemacht haben. Sie werden bemerken, dass alles andere, was zuvor noch in Ihrem Herzen war, geschmolzen ist. Umarmen Sie sich selbst mit Liebe und Mitgefühl, mit der Wärme und Fürsorge aus Ihrem eigenen Herzen. Fühlen Sie die Leichtigkeit, die Sicherheit und die Geborgenheit. Mögen alle Lebewesen Frieden und Freude in ihrem Herzen verspüren.

Für mich ist die Mettameditation eine der schönsten Liebesmeditationen. Ich praktiziere sie in all meinen Seminaren und Meditationsrunden, weil ich immer wieder spüre, wie tief ihre herzöffnende Wirkung einen Menschen verwandeln kann. Wenn Sie die Meditation einmal gemacht haben, werden Sie merken, was ich meine. Es gibt nun einmal einen großen Unterschied zwischen dem Wissen über Liebe und der tief im Herzen erspürten Erfahrung.

Bei der nächsten Übung geht es um das Verzeihen. Nicht nur die Weisheitslehrer dieser Welt, auch die klassischen Psychologen sind sich einig, dass sich unsere seelischen Wunden erst schließen, wenn wir verzeihen können. Die großen Meister der Welt pflegen sich für das Leid zu bedanken, das ihnen zugefügt wurde, weil es ihnen aus höherer Sicht große Lektionen ermöglicht hat. Wie wir wissen, kann etwas Neues und Besseres nur gelingen, wenn das Alte wirklich verarbeitet und erledigt ist. Erst mit dem Verzeihen können wir loslassen, was uns angetan wurde. Es macht uns nicht nur seelisch wieder frei, es erlöst uns auch von so manchen unerklärlichen körperlichen Beschwerden, die sich einstellen, wenn wir anderen etwas nachtragen.

Sicherlich braucht es einiges an Stärke, mit erlittenem Unrecht abzuschließen. Andererseits: Wie viel Kraft raubt uns ein Leben als Opfer, das mit seinem Schicksal hadert und von Rachegedanken erfüllt ist. Wer verzeiht, lässt nicht zu, dass bestimmte Menschen oder Erfahrungen sein Leben weiter beeinflussen. Und nun spüren Sie doch bitte einmal in die gegenteilige Haltung hinein: »Das verzeihe ich dir nie!« Wie bitter und vernichtend das klingt. Und wie deutlich daraus wird, wem wir damit schaden: doch nur uns selbst. Vielleicht glauben wir, den Partner mit dieser Haltung zu bestrafen, aber eigentlich verurteilen wir uns selbst dazu, nicht zu vergessen. Wir halten permanent die Gedanken an das, was der andere uns angetan hat, wach und damit auch den Schmerz. Fast, als würden wir das Messer, das in unserer Wunde steckt, immer wieder umdrehen!

Durch Verzeihen heißen wir das, was uns zugefügt wurde, auf keinen Fall gut. Wir können es nach wie vor bösartig oder niederträchtig finden, und der andere wird mit dem fertigwerden müssen, was er getan hat. Wir jedoch treffen eine Entscheidung für unser seelisches Wachstum: Wir heilen die Wunde in uns und sorgen dafür, dass sie im Unbewussten nicht weiterschwelt und noch mehr Unheil anrichtet.

Das folgende Ritual wird Ihnen helfen, sich von allen ehemaligen Liebespartnern innerlich zu lösen. Nur was wir in Liebe loslassen, kann wirklich von uns gehen.

Ritual: Ich verzeihe dir

Setzen Sie sich an einen ruhigen Platz, zünden Sie eine Kerze an und entspannen Sie sich, indem Sie zehnmal tief in den Bauch ein- und ausatmen. Bekräftigen Sie Ihre Absicht, indem Sie leise oder innerlich aussprechen, was Sie vorhaben: »Ich werde jetzt all meinen Liebespartnern, die mich tief verletzt und gekränkt haben, verzeihen.« Wenn Sie Fotos der Personen haben, um die es Ihnen geht, stellen Sie diese so vor sich hin, dass Sie sie gut sehen können.

Nun beginnen Sie ein langes Gespräch mit der ersten Person. Sagen Sie ihren Namen und danken Sie ihr für all das Schöne, das Sie mit ihr erleben durften. Und dann zählen Sie all die schönen Situationen auf, die Ihnen einfallen. Zum Beispiel: »Danke, (Name), für jenes wundervolle Geburtstagsfest, das wir am See verbrachten, und für die Liebeserklärung, die du mir in dieser Nacht gemacht hast. Danke für die Fürsorge, mit der du dich um die Belange in meiner Wohnung gekümmert hast, danke für deine täglichen Anrufe.«

Nehmen Sie sich Zeit, um all die berührenden Augenblicke vor Ihrem inneren Auge erscheinen zu lassen. Schwelgen Sie in Erinnerungen und leben Sie auch die Gefühle aus, die jetzt hochkommen wollen. Weinen Sie die Tränen, die Sie vielleicht noch nicht haben weinen können, und gehen Sie auch in den Schmerz, um die zu Ende gegangene Liebe noch einmal zu spüren. Je mehr Gefühle Sie in sich aufsteigen lassen, desto mehr Heilung werden Sie erfahren.

Sobald alle Erlebnisse genannt und auch die damit verbundenen Gefühle erlebt worden sind, machen Sie eine kleine Pause und lassen alles ein wenig nach- wirken. Im nächsten Schritt geht es darum, derselben Person für die schmerzhaften Momente zu danken, die Sie durch sie erfahren haben. Sagen Sie zum Beispiel: »Liebe(r) (Name), nun danke ich dir für die leidvollen Erfahrungen, die ich mit dir gemacht habe. Sie haben es mir möglich gemacht, zu wachsen und zu dem (der) zu werden, der (die) ich heute bin.«
Und dann beginnen Sie zum Beispiel so: »Danke, dass du es mir ermöglicht hast, das Gefühl einer Trennung zu erleben. Es hat mir gezeigt, dass die tiefe Wunde aus meiner Kindheit, als mein Vater unsere Familie verlassen hat, noch lange nicht verheilt ist. Durch das Erlebnis mit dir konnte ich mich endlich an die längst fällige Trauerarbeit wagen. Danke auch für deine Unfähigkeit, dich mit deinen Gefühlen auseinanderzusetzen. Ich habe dadurch gelernt, dass es mir nicht zusteht, dich zu belehren oder über deine Defizite aufzuklären. Ich habe begriffen, dass ich nur mich selbst verändern kann.«
Auf diese Art fahren Sie nun mit Ihren eigenen Erlebnissen fort. Auch wenn es Ihnen schwerfällt, jemandem für den Schmerz und das Leid zu danken, das Sie durch ihn erfahren haben – versuchen Sie es. Lassen Sie nun wieder all die Gefühle hochkommen, die Sie in den einzelnen Situationen empfunden haben. Die ganze Wut, das Gefühl der Demütigung, der Hilflosigkeit,

der Ohnmacht. Weinen Sie, schreien Sie, wenn Ihnen danach ist, oder schlagen Sie auf ein Kissen ein. Alles ist erlaubt, um Ihren Schmerz auszudrücken. Jetzt ist die Gelegenheit, all das nicht Verwundene zu überwinden und das nicht Verziehene zu verzeihen. Ihre Seele wird es Ihnen danken, wenn Sie Ihre Wunden heilen. Lassen Sie sich auch für diesen Teil der Übung so viel Zeit, wie Sie benötigen. Wenn Sie spüren, dass alles gesagt und gespürt worden ist, sammeln Sie sich wieder, um das Ritual zu vollenden.

Sagen Sie nun mit klarer, entschlossener Stimme den folgenden Satz: »Und nun, mein(e) liebe(r) (Name), lasse ich dich in Liebe los.« Wenn Sie möchten, halten Sie das Foto der Person in die Flamme der Kerze und verbrennen es. Bleiben Sie ruhig sitzen und spüren Sie dem Gefühl des Loslassens nach. Nach einer Weile machen Sie das gleiche Ritual mit der nächsten Person, dann mit der übernächsten. Wenn Sie das Gefühl haben, dass es bei dem oder der anderen nicht allzu viel zu verzeihen gibt, können Sie das Ritual verkürzen, indem Sie die Bilder und Gefühle der schönen und schmerzhaften Augenblicke hochkommen lassen und nur bei den Erlebnissen verweilen, bei denen besonders intensive Gefühle hochkommen. Der abschließende Satz, bei dem Sie die Person in Liebe loslassen, sollte allerdings immer in voller Klarheit ausgesprochen werden. Am Ende dürfen Sie sich auf die Schulter klopfen: Machen Sie sich bewusst, dass Sie mit dieser Übung sehr viel für Ihre persönliche Entwicklung getan haben.

Wie ist es Ihnen ergangen mit dem Ritual des Verzeihens? Konnten Sie alles loslassen? Offen gestanden, hatte ich beim ersten Mal bei einigen Personen meine Schwierigkeiten. Wenn es Ihnen auch so ergangen ist, möchte ich Sie ermutigen, es zu einem anderen Zeitpunkt noch einmal zu versuchen.

Verzeihen ist ein Prozess. Einmal angestoßen, kann er vieles ins Rollen bringen. Mag sein, dass man im einen oder anderen Fall etwas länger braucht, das ist völlig in Ordnung. Obwohl ich mich nicht für einen besonders nachtragenden Menschen halte, zeigt mir das Ritual jedes Mal wieder exakt auf, welchen Groll ich aktuell mit mir herumschleppe. Ich gehöre offensichtlich zu den Personen, die ewig lange an einer Verletzung herumkauen müssen, bevor sie sie hinter sich lassen können. Dabei weiß ich nur zu gut, was wir Menschen uns damit antun!

Ich habe festgestellt, dass Groll, Kritik, Schuldgefühle und Angst die Ursache für die meisten Probleme in unserem Leben sind. Sie sind es, die uns letztlich auch den Zugang zu unserer Seele versperren. Unsere Seele akzeptiert nur den Weg reiner Liebe. Alles, was uns davon abbringt, macht uns seelisch krank oder lässt uns seelisch verkümmern. Leider verführt uns ausgerechnet das ganz normale, alltägliche Beziehungsleben dazu. Es ist so verwirrend! Da verwechseln wir Gegebenheiten mit Liebe, die alles andere sind als das, und tappen blind in Liebesfallen, nur weil wir uns bestimmter Mechanismen nicht bewusst sind. Da Sie, liebe Leserin, und Sie, lieber Leser, am Ende aller Tage aber so viel Bewusstsein erlangen möchten, dass Sie Ihren Seelenpartner finden und mit ihm glücklich werden, sind Sie sicher bereit, dem Feind Ihres Seelenglücks ins Gesicht zu schauen.

Ich schenk dir meine Schattenseiten

Eines der größten und am schwersten durchschaubaren Paarprobleme sind Projektionen. Das ist ein unbewusster Vorgang, bei dem wir unsere eigenen, unbequemen Wünsche, Gefühle und Interessen abwehren und dem Partner in die Schuhe schieben. Auch Wesenszüge, mit denen wir nicht klar kommen, werden gerne auf den Partner projiziert. Nehmen wir zum Beispiel einen geizigen Mann. Er mag diese Eigenschaft an sich selbst nicht. Doch was geschieht? Statt sich damit auseinanderzusetzen, beschimpft er seine Frau als verschwendungssüchtig, obwohl sie es objektiv nicht ist.

Im Grunde ist Projektion ein ganz normaler Bestandteil unseres Erlebens, besonders im zwischenmenschlichen Bereich. Wir übertragen etwas von uns selbst in den anderen hinein. Das kann durchaus positiv sein. Im Zustand der Verliebtheit etwa lieben wir den anderen für eine Eigenschaft, die wir von uns selbst kennen. Immer ist der andere ein Spiegel, das sollten wir einfach wissen!

Je näher sich Menschen sind, desto stärker sind die gegenseitigen Projektionen. Um eine Partnerschaft fruchtbar zu leben, ist es enorm wichtig, sich vor allem der unerlösten Projektionen bewusst zu werden – also der Vorgänge, bei denen wir etwas Unangenehmes von uns weg- und dem anderen zuschieben. Etwas, das wir doch eigentlich zu uns nehmen müssten! Können Sie sich vorstellen, dass wegen solcher »Missverständnisse« die meisten Streitigkeiten entstehen? Es gehört wirklich sehr viel Selbstreflexion dazu, diese Vorgänge zu durchschauen. Eigentlich können wir immer davon ausgehen, dass genau die Eigenschaft, die uns am Gegenüber am meisten nervt oder wütend macht, etwas mit uns selbst zu tun hat.

Ich möchte Ihnen ein ganz einfaches Beispiel erzählen. Als ich kürzlich mit meinem Lebensgefährten telefonierte, erzählte ich ihm, dass mir die rechthaberische und besserwisserische Art einer Mitarbeiterin gehörig auf die Nerven ginge. Ich ereiferte mich geradezu in meiner Empörung, was mir heute nicht mehr sehr oft passiert. Mein Freund hörte sich alles geduldig an und sagte dann nur einen einzigen Satz: »Es ist nicht so einfach, meine Liebe, wenn einem der Spiegel vorgehalten wird, nicht wahr?« Ich stutzte kurz, und dann musste ich lachen: »Wow«, sagte ich, »jetzt hast du mich aber wirklich kalt erwischt.« Tatsächlich weiß ich von mir, dass ich ganz schön rechthaberisch sein kann. Aber wenigstens weiß ich es ...

Im Grunde können wir Projektion gar nicht vermeiden. Sie ist die Folge unserer menschlichen Unvollkommenheit. Hätten wir unsere Schattenseiten akzeptiert und angenommen, bräuchten wir sie nicht anderen vorzuwerfen und unser Beziehungsleben damit in eine Vorhölle zu verwandeln. Doch leider erklärt uns solche Vorgänge erst der Psychologe, den wir konsultieren, wenn es fast schon zu spät ist.

Von höherer Warte aus betrachtet, ist Projektion der Versuch des Menschen, vollkommen zu werden, eine ehrenwerte und wunderbare Absicht. Nur leider geht er dabei den falschen Weg. Man weiß ja heute, dass Projektion bereits bei der Wahl des Partners beginnt. Wir suchen in unserem Gegenpart die Ergänzung zur eigenen inneren Polarität. Wir versuchen, unsere Persönlichkeit rund und ganz zu machen, indem wir einen Menschen zum Beziehungspartner wählen, der bestimmte Eigenschaften besitzt, die wir selbst nicht ausleben können oder die wir uns selbst verbieten. Denken Sie nur an die klassischen Beispiele, wo die ehrbare Bürgerin sich in einen Hallodri verliebt oder der brave Angestellte zu Hause ein Luder sitzen hat. Ganz sicher fallen Ihnen auf Anhieb eine Menge Beispiele aus Ihrem Bekanntenkreis ein – vielleicht sogar aus eigener Erfahrung?

Tatsächlich beginnt das Drama der meisten Beziehungen mit der Partnerwahl. Denn wie soll man das, was man an sich selbst ablehnt oder sich selbst nicht erlaubt, am anderen akzeptieren? Nach der anfänglichen Verliebtheit, die vom Glauben an die Ergänzung geprägt ist, kommt man bald an die Eigenschaften, die einen beim anderen stören. Solange eine Beziehung auf ungelösten und unerkannten Projektionen basiert, sind Probleme zwischen den Partnern vorprogrammiert. Auch Trennungen lösen das innere Problem des Projizierenden nicht, denn er wird intuitiv einen neuen Partner wählen, der dasselbe Beziehungsproblem liefert, nur eben in einer neuen Variante. Das Spiel wird sich so lange wiederholen, bis man es geschafft hat, alle Persönlichkeitsanteile in sich anzunehmen. Dann braucht man keinen Partner mehr, der eigene Persönlichkeitsanteile für einen auslebt. Wahre Liebe kann erst gelebt werden, wenn das Gegenüber in seiner Persönlichkeit objektiv gesehen wird und man sich nicht mehr mit bestimmten Wesenszügen identifizieren möchte.

Bestimmt kennen auch Sie eine Menge Beispiele für Projektionen. Oft trennt man sich genau wegen der Punkte, die einen am Anfang am Partner am meisten fasziniert haben. Doch mit der Zeit verblasst die Faszination, und wir versuchen, den anderen umzuerziehen oder zu verändern, was natürlich nicht gelingen kann. Wenn uns zum Beispiel die Unordnung des anderen ein Dorn im Auge ist, sollten wir erst überlegen, ob unsere Unzufriedenheit nicht daher rührt, dass wir selbst nicht den Mut zum Chaos aufbringen und im Gefängnis des Perfektionismus festsitzen. Solange wir nicht unseren inneren Chaoten ausleben, werden wir immer wieder auf den gleichen Typ sympathischer Chaot reinfallen. »Projektion ist das Verfolgen eigener Wünsche in anderen«, sagte Sigmund Freud.

Schuldzuweisungen

Damit wären wir nun eigentlich bei der Einsicht angelangt, dass jeder zuerst vor der eigenen Tür kehren sollte, bevor er mit dem Finger auf den anderen zeigt. Aber auch das scheint nicht unsere Lieblingsdenkweise zu sein. Denn eine unserer beliebtesten Vorgehensweisen bei Partnerproblemen sind Schuldzuweisungen. »Du bist schuld, dass ich nicht glücklich bin!« Erinnern Sie sich? Ganz am Anfang des Kapitels ging es darum, dass wir vom anderen erwarten, dass er uns glücklich macht. Hat er es nicht geschafft, weil so etwas ja schlicht unmöglich ist, soll er auch noch die Verantwortung dafür übernehmen: Du bist schuld, dass es mir so schlecht geht ... dass ich diese Probleme habe ... dass ich im Leben nicht weiterkomme ... dass ich mich nicht selbst verwirklichen kann. Wenn Sie solche Vorwürfe lesen, denken Sie sicher, wie kann jemand nur so dumm sein, das zu denken! Doch leider ist diese Haltung in unserer Gesellschaft sehr weit verbreitet und wird als so selbstverständlich angesehen, dass man gar nicht auf die Idee kommt, es könnte sich anders verhalten.

Ich erinnere mich sehr genau an den letzten Satz, den mein Expartner zu mir sagte, bevor er den Telefonhörer auflegte: »Du hast alles vergeigt.« Dann machte es klick, und wir hörten nie wieder voneinander.

Selbst unter reflektierten Paaren ist es üblich, im anderen den Schuldigen oder den Urheber der eigenen Probleme und Gefühle zu sehen. »Du machst mich so wütend!« Ja, wieso denn? Kein Mensch kann uns wütend machen. Wir allein entscheiden über unsere Gefühle und Reaktionen. Der Partner ist schuld, dass unser gesamtes Leben von negativen Gefühlen überschwemmt wird und wir nicht zufrieden sein können. Welch ein geschicktes Ablenkungsmanöver. Wir können nichts dafür, dass wir ein Problem haben, und dürfen uns dafür weiter selbst bemitleiden. Das ganz Besondere an dieser Haltung: Wir entscheiden uns damit, weiter zu leiden! Die beste Garantie, dass sich an Ihrem Problem nichts ändert, ist, den Partner dafür verantwortlich zu machen.

Nun – ich will nicht in Abrede stellen, dass uns im Beziehungsleben unrecht getan wird oder dass sich unser Gegenüber schäbig oder erbärmlich verhält. Ich möchte hier nur das gewaltige Wort Schuld relativieren. Ich möchte Ihnen vorschlagen, es bei Ihrem nächsten Streit mit dem oder der Liebsten aus Ihrem Sprachschatz zu streichen und durch den Begriff Beteiligung zu ersetzen. »Du bist am Zustandekommen meines Problems beteiligt.« Das hört sich doch schon viel besser an – oder? So ein Satz wird nicht nur Ihren Partner deutlich bereitwilliger stimmen, sich mit »Ihrem« Problem zu beschäftigen, er hilft auch Ihnen, zu spüren, dass Sie über Ihr Leben bestimmen. Sie haben die Möglichkeit, Ihre Probleme zu lösen! Wie schlimm sähe Ihr Leben aus, wenn tatsächlich andere Menschen für Ihre Probleme verantwortlich wären! Sie könnten darauf doch gar keinen Einfluss nehmen, weil Sie das Verhalten der anderen nicht ändern können. Das funktioniert nicht – wir können es noch so oft versuchen.

Wie viel Liebesmüh vergeuden wir in unseren Partnerschaften, um den anderen zu ändern! Und der reagiert auf unsere gut gemeinten Bemühungen mit Verteidigung! Es entstehen regelrechte Grabenkämpfe mit Angriffen, Verteidigung, Gegenangriffen. Am Ende gibt es nur Niederlagen, und dennoch wird weitergekämpft.

Dabei wäre es relativ einfach, das gesamte Verfahren abzukürzen, indem wir etwas einsehen: Es liegt nicht am Verhalten des Partners, wie es uns geht oder ob wir Probleme haben. Wir sind nicht die Opfer, sondern die Täter: Wir bestimmen, wie unser Leben verläuft.

Natürlich sind wir es gewohnt, die Ursache für unseren Zustand beim anderen zu suchen. Das kennen Sie von überall her. Darüber haben sich Ihre Eltern gestritten, Ihre Nachbarn streiten sich deswegen, und Sie nun eben auch. Sobald Sie diesen Zusammenhang begriffen haben, eröffnet sich aber auch die Lösung: Ändern Sie Ihr Verhalten! Sie werden bemerken, dass sich damit automatisch das Verhalten Ihres Partners ändert. In dem Augenblick, in dem Sie bereit sind, für Ihre Beteiligung an der Situation Verantwortung zu übernehmen, ändert sie sich vollständig. Wir selbst sind unseres Glückes Schmied. So einfach ist das – und so wahr.

Wenn ich mir das Leben vieler Paare betrachte, kommt mir manchmal der Gedanke, mit wie viel Mut und – dieses Wort erlaube ich mir an dieser Stelle – mit wie viel Naivität die Männer und Frauen von heute die uralten Gewohnheiten, Muster und Werte ihrer Ahnen übernehmen. Gerade wenn es um das Heiraten geht, halten wir uns gerne an Traditionen. Nach wie vor geloben sich Millionen von Paaren ewige Treue vor dem Altar, und das sogar mit steigender Tendenz. Ich stelle nicht in Abrede, dass sie mit dem Wunsch vor den Altar treten, ihre Liebe zu besiegeln. Aber Sie wissen inzwischen genauso gut wie ich, dass es nur eine Frage der Zeit ist, wann die Psychomechanismen von Projektion und Schuldzuweisung zu greifen beginnen. Ich gebe zu, die folgende Skizzierung des klassischen Eheverlaufs klingt höchst unromantisch, aber ich denke, wir sollten sie uns trotzdem einmal vor Augen halten.

Fest im Griff der Tradition

Obwohl die überkommenen Wertvorstellungen, die Beziehungen als einen Tauschhandel von Sex, Geld und Macht verstehen, nicht mehr funktionieren und obwohl die traditionellen Grundlagen der Ehe wie Sicherheit, Stabilität, Besitz und Bindung inzwischen tief erschüttert worden sind, verfolgen Eheleute nach wie vor das gleiche Ritual: Wenn sie sich zusammentun, fügen sie ihre Besitztümer und ihr Leben zusammen und werden auch für die Außenwelt zur Funktionseinheit. Warum die exzessiven Junggesellenabschiede? Weil die meisten Verheirateten die Ehe als das Ende ihres eigenen Lebens betrachten.

Anfangs mag die Symbiose eine wunderbare Erfahrung sein, doch irgendwann kommt unweigerlich der Zeitpunkt, an dem die Partner sich genau das gegenseitig übel nehmen. Sie fühlen sich unfrei, kontrolliert, fremdbestimmt. Was geschieht? Ohne es zu merken, enden die beiden in einer ungesunden Rollenverteilung, die innerhalb der Beziehung kaum noch aufgelöst werden kann. Wir alle kennen diese Muster: Eine Person spielt den Retter, Lehrer, Elternteil oder Ernährer und die andere entsprechend das Opfer, den Schüler, das Kind oder den Anspruchsberechtigten. Einer ist der Aktive, der andere der Passive, je nach Persönlichkeit und Machtstruktur. Psychologen und Paartherapeuten leben gut von diesem ewig neu produzierten Drama, bei dem jeder der Ehepartner seine eigenen Defizite auf den anderen projiziert.

Wir kennen dieses Spiel ja nun zur Genüge. Der eine ist das, was der andere nicht ist, und jeder lebt für den anderen das aus, was dieser noch erleben wollte oder sich bewusst machen müsste, um alle seine Teile in sich zu integrieren. Doch statt die Herausforderung anzunehmen und das Fehlende selbst zu leben, hört die Entwicklung der Partner an diesem Punkt in aller Regel auf, mit dem Ergebnis, dass beide in ihren Rollen feststecken. Stillstand jedoch, das wissen wir, ist der Tod jeder Beziehung, und hier wiederum beginnt man sich im Kreis zu drehen. Da die Ehe auf Sicherheit und Stabilität basiert, was ja auch Stillstand mit einschließt, werden Wachstum und Veränderung als ehefeindlich erlebt. Sobald einer aus seiner Rolle ausbrechen möchte, wird der andere instinktiv versuchen, ihn daran zu hindern, aus Angst, die Ehe könnte aufgrund der veränderten Machtverhältnisse kippen. Doch diese Ehe existiert in Wahrheit nur noch auf dem Papier.

Es ist schon traurig mit unseren Beziehungen. Und dabei so vorhersehbar! Alle Dramen, deren Ursachen wir in diesem Kapitel beleuchtet haben, spielen sich tagtäglich in unseren Wohnzimmern ab. Und als wäre es damit nicht genug, übernehmen wir in Sachen Partnerschaft auch gerne die Thesen unserer Vorfahren, die auf deren Ängsten und negativen Erfahrungen beruhen. Ich möchte Ihnen hier einige dieser Selbsttäuschungen aufzeigen.

Liebe ist ein Deal

Viele Menschen glauben, sich eine Beziehung schönreden zu können, weil sie ihnen Vorteile bringt. Wir sind Meister darin, uns in eine Verliebtheit hineinzumanipulieren, nur um unser Leben in eine bestimmte Richtung zu zwingen. Ist es nicht tragisch, wie viele Paare sich gerade jetzt wieder vermehrt aus materiellen Gründen zusammentun? Da kommt einer daher, der wirtschaftliche Sicherheit, ein Leben in Luxus oder den Aufstieg in eine höhere soziale Schicht bieten kann – und findet an jedem Finger drei Partnerinnen, die ihn vom Fleck weg heiraten würden. Wir sind bereit, unsere Freiheit, unsere Ideale, unser Lebensglück und nicht zuletzt unsere Hoffnung auf die wahre Liebe zu opfern für ein Leben mit Geld, Besitz, einem schönen Auto und teuren Kleidern, ein Luxusurlaub hier, eine extravagante Party dort. Der Deal wird zwar nicht ausgesprochen, aber er ist klar: Reicher Mann benutzt junge, schöne Frau als Trophäe, sie schlägt aus ihrer Jugend und Schönheit Kapital. Die bunten Gazetten leben von den Dramen, die solche Tauschgeschäfte nach sich ziehen: Eheskandale, millionenschwere Abfindungen, Rosenkriege, Drogenabstürze, ruinierte Existenzen.

Gleich und Gleich gesellt sich gern

Zwischen Partnern soll nicht nur die Chemie stimmen, sondern auch die Bildung und die soziale Schicht. Akademiker sucht Akademikerin, Bauer sucht Bäuerin, Künstler sucht Muse, das Model den Schauspieler oder den Sänger, gerne darf der potenzielle Partner auch aus dem Fußball kommen. Kürzlich habe ich in einem Interview mit einem Paarpsychologen gelesen, dass es deshalb so viele Singles gibt, weil alle in der eigenen Umgebung suchen: im Kollegenkreis, in der eigenen Branche, auf Partys unter Freunden. Man bewegt sich stets in der eigenen Schicht und Einkommensklasse. Einige Partnerportale im Internet erstellen von jedem Neumitglied ein Persönlichkeitsprofil, in dem Bildungsgrad und Gehalt angegeben werden müssen. Nach diesen Kriterien bekommt der Suchende dann bestimmte Partnervorschläge. Warum gehen wir so selbstverständlich davon aus, dass unser Traumpartner den gleichen Schulabschluss haben muss wie wir oder sich für Golf interessieren sollte, nur weil wir unsere Wochenenden gerne auf dem Fairway verbringen? Könnte es nicht auch sein, dass unsere Liebe ein vollkommen anderes Leben führt als wir? Wir fühlen uns von Romanzen berührt, bei denen eine Prinzessin ihren Fitnesstrainer liebt, eine Professorin ihren Gärtner und ein Millionär seine Haushälterin. Doch uns fehlt der Mut, so eine Möglichkeit im eigenen Leben zuzulassen. »Was willst du denn mit dem (oder mit der)! Der (oder die) passt doch gar nicht zu dir!« Solche Sätze aus dem Mund der Eltern klingen uns in den Ohren. In Bezug auf die Partnerwahl ihrer Kinder sind Eltern oft erschreckend materiell eingestellt. Als hätten sie selbst erfahren, dass Geld glücklich macht ... Wie wollen wir unseren Kindern Wahrhaftigkeit beibringen, wenn wir ihnen Werte einreden, die wir selbst längst als Lüge erkannt haben?

Besser zu zweit als alleine

Eine sehr große Zahl von Menschen hält es kaum aus, ohne Beziehung zu leben. Sie fühlen sich leer, isoliert oder neigen dazu, depressiv zu werden und innerlich zu verkümmern. Aus Angst, am Ende vielleicht gar keinen Partner mehr zu finden, entscheiden sie sich für einen Kompromiss. Sie gehen eine Beziehung ein, die ganz in Ordnung ist, nicht mehr, nicht weniger. Es ist sicherlich praktisch, mit einem Menschen zusammen zu sein, den man mag, aber nicht liebt. Der Alltag verläuft reibungslos, große Gefühlsausbrüche sind nicht zu erwarten. Aber was ist eine Liaison ohne Leidenschaft? Sie ist lauwarm, ohne Feuer, ohne Inspiration.

Menschen, die sich aus anderen Motiven als aus Liebe einem Partner zuwenden, beginnen irgendwann innerlich auszuhungern, weil ihnen die nährende Liebe fehlt. Sie werden krank, suchen Trost im Alkohol, in Drogen oder anderen Süchten, wenden sich vielleicht einem anderen Partner zu. Wie soll sich ein Mensch weiterentwickeln, der sich aus Berechnung, aus Standesdünkel oder Angst vor dem Alleinsein in eine unglückliche Beziehung verstrickt? Ich bin der festen Überzeugung, dass wir auf alles, was wir denken und tun, vom Leben eine Antwort bekommen. Wenn wir unser Leben verändern möchten, müssen wir unsere Einstellung ändern. Jeder Gedanke, den wir denken, und die damit verbundenen Gefühle erschaffen unsere Realität. Jeder von uns kreiert sich durch sein Denken, seine Gefühle und die sich daraus ergebenden Worte und Handlungen seine Erfahrung. Wir haben es selbst in der Hand.

Ich möchte Ihnen eine Übung vorschlagen, mit der Sie den Überzeugungen und Glaubenssätzen auf die Schliche kommen, die Ihre Liebesbeziehungen prägen. Glaubenssätze sind Ideen und Gedanken, die wir als Wahrheit akzeptieren. Die Glaubenssätze, für die wir uns entscheiden, können unsere Welt erweitern und bereichern. Jeder Tag kann eine aufregende, hoffnungsvolle Erfahrung sein oder eine sorgenvolle, beschränkte und schmerzliche. Wenn Sie einen einengenden Glaubenssatz akzeptieren, wird er für Sie zur Wahrheit. Sind Sie zum Beispiel der Meinung, dass Sie niemals in der Lage sein werden, eine schöne Liebesbeziehung einzugehen, wird sich dies für Sie bewahrheiten

Wir alle glauben an viele positive Dinge. Dabei sollten wir bleiben. Die negativen Glaubenssätze sollten wir ändern. Dazu müssen wir sie aber erkennen.

Was prägt Ihre Liebesbeziehung?

Nehmen Sie sich vier Blatt Papier, einen Stift und schreiben Sie auf jedes Blatt einen der folgenden Begriffe:
Männer
Frauen
Liebe
Sex

Nehmen Sie sich nun mindestens eine halbe Stunde Zeit und schreiben Sie sich alle positiven und negativen Gedanken zu den jeweiligen Themen auf. Zum Thema Männer können Sie zum Beispiel schreiben: »sind Frauen überlegen« oder »sind hilfsbereit« oder »spielen

sich gerne als Macher auf«. Zum Thema Frauen fällt Ihnen vielleicht ein »auf ihnen lastet die ganze Verantwortung für den Zusammenhalt der Familie« und so weiter.
Es ist nicht wichtig, dass Sie aufschreiben, was Ihnen spontan einfällt. Auf manches werden Sie erst kommen, wenn Sie länger darüber nachdenken. Machen Sie Ihre Liste so lang, wie Sie es für nötig halten. Am Schluss lesen Sie alles noch einmal durch. Sie werden erstaunt sein, wie klar nun die Strukturen Ihrer Lebenseinstellung vor Ihnen liegen. Sie haben jetzt all die unbewussten Regeln vor Augen, die Ihr Liebesleben bestimmen. Jetzt, da Ihnen Ihre selbst auferlegten Gesetze bewusst sind, haben Sie die Möglichkeit, sie zu ändern.

Kapitel 3:

GRÜSS GOTT IN MIR

Meine Mutter ist sehr katholisch. Als ich ihr einmal sagte, dass mein Gott nicht in der Kirche, sondern überall zugegen ist – auch in uns selbst, schaute sie mich verständnislos an. Ihrem Gesicht war förmlich anzusehen, wie sie mit sich rang. War das nicht Gotteslästerung? War es nicht der reine Hochmut, zu glauben, der Allmächtige ließe sich dazu herab, in uns zu wohnen? Ich habe ihr dann meine Version erklärt, nämlich dass Gott die höchste Quelle von Licht und Liebe ist. Wir würden immer so viel Göttliches in uns finden, wie wir aufnehmen können. »Nun gut«, meinte meine Mutter zum Schluss, »Hauptsache, du glaubst irgendwie an Gott.«

Ich hoffe, dass auch Sie sich »irgendwie« mit etwas Göttlichem verbunden fühlen, denn darauf sind die nächsten Seiten aufgebaut. Im letzten Kapitel war von veralteten Denkmustern und Beziehungsinhalten die Rede. Vielleicht haben Sie sich gefragt, was denn in Zukunft unsere Beziehungen ausmachen soll. Worum wird es gehen zwischen Mann und Frau? Hier nun meine Antwort: Es wird darum gehen, uns wieder mit uns selbst und unserer Umwelt zu verbinden und zu begreifen, dass alles eins ist.

O je, höre ich einige von Ihnen rufen, jetzt kommt sie mit diesen ollen esoterischen Kamellen. Denken Sie das ruhig, aber lesen Sie bitte trotzdem weiter. In gewisser Weise gebe ich Ihnen übrigens recht: Die Idee vom Leben in der Einheit ist wirklich alt – uralt sogar. Man schätzt sie auf 10 000 Jahre. Damals soll es Völker gegeben haben, die tatsächlich schon so lebten. Kennen Sie die Sagen von Atlantis, von Lemurien, von Shambala? Dort sollen die Menschen vollkommen im Einklang mit sich und der Natur gewesen sein. Ich gebe zu, es ist schon eine Weile her, und ich kann verstehen, wenn Sie sich nicht daran erinnern. Oder erinnern Sie sich doch?

Zurzeit begegne ich vielen Menschen, die sich in die Einheit zurücksehnen! Sie verstehen sich wieder als Teil eines großen Ganzen und bemühen sich, dieses Selbstverständnis mehr und mehr zu vertiefen. Immer wieder sucht der Mensch nach diesem Lebensgefühl. Die Dichter und Denker beschreiben es mit poetischen Worten, die Filme zeigen es durch Bilder und große Gefühle. Der Mensch ist nun einmal so gebaut: Er sehnt sich nach göttlicher Liebe und der Einheit allen Lebens – ganz besonders, wenn es ihm schlechtgeht.

Ich erlebe jetzt schon zum zweiten Mal eine solche Sehnsuchtswelle. Die erste kam in den 70er-Jahren auf. Menschen meiner Generation, heute in den Vierzigern und Fünfzigern, sind mit den Botschaften der Hippiebewegung groß geworden. Make love not war – der Spruch klebte auch an meinem alten VW Käfer. Es ging um bedingungslose, freie Liebe ohne die bürgerlichen Rollenklischees und um ein friedliches Miteinander im Einklang mit der Natur. Die Idee war gut, aber leider waren die Menschen nur kurze Zeit offen dafür. Zehn Jahre später sprach niemand mehr davon. Da ging es dann wieder um Geld. Im Nachhinein kommt mir die Hippieära wie ein Vorglühen vor. Erst jetzt beginnen die Menschen richtig Feuer für die Idee zu fangen!

Mein Neffe fährt heute wieder mit einem Peace-Aufkleber am Auto herum. Und nicht nur das – er liest auch die alten Bücher von Dan Millman über den friedvollen Krieger. Außerdem hat er einen vierjährigen Sohn mit außergewöhnlichen Begabungen. Das ist auch eine typische Erscheinung unserer Zeit. Haben Sie schon einmal von den Kristallkindern gehört? Viele in diesem Jahrtausend geborene Kinder sollen dazugehören. In den Büchern, die sich damit beschäftigen, heißt es, sie würden schon mit dem neuen Einheitsbewusstsein geboren. Was sich unsereins erst durch Meditation, das Lesen von Weisheitsbüchern und Bewusstseinsarbeit aneignen muss, haben diese Kinder anscheinend schon mit auf die Erde gebracht. Sie sollen über übersinnliche Kräfte verfügen und ein tiefes Wissen über die Zusammenhänge des Kosmos haben.

Nun beschäftige ich mich ja schon lange mit den Phänomenen der neuen Zeit und habe längst aufgehört, mich zu wundern, wenn ich solche Dinge erfahre. Für mich ist alles, was zurzeit geschieht, richtig. Es fügt sich ein Puzzlestein nach dem anderen in das neue Weltbild ein.

In diesem Kapitel zeige ich Ihnen, wie ich mir ein Leben im Einklang mit sich selbst und der Welt vorstelle. Natürlich bin ich mir darüber im Klaren, dass Sie dieses Buch nicht gekauft haben, um über ein einheitliches Leben aufgeklärt zu werden. Sie suchen in erster Linie einen Seelenpartner oder möchten etwas darüber erfahren und fragen sich zu Recht, was Einheitsbewusstsein damit zu tun hat. Ich sage es Ihnen gerne: Es ist die Basis für eine gelingende Seelenpartnerschaft.

Zurück zur Einheit

Dass der Mensch eins ist mit der Natur, mit allen Lebewesen auf dem Planeten, mit der Erde selbst und allen Himmelskörpern, dass alles miteinander kommuniziert und wechselseitig energetisch verbunden ist – das ist uraltes, gefühltes Wissen, tief verankert in unseren Zellen. Schauen Sie nachts einmal lange in den Sternenhimmel, legen Sie sich auf den Boden und meditieren Sie geradewegs ins Firmament hinein. Sie werden spüren, dass es stimmt. Das Universum ist ein unteilbares Ganzes, in dem nichts für sich alleine steht. Man weiß heute, dass die Atome, aus denen unser Körper besteht, einst das Innere der Sterne bildeten, und wenn man diesen Gedanken weiterdenkt, begreift man, dass es für die geringfügigsten Ereignisse in unserem Leben unendlich viele Ursachen gibt, die so komplex miteinander verknüpft sind, dass unser Geist nicht ausreicht, sie zu erfassen.

Leider gab es in der menschlichen Evolution einen Zeitpunkt, ab dem wir vergaßen, wer wir sind, woher wir kommen und wohin wir gehen. Damit waren die paradiesischen Zeiten vorbei. Aus dem Gefühl der Einheit herausgerissen, begann der Mensch seine linke Gehirnhälfte stärker zu entwickeln und die rechte zu vernachlässigen. Der Verstand, das aktive Bewusstsein, gewann Überhand über die mit dem Kosmos verbundene Intuition. So entstand das Ego. Es strebte nach Individualität, wollte sich von anderen Menschen unterscheiden und einzigartig werden. Gleichzeitig versuchte der Verstand, die Dinge zu analysieren. Er holte sie aus dem Zusammenhang heraus, um sie einzeln und isoliert zu untersuchen. Er fing an, Situationen und Prozesse einzuschätzen und zu bewerten. Was dann geschieht, wissen wir ja inzwischen: Wer wertet, nennt etwas gut oder schlecht oder auch mittelmäßig – auf jeden Fall bekommt es einen Namen und eine Eigenschaft und wird in eine Schublade gesteckt. So ist unsere moderne Welt entstanden. Der Verstand hat die Natur fragmentiert und auf diese Weise Macht und Kontrolle über natürliche Prozesse gewonnen. Abspaltung, Teilung, Analyse bis ins kleinste Atom – mit diesem Denkansatz erobert die Schulwissenschaft ihre Vorherrschaft über die Natur.

Trotzdem hat es der Mensch nicht geschafft, sich die Erde untertan zu machen, und er wird es niemals schaffen. Das behaupte ich, so wahr ich hier sitze und diese Zeilen schreibe. Er ist zwar dabei, Stücke von ihr zu zerstören, aber auch das wird ihm meiner Meinung nach nicht gelingen. Je umfangreicher ein Teil der Menschheit die Erde ausbeutet, die Meere vergiftet und die Regenwälder abholzt, desto stärker wird sich die andere Seite erheben, die das Große und Ganze wieder im Blick hat und eines Tages die zerfallene Welt wieder zusammenfügen wird. Wie so oft in der Geschichte haben wir nur vergessen, dass wir ein Teil von allem sind, und deshalb den Respekt vor der Schöpfung verloren. Das alte Wissen um die Zusammenhänge der Welt wird uns jetzt aber wieder zugänglich. Mit unserem wachsenden Bewusstsein werden wir verstehen, warum wir auf der Erde sind und was Liebe mit alledem zu tun hat. Man kann sich nur lieben, wenn man sich als Teil von allem begreift.

So weit also meine persönlichen Einsichten zum Einheitsbewusstsein. Ich finde es bedauerlich, dass wir in der Schule so wenig über diese Themen lernen. Wir müssen uns unser Verständnis der Lebenszusammenhänge mühsam erarbeiten.

Wie Sie und alle anderen habe auch ich mir mein Wissen und meine Erkenntnisse über das Bewusstsein im Laufe meines Lebens angeeignet, indem ich nicht aufhörte, Fragen zu stellen. Ich fand die Antworten zum Teil in der klassischen Wissenschaft, teils in grenzwissenschaftlichen Bereichen, in der Bewusstseinsforschung, in verschiedenen Weisheitslehren, ich fand sie durch meine meditative Praxis und durch Gespräche mit vielen klugen Menschen auf dieser Welt. Meine heutige Weltsicht ist von Liebe geprägt, und daraus schöpfe ich meine Zuversicht.

Während eines beruflichen Aufenthalts in Dharamsala, dem Sitz des Dalai-Lama im indischen Exil, bin ich vielen kranken, verzweifelten Menschen aus westlichen Ländern begegnet. Sie legten ihre ganze Hoffnung in die tibetische Medizin, von der sie sich Heil und Heilung versprachen. Ich fragte die Gelehrten der ansässigen Medizinschule, was genau die Kranken aus Europa und den USA bei ihnen suchten, und bekam immer die gleiche Antwort: Die Menschen im Westen hätten ihre Anbindung an die Natur vergessen. Ihre mentalen Störungen, ihre Ängste, Sorgen, ihre Unzufriedenheit und ihre Depressionen würden zeigen, dass sie nicht mehr wissen, was Einheit bedeutet.

Können Sie sich das vorstellen? Da schnüren Hunderttausende Menschen, die in ihrer Heimat beste, hochtechnisierte Apparatemedizin zur Verfügung haben, ihren Rucksack und pilgern auf staubigen Straßen in die Vorläufer des Himalaja, um sich dort den Puls messen zu lassen und handgedrehte Juwelenpillen verschrieben zu bekommen. Die in meditativer Andacht gesammelten Pflanzen und dann in ritualisierten, heiligen Handlungen hergestellten Pillen sind aber nur ein

Teil der heilbringenden Philosophie. Der andere Teil besteht aus Ernährungsregeln und Anleitungen für einen Lebenswandel im Einklang mit der Natur. Das ist es, was die Menschen heute suchen: Richtung und Orientierung, Halt im Innern, ein beseeltes Leben.

Ich möchte Ihnen jetzt eine Geschichte erzählen, die mich persönlich sehr berührt hat. Ich habe sie vor vielen Jahren im Buch eines Sehers gefunden und werde sie Ihnen in meinen Worten wiedergeben. Wie Sie gleich erfahren, liegt die Begebenheit schon eine Weile zurück, aber ihre Botschaft ist äußerst zeitgemäß. Ich empfehle Ihnen, sich zum Lesen in einen kontemplativen Zustand zu versetzen. Machen Sie es sich also bequem, entspannen Sie sich und lassen Sie sich inspirieren.

Die vernetzten Menschen

Zu Zeiten dieser Erde, die so weit zurückliegen, dass sie nur in den Mythen und Legenden der alten Völker beschrieben werden, gab es Menschen, die vollkommen eins mit ihrem höheren Selbst waren und die über Fähigkeiten verfügten, von denen wir heute nur träumen können. Die Art und Weise, wie diese Menschen die Realität wahrnahmen, hat nichts mit unserem Verständnis von Wirklichkeit gemein. Das Leben dieser Menschen verlief nach ganz anderen Gesetzmäßigkeiten als das unsere. Sie hatten völlig andere Werte und Ziele und lebten nicht nach menschengemachten Regeln, sondern nach denen der Natur und des Universums. Vor allem aber hatten sie

ein inniges und vertrautes Verhältnis zur höchsten Quelle der Liebe.
Die Menschen, um die es hier geht, waren sehr glücklich und lebten in einem paradiesischen Zustand: Vollkommen verbunden mit der Schöpfung, getragen von ihrer tiefen Beziehung zu einem göttlichen Wesen und zur Natur. Sie hatten unendliches Vertrauen in die große Kraft und fühlten, wo immer das Leben sie hintragen würde, es wäre gut und richtig. Sie waren sich vollkommen bewusst, ein kleiner Teil des großen Ganzen zu sein. Sie stellten nicht infrage, ob alles auf der Erde miteinander verbunden wäre, sie wussten es aus der Tiefe ihres Herzens und verhielten sich entsprechend. So fühlten sie sich in der Natur vollkommen geborgen und geschützt, achteten die Pflanzen, von denen sie sich ernährten, und dankten ihnen vor der Ernte dafür, dass sie zu ihrem Wohl gewachsen waren. Die Tiere, von deren Fleisch sie lebten, wurden in Demut vor dem Leben getötet. In dem Wissen, dass alles auf der Erde voneinander abhängt und miteinander zu tun hat, strebten sie danach, ihren Teil zum Wohle des Planeten beizutragen. Da sie die Gesetze des Universums kannten und nutzten, waren sie imstande, die Sterne zu deuten – ebenso wie die Zeichen der Natur. Sie achteten auch darauf, was sie aussandten, wohl wissend, dass es genau so zu ihnen zurückkäme. Diese magischen Menschen, wie ich sie nennen möchte, nahmen alles in ihrem Leben mit Liebe und Freude an.

Man könnte sagen, sie nahmen teil am Tanz der Schöpfung. So vertrauten sie vollkommen ihrer Intuition. Wenn ein Mann morgens aufwachte und eine innere Stimme ihm sagte, er solle drei Tage lang gegen Osten wandern, machte er sich ohne zu zweifeln sofort auf den Weg. Er fragte nicht, warum er nach Osten ging. Er ging einfach und war zuversichtlich. Was immer ihm am Ende seiner Reise gezeigt würde, es wäre in Ordnung. Und so kam es, dass ihm genau in dem Augenblick, als er am Ziel ankam, klar war, was er zu tun hatte. Dieser seiner Aufgabe widmete er sich dann mit allen Kräften. Er fragte sich nicht, ob die Aufgabe auch an einem anderen Ort oder zu einer anderen Zeit möglich wäre oder ob er alles richtig machte. Zweifel gab es nicht für die Menschen dieser Zeit. Sie gingen auf ihre Ziele zu, weil es sie dort hinzog. Es stand keine Sekunde infrage, warum sie das taten. Sie folgten einer höheren Absicht, und die braucht man nicht zu verstehen. Es ging nur darum, diese eine Aufgabe so gut wie möglich zu erledigen.
Angst kannten die Menschen nicht. Wovor sollten sie sich auch fürchten? Sie hatten vollkommenes Vertrauen, dass alles, was sie taten und wonach sie strebten, sie zu ihrer Lebensaufgabe führen würde. Hatten sie eine Frage, so achteten sie auf die Zeichen aus der Natur, denn von dort würde die Antwort kommen. Die magischen Menschen waren frei von Sorgen, sie wussten, das Leben würde für sie sorgen. Es gab ja auch immer genug Nahrung, Wasser und ein Zuhause für sie.

Insgesamt machten die Menschen sich wenig Gedanken um ihre Zukunft. Sie lebten vollkommen in der Gegenwart, entschieden in jedem Augenblick aus dem Bauch heraus, was zu entscheiden war.
Die Grundstimmung der magischen Menschen war von heiterer Gelassenheit. Leichten Herzens und mit großem Vertrauen gesegnet, waren sie jederzeit für die Wunder des Lebens offen. Der Gedanke, dass ihr Leben leer und ohne Sinn sein könnte, wäre ihnen niemals gekommen. Für sie war das Leben ein großes Abenteuer, sie freuten sich an der Natur, priesen die Schöpfung und kommunizierten fortwährend mit ihr. Sie verbanden sich energetisch mit den Pflanzen, Bäumen und Steinen und konnten so deren Heilkraft »lesen«. Sie erlebten, wie ihre eigene Energie sich veränderte, wenn sie das taten. Auf diese Art konnten sie ganz direkt erleben, wie es ist, ständig im Wandel zu sein, mit allen Veränderungen mitzugehen und sich an ihnen zu erfreuen. Sie hatten nicht einmal ein festes Bild von sich selbst. Mussten sie auch nicht, weil sie ja täglich anders waren und sich nicht fragen mussten, ob sie nun so oder so waren. Sie waren vertraut mit der eigenen Wandelbarkeit und lebten in dem Wissen, dass es in ihnen nur ein einziges Unveränderliches gab, und das war ihre unsterbliche Seele, der Gott in ihnen selbst.
Die Menschen von damals liebten den ständigen Austausch mit allem und mit jedem, sie lebten ihre Fähigkeiten aus und wären niemals auf die Idee gekommen, sich dabei zu begrenzen oder begrenzen zu lassen.

So unterstützten sie einander in der Entfaltung ihrer Möglichkeiten und hatten Freude daran, sich darüber auszutauschen und miteinander weiterzuentwickeln. Nach dem Sinn und Zweck ihres Daseins zu fragen wäre ihnen niemals eingefallen. Sie lebten, um lebendig zu sein, um sich dem Leben in seiner ganzen Vielfalt hinzugeben und um an allem teilzuhaben. Und wenn es für sie an der Zeit war, zu gehen, so nahmen sie Abschied in der Gewissheit, das Leben in seiner ganzen Fülle ausgekostet zu haben.

So weit also die Geschichte. Wenn Ihnen beim Lesen ein bisschen wehmütig ums Herz geworden ist, stehen Sie dazu. Ich kann Ihnen versichern, dass Sie damit nicht alleine sind. Viele Menschen, denen ich die Geschichte vorlese, bekommen beim Zuhören jenen andächtigen Blick, den man bekommt, sobald man sich der Heimat nähert ...

Wenn Sie rückblickend einmal überlegen, an welche Momente Sie sich sehr gut erinnern – waren es nicht genau die Augenblicke, in denen Sie sich verbunden fühlten? Denken Sie an Situationen, in denen Sie mit Freunden oder Kollegen eine schwierige Aufgabe bewältigt haben. Das gemeinschaftlich Erlebte hat sie zusammengeschweißt. Oder halten Sie sich vor Augen, wie Sie Zeuge eines überwältigenden Naturschauspiels wurden. Sie standen an einem großen Wasserfall, spürten den Kick der sauerstoffgetränkten Luft in Ihren Adern und erlebten die Kraft des Wasserelements wie einen Sinnenrausch. Oder Sie genossen einen erhebenden Ausblick, der Sie für die Mühen des Bergaufsteigens belohnte. Auch ein großartiges Konzert kann solche Augenblicke bescheren, ebenso das Betrachten eines Kunstwerks oder ein gigantisches Feuerwerk über einem nächtlichen See.

Erhabene Momente erlösen uns für kurze Zeit aus dem Gefühl des Getrenntseins. Sie heben uns aus dem Alltagsbewusstsein heraus und führen zu einer erhabenen Sichtweise, die es uns möglich macht, über die Wipfel der Bäume hinwegzusehen und unseren Horizont zu erweitern. Aus der großen Sicht erweist sich die Welt dann als ein gewaltiges Netz von Energien, die im Kleinen wie im Großen zusammenwirken. Wer dieses Wunderwerk an Vernetzung einmal erfasst, hat für immer begriffen, dass er nicht einsam ist.

Wie wir über uns hinauswachsen

In dem Augenblick, in dem wir erkennen, dass wir mehr sind als unser Körper, haben wir die Chance, über uns hinauszuwachsen. Diesen Prozess können wir uns durchaus bildlich vor Augen halten: Wir wachsen über die sichtbare Materie hinaus ins unsichtbar Geistige. Wir erweitern unser Energiefeld und verbinden uns mit anderen Energiefeldern. Im Grunde ist das Sichverbinden eine Art universelles Networking. Wir schaffen Energienetze, über die wir mit jedem und allem um uns herum kommunizieren können. Der britische Biochemiker Rupert Sheldrake, einer der bedeutendsten Vordenker eines ganzheitlichen Weltbilds, hat 1981 seine Hypothese zu den morphogenetischen Feldern veröffentlicht, in denen das gesamte Wissen aller Menschen aller Zeiten gespeichert sein soll. Aus ihnen können wir Erkenntnisse anzapfen, die uns alleine nicht zugänglich wären. Wir können Gedanken denken, auf die wir alleine nicht kämen. Tief im Innern weiß jeder von uns, dass er verbunden ist. Er war es von Anfang an, ist es jederzeit und wird es immer sein. Wer sich abgeschnitten, isoliert, entzweit und einsam fühlt, erliegt einer machtvollen Illusion, die sehr real erscheint, während man in ihr gefangen ist. Doch so unbewusst, wie wir in das Gefühl der Getrenntheit eingetaucht sind, so bewusst können wir wieder aus ihm emportauchen.

Mit der folgenden Visualisierungsübung können Sie sich sehr gut in das Gefühl von Verbundenheit hineinversetzen. Je öfter Sie die Übung praktizieren, umso leichter wird es Ihnen fallen, Ihre Grenzen auszudehnen und sich als vernetztes Wesen zu begreifen.

Visualisierungsübung: Weiße Lichtenergie

Legen Sie sich auf den Boden oder auf eine Matte und schließen Sie die Augen. Nehmen Sie drei tiefe Atemzüge, indem Sie in den Bauch ein- und ausatmen. Lassen Sie alle Anspannung los, konzentrieren Sie sich eine Weile nur auf das Heben und Senken Ihrer Bauchdecke. Wenn Sie das Gefühl haben, entspannt zu sein, unternehmen Sie nun eine gedankliche Reise zu Ihrem Herzen. Stellen Sie sich vor, dass dort ein weißes Licht brennt – mitten in Ihrem lebendig pulsierenden Herzen. Atmen Sie langsam und bewusst in das weiße Licht hinein und erlauben Sie ihm, mit jedem Atemzug stärker und heller zu werden und Ihren gesamten Herzraum auszufüllen. Wenn Sie das Gefühl haben, dass Ihr Herz

vollkommen angefüllt ist mit weißem Licht, spüren Sie weiter in die Lichtenergie hinein.
Sie möchte sich nun über Ihr Herz hinaus ausbreiten. Lassen Sie weißes Licht in Ihren gesamten Körper fließen: erst in den Brustraum, dann weiter in Bauch und Unterkörper, dann in Beine und Füße, in die Arme, Schultern, über den Hals bis in den Kopf. Mit jedem Ausatmen blasen Sie noch mehr weißes Licht in alle Körperteile. Gehen Sie sorgfältig vor und lassen Sie keinen Raum Ihres Körpers unversorgt.
Erst wenn Sie fühlen können, dass alles in Ihnen mit weißem Licht vollkommen ausgefüllt ist, weiten Sie Ihre sichtbaren Körpergrenzen aus und atmen Sie die Lichtenergie in Ihre Aura hinein – das ist das Energiefeld, das Sie umgibt, solange Sie leben. Mit jedem Ausatmen pusten Sie weißes Licht in Ihre Energiehülle, bis sie hell erstrahlt. Genießen Sie Ihr eigenes Leuchten, baden Sie in dieser Energie und spüren Sie die Kraft, die von Ihrem Licht ausgeht.
Im nächsten Schritt erweitern Sie nun auch Ihre energetische Außengrenze und lassen das Licht in einen Umkreis von etwa drei Metern um Sie herum fließen. Mit jedem Ausatmen schicken Sie wiederum einen kräftigen Lichtimpuls in Ihr Umfeld. Hüllen Sie alles, was sich in dieser Dreimeterzone befindet, in Ihr Licht. Über Ihren Lichtatem können Sie sich nun auch mit dem Energiefeld von Menschen verbinden, Sie können Tiere in Ihr Licht einhüllen oder Pflanzen. Füllen Sie als Nächstes den gesamten Raum, in dem Sie sich befinden,

mit weißem Licht an. Alles, was Sie mit Ihrem weißen Licht berühren, ist energetisch mit Ihnen verbunden und erhält eine höhere Schwingung. Gehen Sie gedanklich durch alle Ecken des Raumes und atmen Sie überall Licht hinein.
Dann durchdringen Sie gedanklich die Mauern des Raumes und lassen Licht durch das gesamte Haus fließen, in dem Sie sich befinden. Füllen Sie mit Ihrem Lichtatem Ihren Schlafplatz, Ihren Essplatz oder Ihren Arbeitstisch aus und führen Sie die Übung fort, indem Sie immer weiter Licht ausatmen, auch in Ihre weitere Umgebung. Nehmen Sie durch Ihr imaginiertes Licht Verbindung mit Menschen, Tieren, Pflanzen und allen anderen Lebewesen auf, mit denen Sie oft zu tun haben. Sie können auch Themen und Projekte mit Ihrem Licht erhellen – oder einen Wunsch energetisieren. Möchten Sie zum Beispiel Ihren Seelenpartner oder Ihre Seelenpartnerin in Ihr Leben einladen, können Sie die Person gedanklich vor sich hinstellen und in Ihre Lichtenergie einhüllen. Die Vorstellung wirkt wie eine energetische Einladung.

Haben Sie die Übung gemacht? Dann ist Ihnen wahrscheinlich aufgefallen, dass Sie sich sehr wohl dabei gefühlt haben. Das hat damit zu tun, dass dieses Sich-verbunden-Fühlen für uns etwas sehr Natürliches ist. Es fällt uns nicht schwer, uns energetisch mit unserem Umfeld zu vernetzen, weil es unserem Naturell entspricht, es ist die Urform unseres Seins.

Etwa bis zu unserem dritten Lebensjahr sind wir noch mit den unsichtbaren Energien um uns herum verbunden. Wir sehen Feen und Elfen, können mit Blumen und Bäumen sprechen. Unsere Puppen und Autos sind Lebewesen, die Engel am Tannenbaum können fliegen und uns Geschichten erzählen. Unser Vertrauen in die Eltern ist grenzenlos, wir glauben ihnen jedes Wort, weil wir nicht wissen, was Lüge ist. Doch spätestens beim Eintritt in die Schule werden wir aus unserer magischen Welt herausgerissen und zur sogenannten Realität erzogen. Wir lernen, »vernünftig« zu denken. Fortan bestimmt die linke, analytische Gehirnhälfte unser Denken. Sie formt unser Ego, erzeugt Ängste, Sorgen und Schuldgefühle, produziert die Fähigkeit, zu manipulieren, und das Bedürfnis, zu kontrollieren. So werden wir erwachsen, indem wir gezielt uns selbst entfremdet werden.

Alles ist mit allem vernetzt

Ich habe mir früher ein Spiel daraus gemacht, meinem Sohn die Welt zu erklären, indem ich mit ihm alles, was wir sahen, bis auf seinen Ursprung zurückverfolgte. Da ist ein Stuhl, der von einem Schreiner gefertigt wurde. Das Holz, aus dem der Stuhl besteht, stammt von einem Baum, der vielleicht in einer Plantage wuchs, die wiederum von Menschenhand gepflanzt wurde. Da ist unser Haus, das von Handwerkern gebaut wurde. Die Steine für die Mauern stammten aus einem Steinbruch, die Farbe für den Anstrich wurde aus Erdöl hergestellt. Da ist ein Mülleimer, der von Müllmännern abtransportiert und einer Müllverbrennungsanlage zugeführt wird, die wiederum Energie produziert, die wir zum Heizen brauchen. Wir sind alle voneinander abhängig und aufeinander angewiesen. Unser Leben ist nur durch all die anderen Leben möglich, die in ihrer Gesamtheit ein riesiges, erdumspannendes Gitter bilden.

Ich vertraue darauf, dass wir alle wieder lernen, uns zurückzubesinnen. Wer sich eingebunden fühlt in das dynamische Gewebe der Natur, kann kein Interesse daran entwickeln, die Schöpfung zu missachten oder Tiere zu misshandeln – warum sollte man einen Teil von sich selbst schlecht behandeln!

Wenn ich durch die Stadt laufe, verbinde ich mich bewusst mit den Menschen, denen ich auf der Straße begegne. Es passiert mir oft, dass Passanten mir im Vorbeigehen zulächeln. Ein kurzer Lichtschein in einem fremden Gesicht, ein erhellender Moment. Ja, und natürlich spreche ich beim Blumengießen mit meinen Pflanzen. Ich bin so eine. Mit der Zeit entwickelt man ein genaues Gespür dafür, wann man aus seiner Verbundenheit herausgefallen ist. Ein sicheres Zeichen sind aufkeimende Zweifel, schwindende Zuversicht und das Auftauchen der alten Ängste. Der ewige Gedankenkreislauf mit den Sorgen ums Geld, um den Arbeitsplatz, um die Existenz, die Rente, die Sucht nach Sicherheit und Kontrolle, das Streben nach Image, Erfolg und Anerkennung, der Wettkampf um die Zeit, das Bedürfnis, zu kritisieren und zu demütigen, sich zu rächen ... All diese negativen Impulse zeigen, dass wir nicht mehr einig sind – nicht mit uns und nicht mit allen anderen.

Die neuen Magier unter uns

In großen Zusammenhängen denkende und handelnde Menschen zählten in der Geschichte der Menschheit immer zu den Ideengebern. Sie sind es auch heute noch, nur dass wir statt des Begriffs der Verbundenheit das Wort Inspiration benutzen. Was sind Inspirationen anderes als Informationen aus dem Weltenwissen, mit dem wir permanent in Verbindung stehen! Maler, Musiker, Poeten – alle kreativ Schaffenden und inspirierten Geister wissen um ihren Kanal zum Kosmos. Doch nicht nur sie schöpfen ihre Ideen aus dem Universum, wir alle tun es. Der Unterschied ist nur, dass wenige sich darüber im Klaren sind. Es ist vermessen, zu glauben, Visionen kämen aus uns selbst.

In der gegenwärtigen Zeit nimmt die Zahl der Menschen wieder zu, die sich mit dem Kosmos verbunden fühlen. Schon heute ist deutlich spürbar, wie viel selbstverständlicher die Leute ihre Intuition benutzen. Sie besuchen Seminare, um ihr Bauchgefühl zu trainieren, lernen intuitives Malen, Schreiben, Schauspielern. Ähnlich wie in der Geschichte der magischen Menschen übergeben sie wichtige Entscheidungen ihrer inneren Führung. Sogar in den Chefetagen hört man wieder auf die Ideen inspirierter Köpfe. Wie so oft: Wenn das Althergebrachte nicht mehr funktioniert, kommen die Magier zum Zuge.

Eins mit der Erde

Vorgestern bekam ich abends Besuch von meiner Freundin Angela, die als Schamanin arbeitet. Mit ihren langen, dunklen Locken, ihrem muskulösen Körper, ihrem erdverbundenen Gang und ihrem furchtlosen Blick ist sie eine der ausdrucksstärksten Frauen, die ich kenne. Ihr schamanischer Name ist Gaia – wie Mutter Erde. Ich liebe die abendlichen Kamingespräche mit Angela, weil sie mich immer wieder zum Nachdenken bringen. Auch diesmal wieder. Als ich ihr erzählte, dass ich gerade an einem Kapitel über das Einssein schreibe, schaute sie zuerst lange ins prasselnde Feuer, und dann fing sie unvermittelt an zu sprechen: »Ist es nicht eine Schande, dass die Menschen die Natur nur noch als Kulisse für ihre Entspannung benutzen? Sie sind so weit von Mutter Erde entfernt, dass sie sie nicht einmal mehr spüren, wenn sie mitten in einer Landschaft sind.«

Wie recht Angela hatte. Sofort fielen mir die Bilder zahlloser Wellnesshotels ein, die mitten in unberührte Natur gebaut wurden. Ich sah vor meinem geistigen Auge die Gäste in ihren Loungechairs liegen, mit Blick auf atemberaubend schöne Kulissen, dabei so unbeteiligt an ihrem Campari nippend, als schauten sie fern. Und ich mittendrin!

»Vielleicht wissen die Leute es einfach nicht besser«, versuchte ich eine Entschuldigung, »es zeigt ihnen doch keiner, wie es anders sein könnte.«

»Ach was«, entfuhr es Angela barsch. »Heutzutage kann jeder lernen, die Erde zu spüren.«

Dann erzählte Angela mir von einer schamanischen Technik, dem Groggen, mit der man sich wahrhaft tief mit der Natur verbinden könne. Sie hat die Methode schon vielen ihrer Schüler und Schülerinnen beigebracht. Man versetzt sich zunächst in Trance und wandert dann mit seinem Bewusstsein in Steine, Bäume oder Grashalme hinein, um sie von innen zu erkunden. Man wird damit ganz und gar zu dem Objekt und erlebt die Welt aus dessen Sicht. Ich war beeindruckt. »Was groggst du denn so?«, wollte ich wissen. »Alles Mögliche«, sagte meine Freundin, »am liebsten aber die Erde.«

Dann schilderte sie mir, wie es sich anfühlt, zu Gaia zu werden.

»Es ist unglaublich«, sagte sie, »aber als Gaia kann ich deutlich fühlen, wie unwichtig die Menschen auf meiner Oberfläche sind. Diese winzigen, geschäftigen Wesen können mir einfach nichts anhaben. Sie versuchen zwar, meine Kruste aufzukratzen, aber was macht das schon. Es sind kleine, unbedeutende Schürfwunden. Ich kann die Menschen nicht ernst nehmen. Sie werden es niemals schaffen, die Erde zu zerstören.«

Ich war sehr beeindruckt von dieser Geschichte und bat Angela um Erlaubnis, Ihnen die Übung weitergeben zu dürfen. Vielleicht dient sie Ihnen als Trost, wenn Sie sich Sorgen um das Überleben unseres Planeten machen.

Aus gegebenem Anlass schlage ich Ihnen aber vor, nicht einen Stein, einen Baum oder ein Tier zu groggen, sondern den Menschen, den Sie am meisten lieben.

Groggen Sie Ihr Liebesobjekt

Legen Sie sich flach auf den Boden und entspannen Sie sich, indem Sie tief in den Bauch atmen. Wenn Sie eine Trommel besitzen, können Sie jemanden bitten, Sie durch rhythmische Trommelschläge in Trance zu versetzen. Den gleichen Effekt erzielen Sie aber auch durch eine Trommel-CD. Stellen Sie den Menschen, den Sie groggen möchten, im Geiste vor sich hin und atmen Sie sich in ihn hinein. Mit jedem Atemzug gehen Sie tiefer in die Vorstellung hinein, mit Ihrem »Objekt« zu verschmelzen, bis Sie wirklich in ihm sind und seine Sichtweise übernehmen. Schauen Sie mit den Augen dieses Menschen nun auf Ihre Umgebung, gehen Sie herum und tun Sie das, was er sonst macht. Vielleicht gelingt es Ihnen sogar, sich selbst mit den Augen Ihres Partners zu betrachten und somit zu erfahren, wie er Sie wirklich sieht. Durch diesen Rollentausch eröffnen sich für Sie eine Menge neuer Perspektiven, die Ihnen dem anderen gegenüber mehr Verständnis ermöglichen. Wenn Sie genug gesehen und erfahren haben, beenden Sie bitte die Übung, indem Sie sich langsam Stück für Stück aus Ihrem Liebesobjekt zurückziehen und wieder in Ihren eigenen Körper schlüpfen. Nehmen Sie zuerst ganz bewusst einige tiefere Atemzüge, um wieder präsent zu werden, dann bewegen Sie Hände und Füße und kommen zurück in Ihr Alltagsbewusstsein.

Ich habe die Übung einmal gemacht, weil ich mich aus den Augen meines Seelenpartners betrachten wollte. Es war eine der intensivsten Bewusstseinsreisen, die ich jemals unternommen habe. Nicht nur, dass ich spüren konnte, wie grundverschieden ein anderer Mensch Liebe empfindet, ich wurde mir auch meiner eigenen Strickmuster gewahr.

Die Bibel des Universums

Einem liebenden Menschen muss man nicht beibringen, dass alles voneinander abhängt. Seine Liebe verbindet ihn mit dem Universum, der Erde, der Natur, den Menschen und mit seiner Seele. Nach allem, was Sie bisher gelesen haben, dürfte Ihnen das nicht neu vorkommen. Ich möchte trotzdem mit Ihnen ein wenig tiefer darüber nachdenken. Die meisten von uns meinen ja, man könne nur zielgerichtet lieben, es müsse also ein Objekt für die Liebe geben: den Partner, das Kind, das Auto, das Leben ... Das ist aber nur die eine Seite der Medaille. In den Religionen und in der Philosophie wird Liebe auch als Seinszustand verstanden. Ein Mensch, der Liebe lebt, liebt einfach alles. Er fühlt sich im Einklang mit der Welt. So ein Satz klingt wunderbar, aber man liest auch schnell darüber hinweg. Haben Sie sich schon einmal überlegt, was es wirklich bedeutet, im Einklang zu sein? Kann man es lernen? Man kann! Es gibt sogar konkrete Anweisungen dafür: die universellen Gesetze, die in einem kosmischen Gesetzbuch zusammengefasst sind.

Wer die universellen Regeln als Erster begriffen und niedergeschrieben hat, ist nicht bekannt. Ich schätze, es waren die frühen Naturphilosophen und Denker der Menschheit. In letzter Zeit ist wieder viel von ihnen die Rede. Es gibt esoterische Bücher zum Thema, auch im Internet steht einiges über die geistigen Gesetze. Trotzdem habe ich das Gefühl, dass viele Menschen sich über ihre Bedeutung nicht im Klaren sind. Dabei lohnt es sich, speziell für Sie, liebe Leserin und lieber Leser, sie kennenzulernen. Ich verstehe die kosmischen Gesetze wie einen vom Himmel gefallenen Wegweiser zu Ihrem Seelenpartner und werde deshalb nicht versäumen, Sie nach bestem Wissen darüber aufzuklären.

Wie wir wissen, wird unsere Realität von subjektiven Erfahrungen geprägt. Doch es existiert auch eine objektive Wahrheit. Sie ist nicht von Menschenhand geschaffen, sondern unterliegt der Schöpfung. Sie ist unumstößlich, ewig gültig und allumfassend: die Weisheit des Universums – eine höhere Ordnung, der wir alle unterworfen sind, ob wir es wollen oder nicht. Über unsere Seele haben wir alle Zugang zum universellen Wissen. Sie ist unser Schlüssel zu dieser größten aller Bibliotheken. Das Buch der kosmischen Gesetze weiht uns in die Ordnung des Kosmos ein. Dieses Ordnungssystem wird immer wieder anders bezeichnet. Manche sprechen von geistigen Gesetzen oder Lebensregeln, andere von den Gesetzen der Natur oder von den Gesetzen Gottes. Gemeint sind immer dieselben Grundprinzipien des Lebens, die sich in allen Kulturen wiederfinden. Interessanterweise sind sich auch die großen Religionen darüber einig, dass jeder, der im Einklang mit diesen Gesetzen lebt, auf dem Pfad der Erleuchtung wandelt! Aus kosmischer Sicht sind göttliche Weisheit und Liebe untrennbar verbunden. Wer also, wie zum Beispiel Sie, das wahre Wesen der Liebe ergründen möchte, wird nicht umhinkommen, sich mit den universellen Gesetzen auseinanderzusetzen.

Um die Regeln des Kosmos zu verstehen, muss man sich eigentlich nur in der Natur umschauen. Da gibt es die rhythmische Wiederkehr von Tag und Nacht, von Ebbe und Flut, von Jahreszeiten und Wachstumsphasen, da gibt es den Kreislauf des Wassers, das Werden und Vergehen, Geburt und Tod. Oder denken Sie an unseren Körper mit den Funktionen seiner Drüsen und Organe und deren zeitliche Rhythmen, denken Sie an Regeneration und an Degeneration – oder an das unerbittliche Gesetz der Schwerkraft, das so vielen von uns ab einem Alter von 40 oder 50 zu schaffen macht, weil wir, statt mit dem Leben zu fließen, uns dagegenstemmen.

Der vor einigen Jahren gestorbene Mönchsgelehrte Tenzin Choedrak, ein Meister der tibetischen Heiltradition, sagte einmal einen Satz zur mir, den ich nie vergessen werde. »Wenn du eine Frage hast, auf die du keine Antwort findest, gehe in die Natur.« Nun bin ich sicher ein sehr naturverbundener Mensch, aber auch ich musste zuerst lernen, ihre Phänomene zu verstehen und auf mein Leben zu übertragen. Ich werde jetzt die wichtigsten Gesetze vorstellen.

Das Gesetz von Ursache und Wirkung

Es wird auch Kausalitätsgesetz genannt oder das Gesetz von Aktion und Reaktion. Genau genommen, ist es die Grundlage der Universalgesetze, denn es findet sich in jeder der anderen Regeln wieder. »Wo gehobelt wird, fallen Späne« – mit dieser Volksweisheit wird uns klargemacht, dass alles, was wir tun, Folgen hat. Damit sind wir für jeden Gedanken, jede Tat, jedes Verhalten verantwortlich, und jede Wirkung entspricht in Qualität und Quantität ihrer Ursache. Wird viel gehobelt, fallen viele Späne. Andererseits: Von nichts kommt nichts. Wie alle kosmischen Gesetze ist auch das Kausalitätsgesetz unerbittlich – vor allem, wenn uns nicht bewusst ist, welche Konsequenzen unser Handeln hat. Denken Sie nur an die vielen Beispiele, wo ein Partner den anderen über Nacht verlässt und der andere ahnungslos zurückbleibt. Er hat keine Idee, was er falsch gemacht haben könnte.

Aber das Gesetz kann auch gnädig sein. Wenn wir bewusster oder gesünder leben möchten, werden wir mit mehr Energie, Glück und Zuversicht belohnt. Wie vital Sie sich nach einer Detox-Diät fühlen oder wie gut es Ihnen geht, wenn Sie sich mehr bewegen, wissen Sie. Wer einmal akzeptiert hat, dass jedes Ereignis eine Ursache hat, wird verstehen, dass es keine Zufälle gibt. Zufall, Glück oder Pech sind nur Bezeichnungen für nicht erkannte Zusammenhänge.

Das Gesetz vom richtigen Maß

Damit wird das Gleichgewicht von Geben und Nehmen geregelt, von Anspannung und Entspannung, Ruhe und Aktivität, Input und Output. Investieren wir in eine Sache zu viel Energie, fordert dieses Gesetz einen Ausgleich, und wir müssen den Gegenwert zahlen. Das gilt im Großen wie im Kleinen. Um Ihnen ein ganz banales Beispiel aus meinem Alltag als Autorin zu nennen: Wenn ich zu lange am Notebook gesessen und mich zu wenig bewegt habe, macht mich mein Körper darauf aufmerksam, indem er sich steif und unlebendig anfühlt. Dann stehe ich auf, öffne das Fenster und mache Streckübungen, esse ein paar Nüsse oder nehme ein entspannendes Bad. Erst wenn der Pegel meiner Lebensenergie wieder angestiegen ist, kann ich weiterarbeiten. Das ist doch ein ganz normales Verhalten, werden Sie jetzt denken. Sie haben recht. Wenn Sie auch so mit Ihrem Körper umgehen, ist das ein gutes Zeichen, Sie sind im Einklang mit dem Gesetz vom richtigen Maß.

Es ist übrigens auch auf die geistige Verfassung, die Stimmung und Gedanken anwendbar. Wenn in meinem Leben etwas schiefgelaufen ist oder ich mich schlecht fühle, überlege ich mir, was ich nicht beachtet haben könnte. Wache ich zum Beispiel morgens auf und habe nur Sorgen im Kopf, besteht mein erster Akt darin, meine geistigen Batterien aufzuladen. Dann verbinde ich mich mit meiner geistigen Führung und bitte um göttliche Führung, oder ich setze mich hin und meditiere ein paar Minuten. Ich erlaube mir heute nicht mehr, lange in einer negativen geistigen Energieschlaufe zu verweilen, weil ich weiß, wie stark das meine Gedankenwelt beeinflusst. Manchmal visualisiere ich während des Duschens einen weißen Lichtstrahl, der mit dem prasselnden Wasser gleich auch die Gedanken rein wäscht. Klingt vielleicht seltsam, aber es funktioniert. Anschließend lächle ich mir im Spiegel zu und danke dem Universum für meine Gesundheit, meinen Körper, für alles, was ich habe und bin.

Energien wollen immer frei fließen, und ich weiß, auch Sie spüren, wenn das der Fall ist. Da fühlen Sie sich, als könnten Sie Bäume ausreißen. Wenn Sie den Gedanken etwas weiter denken, wird Ihnen auffallen, dass Krankheiten und Störungen nichts anderes sind als der Ausdruck nicht fließender Energien. Wo die behindert oder blockiert werden, stauen sie sich an einer Seite auf, und auf der anderen ist kaum noch Kraft spürbar. Ob in der Traditionellen Chinesischen Medizin, im Shiatsu, der Akupunktur, bei Massagen oder Körpertherapien – immer geht es darum, gestörtes Chi, wie die Lebensenergien in Fernost heißen, wieder in Balance zu bringen.

Ein lebendiger Austausch von Energien findet übrigens auch in einer guten Liebesbeziehung statt. Achten Sie einmal darauf, wenn Sie mit Ihrem Partner zusammen sind: Fühlen Sie sich frisch und energetisiert oder eher angespannt und müde? Auch für alle anderen menschlichen Beziehungen ist Energie ein gutes Barometer. Wenn ich nicht genau einschätzen kann, ob ich mit einer Person zusammenarbeiten möchte oder nicht, spüre ich in mich hinein, wie es mir geht, wenn ich mit ihr zusammen bin. Manchmal ist das Leben so einfach.

Auch Geld ist Energie. Wie fühlen Sie sich, wenn Sie im Schlussverkauf etwas Überflüssiges gekauft haben, nur weil es im Preis heruntergesetzt war – und wie, wenn Sie sich ein Seminar geleistet haben, das Sie Ihrem Traumberuf näherbringt?

Unsere Seele gibt uns immer Zeichen. Sie möchte, dass wir uns der kosmischen Prinzipien bewusst werden, um unser Potenzial voll auszuschöpfen.

Das Gesetz des freien Willens

Unser freier Wille versetzt uns in die Lage, Entscheidungen zu treffen, und das tun wir täglich viele Male. Wir entscheiden uns am Morgen, aufzustehen oder im Bett liegen zu bleiben. Immer stehen wir vor der Wahl, positiv oder negativ zu denken, die Herausforderungen des Lebens anzunehmen oder den Kopf in den Sand zu stecken. Dann aber tritt das Gesetz von Ursache und Wirkung in Kraft und zwingt uns, die Konsequenzen zu tragen. Wir werden vom Leben bestraft ... Wir meinen, wir wüssten über solche Dinge Bescheid, aber dann frage ich mich, warum die meisten von uns ein Leben in Unfreiheit und Abhängigkeit wählen. Das tun sie nämlich, indem sie ihre Bedürfnisse zurückstecken und sich zu Dingen überreden lassen, die nicht ihrem inneren Wesen entsprechen. Damit aber haben sie ein Leben als Opfer gewählt.

Im Grunde entscheidet man sich mit dem Gesetz des freien Willens dazu, sich zu lieben oder eben nicht. Dieses Gesetz führt uns vor Augen, welche Macht unsere Entscheidungen auf unsere Existenz und unser Lebensgefühl ausüben. Wenn Sie sich entschließen, Ihr Leben an den Gesetzen des Universums auszurichten, treten damit das Gesetz von Ursache und Wirkung und das Gesetz der Energien in Kraft: Sie werden spüren, wie Sie mit dem Leben fließen und Ihnen so manches zufliegt.

Das Gesetz der Resonanz

Dieses Gesetz habe ich schon ausführlich im ersten Kapitel gewürdigt, als es um die Selbstliebe ging. Es besagt, dass wir nur das anziehen, was unserer derzeitigen Schwingung entspricht. Unsere Gedanken und Stimmungen bestimmen unsere geistige Atmosphäre und unsere Ausstrahlung. Gleiches zieht Gleiches an und wird dadurch verstärkt, Ungleiches stößt sich ab. Das Prinzip wirkt aber auch in der Projektion – also so, dass unsere Umwelt uns als Spiegelbild dient. Wenn wir uns also fragen, warum bestimmte Eigenschaften an unserem Gegenüber uns aggressiv oder wütend machen, die anderen vielleicht gar nicht auffallen, gibt eine Volksweisheit darauf die Antwort: »Was mich stört, zu mir gehört.«

Das Resonanzgesetz ist auch die Grundlage von Affirmationen und Bestellungen beim Universum. Geht man also davon aus, dass man das, was man in sich hat, von außen dazubekommt, muss man nur feststellen, was man in sich trägt. Das Universum liefert es dann. Und hier liegt auch gleichzeitig das Problem: Wie soll man in sich feststellen, dass man ein Gut besitzt, wenn es nicht der gefühlten Wahrheit entspricht? Wir bekommen ja nur »geliefert«, was für uns gefühlsmäßig wahr ist. Im Weltbestseller »The Law of Attraction« wird das Thema eingehend beleuchtet. Sollten Sie also der inneren Überzeugung sein, dass Sie das Gewünschte nicht verdienen oder dass Wünsche immer nur bei den anderen in Erfüllung gehen, wird sich genau das für Sie bewahrheiten. Bevor Sie also einen Wunsch in den Himmel schicken, überlegen Sie gut, wie Sie ihn formulieren. Sie müssen daran glauben können und spüren, dass Sie das Gewünschte in sich tragen. Nur dann werden Sie offen für die Schwingung des Universums.

Das Gesetz des Nichteinmischens

Für mich persönlich immer wieder eine Herausforderung. Aber wenn ich mich umschaue, stelle ich fest: Ich bin damit nicht alleine. Größer als die Kunst, sich selbst zu verbessern, ist die Kunst, andere nicht zu verbessern. Mit diesem Spruch ist das Wesentliche zwar beschrieben, aber Hand aufs Herz – wer hält sich daran? Wir haben nicht das Recht, in das Leben anderer Menschen einzugreifen, und trotzdem tun wir es täglich, im Großen wie im Kleinen. Denken Sie nur an die gegenwärtigen Glaubenskriege zwischen islamischen Fundamentalisten und ihren Gegnern aus dem kapitalistischen Lager. Wer mischt sich hier mehr in die Angelegenheiten des anderen ein?

Auch in unserem täglichen Leben sind wir ständig versucht, uns aus falsch verstandenem Pflichtgefühl um Dinge zu »kümmern«, die uns nichts angehen. Das raubt uns aber nicht nur Energie, es macht uns auch unsympathisch. Mögen Sie Großeltern, die sich in die Erziehung ihrer Enkel einmischen? Schätzen Sie die gut gemeinte Kritik von Freunden? Am häufigsten findet Einmischung übrigens in Partnerschaften statt. Gegen besseres Wissen gehen die meisten von uns ihre Beziehung in dem Glauben ein, den anderen umerziehen zu können. Ich muss schmunzeln, wenn ich daran denke, mit wie viel Hingabe ich über Jahre versucht habe, meinen Ehemann dazu zu bewegen, seine Zeitungen aufzuräumen und ihm einen besseren Kleidungsstil anzugewöhnen. Heute hüte ich mich sehr bewusst davor, einem anderen Menschen ungefragt Ratschläge zu erteilen, auch wenn ich mir manchmal auf die Zunge beißen muss. Ich bin mir auch bewusst, dass ich nicht mehr das Recht habe, meinen inzwischen erwachsenen

Sohn zu verbessern. Ich tue ihm einen weitaus größeren Gefallen, indem ich ihm vorlebe, wie ich an mir arbeite.

Durch jeden Missionierungsversuch greifen wir in die seelische Entwicklung eines anderen Menschen ein, stören seine Lernprozesse und verhindern seine eigenen Erfahrungen. Woher wollen wir denn wissen, dass unsere Sichtweise die richtige für den anderen ist? Wie viel klüger ist es, das Gesetz von Ursache und Wirkung wirken zu lassen. Es vollzieht sich ganz ohne unser Zutun.

Zum Schluss ein kleiner Tipp, der mir persönlich sehr geholfen hat. Wenn Sie wieder einmal überlegen, ob Sie sich in die Angelegenheit einer anderen Person einmischen dürfen oder nicht, rate ich Ihnen, sich ein paar ganz simple Fragen zu stellen: Was ist mein innerstes Motiv für die Einmischung? Bin ich befugt, den anderen zu belehren? Darf und will ich ihm in dieser Situation helfen? Ist es angebracht, ihm eine Lösung anzubieten, auch wenn er mich nicht darum gebeten hat? Wenn wir ehrlich sind, erledigt sich damit einiges wie von selbst.

Kleinere Universalgesetze

Im Folgenden werde ich einige kleinere Universalgesetze kurz anreißen. Sie sind zu einem nicht unbedeutenden Teil bereits in den großen Gesetzen enthalten, umfassen aber einige besondere Aspekte.

Das Gesetz der Evolution

Sie kennen dieses Gesetz in- und auswendig, weil Sie es täglich erleben. Es drückt aus, dass alles sich fortwährend verändert. In der Natur gibt es keinen Stillstand. Das besagt die Weisheit des griechischen Philosophen Heraklit: »panta rhei«

– alles fließt. Wir können mit dem Leben fließen, indem wir uns mit ihm ständig weiterentwickeln. Tun wir es nicht, wirkt wieder das Gesetz der Energien, und unsere Kraft nimmt ab. Dann kommt auch das Gesetz des freien Willens zum Vorschein: Wir können uns zu jeder Sekunde neu entscheiden – nach einem kurzen Stillstand oder einer Erholungspause können wir uns weiterentwickeln und aus unseren Erfahrungen lernen.

Das Gesetz der Entsprechung

Wie oben, so unten, wie innen, so außen, wie im Kleinen, so im Großen, solche Analogien kennen wir aus dem ganz normalen Leben. Aber auch die Astrologie, die Psychologie, die Pflanzenheilkunde und viele andere Naturlehren basieren auf der Erkenntnis, dass alles im Leben eine Entsprechung hat. Hildegard von Bingen schloss aus der Form von Pflanzenblättern auf deren Heilwirkung auf den Organismus und sollte recht behalten. Wir schauen einem Menschen ins Gesicht und erkennen, wes Geistes Kind er ist. Und wer seine Wohnung nicht in Ordnung hält, lebt häufig auch in einer chaotischen Gedankenwelt.

Das Gesetz der Polarität

Alles hat zwei Pole, besteht aber aus einem Energiefeld. So sind Liebe und Hass nur die beiden Enden desselben Stranges, und daraus ergibt sich, dass sich Gegensätze nur scheinbar unterscheiden. In Wahrheit verkörpern sie verschiedene Grade der Einheit. Der philosophische Gedanke dahinter: Wer begreift, dass Dualität eine Illusion ist, wird erkennen, wie sie sich auflöst, und das Einssein erfahren.

Das Gesetz der Vorstellung
Wir haben die Fähigkeit, uns etwas bildhaft vorzustellen, und jedes unserer inneren Bilder ist bestrebt, sich in der äußeren Welt zu materialisieren.

Wie schon gesagt, ist das die Kraft, die viele heute nutzen, um ihre Wünsche wahr werden zu lassen. Doch auch unser Unterbewusstsein drückt sich in Bildern aus, und diese Bilder bestimmen unsere Wirklichkeit manchmal weit mehr, als wir vermuten. Ich halte es für sehr wichtig, dass wir uns immer wieder klar machen, woran wir unbewusst am meisten glauben, denn das kann unsere bewusst losgeschickten Wünsche ans Universum konterkarieren.

Das Gesetz der Liebe
Ich erwähne es hier nur der Vollständigkeit halber, denn letztlich handelt das gesamte Buch davon. Liebe ist das höchste Prinzip des Kosmos und seine höchste Energie. Sie steht für die göttliche Liebe und die Aufhebung der Dualität. Liebe ist vollendete Einheit, das Einssein. Ich glaube, der Sinn jedes Lebens besteht darin, sich mit der Liebe des Kosmos zu verbinden. Wer sie zusätzlich mit den Weisheitslehren des Universums anzureichern versteht, wird neben Liebe auch Licht in sein Leben bringen.

Kosmischen Wahrheiten auf der Spur

Ich möchte Ihnen jetzt von einer wahren Begebenheit erzählen. Sie handelt von einem Mann, der sein Leben sehr konsequent nach den universellen Gesetzen ausrichtet – oft ohne sich dessen bewusst zu sein. Er trifft wichtige Entscheidungen immer aus dem Bauch heraus und führt allein schon deshalb ein ungewöhnliches Leben. Aber lesen Sie selbst:

Im Frühsommer letzten Jahres war in meinem Bekanntenkreis viel die Rede vom 26. Juni 2010, einem angeblich sehr wichtigen Datum. Es hieß, dass an dem Tag die Planeten in einer seltenen, sehr besonderen Position zueinander stehen, die man das kardinale Kreuz nennt. In den astrologischen Foren im Internet wurde behauptet, dass dieser Tag eine neue Zeitepoche einleite, außerdem habe es dieselbe Planetenkonstellation zuletzt beim Ausbruch der Französischen Revolution gegeben.

Mein Freund hatte das eher beiläufig mitbekommen, fand es aber interessant und googelte daraufhin ein wenig im Internet. Dabei fand er heraus, dass sich das kardinale Kreuz nicht nur auf die Planeten am Himmel bezog. Die Längsachse sollte an einer bestimmten Stelle auch auf die Erde treffen. Neugierig geworden, schaute er sich die Koordinaten an und kam ins Staunen. Zufällig würde er sich genau um diese Zeit beruflich nur etwa 500 Kilometer von der Stelle entfernt aufhalten, die mitten im Regenwald von Peru lag. Die Sache ließ meinen Freund nicht los. Er glaubt seit langer Zeit nicht mehr an Zufälle. Irgendeinen Grund würde es geben, warum er an diesem besonderen Tag in der Nähe des besonderen Ortes war. Also beschloss er, die Reise am 26. Juni anzutreten. Es wird geschehen, was geschehen soll, sagte er sich. Dass sein Ziel abgeschnitten von jeglicher Zivilisation in einem unwegsamen Urwald lag, schien ihn eher noch zu reizen. Ohne zu zögern, begann er also seine Expedition zu planen. Wenn das Schicksal es will, dass ich dorthin komme, werde ich Mittel und Wege finden, meinte er zu mir am Telefon. Und so kam es. Es gelang ihm, einen Hubschrauber zu organisieren, der ihn an einem See absetzen sollte. Von dort aus waren es nach seinen Berechnungen noch etwa sieben Stunden Fußmarsch durch den Regenwald.

Doch es sollte anders kommen. Als der Hubschrauber an dem anvisierten See ankam, stellte der Pilot fest, dass er nicht landen konnte. Der Wald war zu dicht. So blieb meinem Freund nichts anderes übrig, als sich vom Helikopter abzuseilen und sich buchstäblich ins Ungewisse fallen zu lassen. Mit den wichtigsten Überlebensutensilien im Rucksack ließ er sich zwischen den Urwaldriesen am Seil hinunter – und landete mitten in einem Sumpf! Bis zu den Knien steckte er im Schlamm, als er die Schnur, die ihn mit der Zivilisation verband, losließ und den Helikopter davonfliegen sah. Mit allem hatte er gerechnet, nur nicht damit: Plötzlich und unmittelbar war er mit seiner großen Angst konfrontiert – der vor dunklen, unbekannten Gewässern.

Nun ist mein Freund ein weltreisender Abenteurer, der schon einige Male dem Tod ins Auge geblickt hat. Um im Urwald überleben zu können, hat er sogar seine Schlangenphobie in einem speziellen Training aufgelöst. Äußere Gefahren können ihn heute kaum noch schrecken. Aber seine inneren Ängste – auf die war er nicht vorbereitet. Mutterseelenallein in einem unüberschaubaren Sumpf! Er wusste nur zu gut, dass man ihn nicht fände, wenn er Notrufsignale aussenden würde. Das GPS-Gerät hochhaltend, damit es nicht nass würde, arbeitete er sich Meter um Meter durch den Schlamm und steigerte sich mit jedem Schritt weiter in die Angst. Tatsächlich befand er sich auch objektiv in einer höchst gefährlichen Situation. Wenn ihm etwas zustoßen würde, gäbe es niemanden, der ihn retten könnte. Hinzu kam, dass er durch die Hitze und durch die Anstrengung inzwischen reichlich Durst bekommen hatte und gezwungen war, seinen Wasservorrat schon in der ersten Stunde auszutrinken. Nach der zweiten Stunde spürte er deutlich, wie er dehydrierte. Noch fünf Stunden Fußmarsch lagen vor ihm. Das würde er nicht schaffen. Mit jedem Schritt, mit dem ihm das deutlicher wurde, verlor er seine Zuversicht. Das kannte er nicht an sich, und so wertete er es als Vorbote für sein nahendes Ende. Er war sich nun sicher, dass er dieses Abenteuer nicht überleben würde.

Und dann wurde ihm alles egal. Er watete weiter, hörte auf zu denken, und so schwand auch seine Angst. Er ließ alles los und ging nur noch vorwärts, Schritt um Schritt in die Richtung, die ihm sein Orientierungsgerät anzeigte. Irgendwann – er wusste nicht, wie viel Zeit vergangen war, stellte er erstaunt fest, dass der Schlamm nur noch knöcheltief war. Die Landschaft hatte sich verändert. Es dauerte nicht mehr lange, da ging er auf trockenem Boden, und wie durch ein Wunder fand er sogar ein Wasserloch. Er tauchte einen Teststreifen hinein: Es war trinkbar. Mein Freund war gerettet! Zuversichtlich füllte er seine Wasserflaschen auf und bahnte sich mit der Machete einen Weg durch den Wald. Jetzt war es nur noch eine Frage der Zeit, wann er sein Ziel erreichte. Er kam zwar einige Stunden später an als geplant, aber immerhin! Er war endlich da.

Durchatmend und erleichtert, schaute er sich um. Vor ihm öffnete sich ein weites, bewaldetes Tal. Und was ihn wirklich wunderte: Weit und breit war kein Mensch zu sehen. Er vergewisserte sich noch einmal, aber sein Gerät zeigte ihm zweifelsfrei an, dass er sich genau an dem für diesen Tag so bedeutsamen Platz befand. So beschloss er, ein Feuer zu machen und sich ein Nachtlager zu bereiten. Als es ihm in der anbrechenden Dämmerung endlich gelungen war, mit feuchtem Holz ein Feuer zu entzünden, bemerkte er, dass ringsum etwa 20 weitere Lagerfeuer brannten. Er war also doch nicht alleine! Freudig ging er auf eines der Feuer zu. Eine Gruppe von Indios. Kein Weltenbummler, kein Esoteriker, der das astrologische Ereignis zelebrieren wollte. Stattdessen hatten sich offensichtlich im gesamten Tal verschiedene Indiostämme versammelt, um zu meditieren und Rituale abzuhalten. Die Eingeborenen sprachen weder Spanisch noch Englisch, nahmen meinen Freund aber freundlich auf und boten ihm einen Platz am Feuer an. Es wurden Fladenbrot und Wasser verteilt. So verbrachte mein Freund die ganze Nacht mit ihnen. Er stimmte in ihre Gesänge ein, meditierte und dankte für sein Leben und für diesen Augenblick.

War es das schon? Nicht ganz. Am nächsten Morgen musste mein Freund nämlich zu seinem großen Erstaunen feststellen, dass die Indios mit verschiedenen Lastwagen angereist waren. Nur wenige Kilometer von der Route, die er sich auf der Karte ausgesucht hatte, gab es offensichtlich eine Urwaldpiste. Hätte er das geahnt ... Unschwer zu erraten, wie gerne er das Angebot annahm, sich bis zu dem Platz mitnehmen zu lassen, wo der Hubschrauber schon auf ihn wartete.

Inzwischen ist mein Freund längst wohlbehalten zurückgekehrt, und ich hatte Gelegenheit, ihn nach Details zu fragen:

»Was genau hat dich eigentlich zu deinem Ausflug veranlasst?«, wollte ich wissen. Da sagte er einen seltsamen Satz:

»Ich wollte Klarheit. Aber ich weiß nicht, worüber. Ich bin einfach den Zeichen gefolgt.« Nun kenne ich meinen Freund schon eine Weile. Ich wusste, dass es nichts bringen würde, weiter nachzuhaken, und gab mich zufrieden.

Wie der Zufall es wollte, fuhren wir etwa drei Wochen nach dem Ereignis an einen See in Oberbayern zum Schwimmen. Weil an der Badebucht zu viele Leute waren, hatten wir uns etwas weiter an einem kleinen Kiesstrand im Schilf niedergelassen. Da es an diesem Tag sehr heiß war, freuten wir uns, endlich ins Wasser zu kommen. Doch leider verfingen wir uns schon nach wenigen Schwimmzügen in einer großen Kolonie von Unterwasserpflanzen. Wie kleine Fangarme schlangen sich die Pflanzen um unsere Arme und Beine. Nicht ahnend, dass das so ziemlich die schlimmste Situation war, in die mein Freund geraten konnte, schwamm ich einfach weiter und versuchte, so schnell wie möglich aus der Pflanzenzone herauszukommen. Ich achtete nicht weiter auf meinen Freund.

Erst sehr viel später am Abend, wir waren längst zurück in der Stadt, kamen wir noch mal auf das Thema dunkle, unbekannte Gewässer zu sprechen. Mein Freund erzählte, dass er noch vor einigen Wochen in einer ähnlichen Situation in höchste Panik geraten wäre. Heute aber sei es anders gewesen. Er sei einfach nur weitergeschwommen, ohne sich groß Gedanken zu machen. »Dunkle Gewässer stehen für unbewusste Gefühle«, sagte ich und staunte selbst, dass mir das jetzt eingefallen war. In diesem Moment wurde uns beiden klar, aus welchem tieferen Grund mein Freund seine Reise in den Urwald angetreten hatte. Seine innere Führung hatte ihm die Chance gegeben, seine letzte, große Angst zu überwinden – die Angst, in tiefen Gefühlen unterzugehen. Somit hatte sich die revolutionäre, grenzensprengende Kraft des kardinalen Kreuzes in seinem Bewusstsein vollzogen. Mein Freund, der übrigens mein Seelenpartner ist, war jetzt endgültig frei für die Liebe.

4. Kapitel:

ICH SEHE DICH – DIE BEGEGNUNG MIT DEM SEELENPARTNER

Was aber ist nun eine Seelenpartnerschaft, und worum geht es darin? Mein Kopf war voller Sätze, die geschrieben werden wollten. Am Abend zuvor hatte ich mich auf dieses Kapitel eingestimmt und um Inspirationen gebeten, und beim Morgenkaffee waren sie tatsächlich da. Jetzt wird es spannend, wir kommen zum Kernpunkt des Themas. Auf den vorhergehenden Seiten haben wir die Hürden auf dem Weg zum Seelenpartner erkannt, benannt und Ideen gesammelt, wie sie am besten zu nehmen sind. Wir haben begriffen, dass es wichtig ist, sich als Teil eines Ganzen zu verstehen und Vertrauen in die innere Führung zu entwickeln. Erinnern Sie sich an mein Credo? Liebe dich selbst und du findest Zugang zu deiner Seele. Sie wird dich zu deinem Seelenpartner führen ...

Was ist das nun genau, die Seelenpartnerschaft, worum geht es? Was haben Seelenpaare, was andere Liebespaare nicht haben? Wie verabreden und erkennen sie sich, was ist ihre Aufgabe in diesem Leben? Ich werde mich bemühen, Ihnen auf den folgenden Seiten möglichst viele Facetten des Phänomens Seelenpartnerschaft aufzuzeigen – wohlwissend, dass ich damit vor einer großen Herausforderung stehe. Denn wie soll man an ein Thema herangehen, für das es zwar keine Beweise gibt, dafür eine Unmenge sich widersprechender Behauptungen? Machen wir uns nichts vor: Nichts von dem, was Sie und ich bisher über Seelenpartner gelesen und gehört haben, kann als wahr bewiesen werden. Alle Aussagen sind mehr oder minder glaubhafte Interpretationen einzelner – mehr oder minder – glaubwürdiger Personen.

Leider kann ich Ihnen diesbezüglich nichts anderes anbieten. Auch meine Erkenntnisse über Seelenpartner sind nicht beweisbar, sie spiegeln meine ganz persönliche Sichtweise. Aus diesem Grund appelliere ich an Sie, entsprechend kritisch an das Geschriebene heranzugehen. Lesen Sie den hier beginnenden zweiten Teil des Buches bitte weiterhin mit offenem Herzen, aber legen Sie Ihren Verstand nicht beiseite. Es ist wichtig, dass Sie nur glauben, was Ihnen schlüssig erscheint und was in Ihrem Innern ein Ja auslöst. Ich habe in all den Jahren meines spirituellen Werdegangs gelernt, dass dies die beste Art ist, mit den sogenannten übersinnlichen Themen umzugehen: Empfänglich nach außen und gleichzeitig wach für die inneren Signale. Je verwirrender die Informationen, desto wichtiger wird es für Sie, der Kombination aus Kopf und Bauchgefühl zu vertrauen. Was Sie im Folgenden über Seelenpartner lesen, ist das Ergebnis meiner Recherchen, und mein eigenes Erleben.

Wie an einigen Stellen bereits angedeutet, beschäftige ich mich seit vielen Jahren mit der buddhistischen Lebensführung und Philosophie. Einen Teil davon, wie zum Beispiel die Lehre von Karma und Wiedergeburt, erachte ich als so überzeugend, dass ich sie in mein persönliches Glaubenssystem übernommen habe. Ich werde später auf diese Lehre zurückkommen.

Jetzt möchte ich Ihnen erst einmal meine Vorgehensweise beim Ergründen der Seelenpartnerschaft aufzeigen. Neben religiösen Schriften habe ich die Bücher spiritueller Lehrer und Seher zum Thema studiert. Ich habe persönliche Gespräche mit Paaren geführt, die ich für Seelenpartner halte, auch wenn sich einige ihrer Besonderheit nicht bewusst waren. Nicht zuletzt fließen auch meine persönlichen Einsichten und Visionen zum Thema ein, über die ich mich regelmäßig mit meinem eigenen Seelenpartner austausche.

So viel also zu meinen Quellen. Und nun verspreche ich nicht zu viel, wenn ich sage, dass Sie einige Dinge zwischen Himmel und Erde erfahren werden, die Sie noch nie gehört oder gelesen haben.

Das himmlische Vorspiel

Ich behaupte, dass die Liebesgeschichte zwischen Seelenpartnern ein himmlisches Vorspiel hat. Bei diesem Treffen verabreden die beiden Seelen genau, wann, wie und unter welchen Bedingungen sie sich im nächsten Leben begegnen und wie sie sich erkennen. Finden Sie das spannend? Ich schon. Als ich es zum ersten Mal gehört habe, schüttelte ich nur ungläubig den Kopf. Heute bin ich überzeugt, dass es stimmt. Warum ich meine Meinung geändert habe, möchte ich Ihnen gerne erklären. Allerdings muss ich dazu etwas ausholen. Ziemlich weit sogar, wir müssen im Himmel beginnen. Hier geht es um wirklich große Zusammenhänge.

Lehre von der Wiedergeburt

Wie Sie sicher wissen, geht die Lehre von der Wiedergeburt davon aus, dass alle Seelen nach dem Tod »ihres« Menschen in ihre geistige Heimat zurückkehren – in den Bereich also, den wir Himmel nennen. In diesen Sphären, in denen alle Geistwesen zu Hause sind – also auch die Engel, die erleuchteten Meister und Geistführer – und in denen viele von uns auch Gott vermuten (wobei ich glaube, dass Gott überall ist), versammeln sich unsere Seelen nach jedem Erdenleben. Dort, im Reich vollkommener Harmonie, erholen sie sich von der anstrengenden Dualität des irdischen Daseins. Sie resümieren ihr vergangenes Leben und verweilen eine Zeit, um sich weiterzuentwickeln und auf eine neue Wiedereinfleischung vorzubereiten. Wiedereinfleischung ist übrigens die wortgenaue Übersetzung des Begriffs Reinkarnation. Für mich hat die aus dem Buddhismus und Hinduismus stammende Lehre vom ewigen Kreislauf der Wiedergeburten, vom sogenannten Samsara, etwas sehr Tröstliches. Man verliert die Angst vor dem Tod, wenn man glaubt, dass es danach weitergeht – wenn auch auf anderer Ebene. Sollten Sie zu den 74 Prozent aller Deutschen zählen, die an Wiedergeburt glauben, dann stimmen Sie mir sicher zu. Gestatten Sie mir, Ihnen hierzu eine kleine Episode zu erzählen.

Ich hatte vor etwa zehn Jahren einmal das Glück, einem Vortrag von Robert Thurman zu lauschen, dem Vater der Hollywoodschauspielerin Uma Thurman. Bob Thurman ist Professor für buddhistische Religionswissenschaft und einer der ersten buddhistischen Mönche amerikanischer Nationalität. Er sprach auf einem Kongress über das Thema Reinkarnation. In seiner lässigen Art räumte er ein, dass schon eine

Menge darüber geschrieben und geforscht wurde. Immer wieder habe man versucht, Beweise für das Weiterleben nach dem Tod zu finden, und hier und da sei das ziemlich glaubhaft gelungen. Letztlich sei es aber eine Frage des Glaubens. Ist man bereit, an Reinkarnation zu glauben oder nicht? Damit forderte er seine Zuhörer auf, sich zu entscheiden. Es gibt genügend Argumente für die eine Seite und ebenso viele für die andere. Was also tun, wenn die eine Meinung genauso viel wiegt wie die andere, wenn beide Waagschalen sich auf derselben Höhe befinden? Im Zuschauerraum wurde es still. Gespannt warteten fast 1000 Menschen auf die Antwort des Redners. Nachdem er die Spannung eine Weile ausgekostet hatte, begann Professor Thurman zu schmunzeln: »Ich gebe Ihnen einen guten Rat. Entscheiden Sie sich, an Reinkarnation zu glauben, denn damit werden Sie glücklicher. Das kann ich Ihnen versprechen.«

Ich habe diese Szene niemals vergessen. Sie hat mir ebenso einfach wie nachdrücklich vermittelt, wie unmittelbar sich unsere Überzeugungen auf unser Lebensgefühl auswirken. Ich persönlich hatte mich zu diesem Zeitpunkt schon entschieden. Sie hingegen haben jede Menge Zeit, darüber nachzudenken ...

Im Club der Seelen

Doch nun zu unseren in ihre geistige Heimat zurückgekehrten Seelen. Was bedeutet Heimat für eine Seele? Interessanterweise besteht darüber in allen Schriften, die ich zu diesem Thema gelesen habe, eine grundlegende Übereinstimmung: Die Seelen kehren zurück zu den Ihren, zu den alten Bekannten und Vertrauten, mit denen sie schon viele Leben verbracht haben – zu den Mitgliedern ihrer Seelenfamilie. Kommt Ihnen dieses Verhalten nicht irgendwie bekannt vor? Je mehr ich mich in das Szenario der Seelenheimkehr im Jenseits hineindenke, desto stärker verdichtet sich mein Gefühl, dass viele unserer irdischen Strukturen eine Entsprechung in der geistigen Welt haben. Wie im Himmel so auf Erden, das kosmische Gesetz der Analogie lässt grüßen. Gehen wir also davon aus, dass Seelenfamilien sich wie die irdischen Clans oder Sippen zusammengehörig fühlen.

Soziologen haben einmal herausgefunden, dass der Mensch im Laufe seines Lebens mit etwa 250 Menschen in engeren Kontakt tritt. 250 Personen – das entspricht so ziemlich genau der Größe der alten süditalienischen Clans oder der Stammesgemeinschaften, die es heute noch in vielen naturnah lebenden Völkern gibt. Bei uns in Mitteleuropa gab es früher viele 200- bis 300-Seelen-Dörfer. In solchen Dorfgemeinschaften kannte jeder jeden. Es wurde gestritten, und man versöhnte sich, es gab Nachbarn, die gut miteinander auskamen, andere hatten ständig Zwist. Es gab Fehden, Niedertracht, Neid und Tyrannei, es gab aufrichtige Freundschaft, Hilfe und Zusammenhalt, und ja: Es gab auch die große Liebe. Ich finde es nachvollziehbar, dass in der geistigen Welt eine Entsprechung zu solchen Gemeinschaften existiert. Allerdings gehe ich davon aus, dass dort oben nicht gestritten wird. Seelenclans leben im Bewusstsein der Einheit. Sie kommunizieren einvernehmlich und haben ein einziges, gemeinsames Ziel: sich gegenseitig in der seelischen Weiterentwicklung zu unterstützen. Halten wir also fürs Erste fest: Seelen aus derselben Gruppe treffen immer wieder aufeinander, und zwar im Himmel wie auf Erden.

Sind wir uns schon einmal begegnet?

Sicher ist Ihnen das auch schon passiert: Sie begegnen einer fremden Person und haben das Gefühl, sie zu kennen. Sie können sich unmöglich schon einmal über den Weg gelaufen sein, trotzdem fühlen Sie sich von Anfang an seltsam vertraut. Sie verspüren keinerlei Berührungsängste und staunen über Ihre eigene Offenheit einem wildfremden Menschen gegenüber.

Exkurs: Claudia

Ich hatte so ein Erlebnis im letzten Jahr auf einer Anti-Aging-Messe in Paris. Ich stand an einem Messestand und blätterte gerade in einem Prospekt, als eine Frau mich in akzentfreiem Französisch fragte, ob sie mir helfen könne. Ich schaute auf, stutzte, schaute noch mal genauer hin und merkte, wie ich meinen Blick nicht mehr von ihren Augen lassen konnte. Nach einer langen Weile sagte ich zu meinem eigenen Erstaunen einen Satz auf Deutsch zu ihr: »Ich kenne Sie.«

Die Frau schaute mir nun ihrerseits lange und forschend in die Augen. Am Schluss nickte sie und antwortete ebenfalls in deutscher Sprache: »Ja, ich glaube, ich kenne Sie auch.«

Da ich schon auf dem Weg zum Flughafen war, blieb uns kaum Zeit, uns zu unterhalten. Sie erzählte nur kurz, dass sie seit vielen Jahren in Dubai lebt und nur ab und zu nach Berlin kommt. Es war ausgeschlossen, dass wir uns jemals begegnet sind. Wir fanden uns beide so sympathisch, dass wir unsere Visitenkarten austauschten und uns vornahmen, uns wiederzusehen. Und so kam es. Die Frau, mit der ich übrigens heute befreundet bin, besuchte mich in München. Wir erzählten uns unser Leben und staunten, wie ähnlich wir uns sind.

Nicht vom Werdegang und von den Familienverhältnissen her, eher von der Unerschrockenheit und dem Mut, wie wir an verschiedene Dinge herangehen. Es war eines der Gespräche, nach denen man genährt und beseelt nach Hause geht. Einmal kam mich Claudia für eine ganze Woche besuchen. In dieser Zeit gab sie mir eine der wunderbarsten Gesichtsmassagen meines Lebens. Ich fühlte mich so wohl unter ihren Händen, dass ich schnell in eine tiefe Entspannung fiel. Als ich so dalag und die Massage genoss, tauchten plötzlich Bilder vor meinem geistigen Auge auf. Wie in einem Film sah ich meine Freundin und mich in einem heißen Land Hand in Hand spazieren gehen. Wir waren in weiße, wehende Gewänder gehüllt, die aussahen wie die Kleidung der Beduinen, und fühlten uns innig verbunden.

Ein Déjà-vu-Erlebnis? Es sieht ganz danach aus. Wer an Wiedergeburt glaubt, geht davon aus, dass sich bei vielen Begegnungen dieser seltsamen Art die Seelen aus einem früheren Leben wiedererkennen. »Es wird wohl einen Grund haben, dass wir jetzt wieder zusammengeführt werden«, sagte ich später zu Claudia, »wer weiß, was wir diesmal miteinander erleben sollen.«

Die Konstellation ist immer eine andere

Wir alle haben mit den Mitgliedern unserer Seelengemeinschaft schon viele gemeinsame Leben verbracht, allerdings nicht immer in derselben Konstellation. Mal kamen wir als Ehepaar zusammen, mal als Geschwister, Elternteil oder Kind, mal als Freunde, Kollegen, Vorgesetzte oder Geschäftspartner. Ich schließe nicht aus, dass alle Menschen, mit denen wir in engerem Kontakt stehen, Mitglieder unserer

Seelenfamilie sind. Wenn Sie nun einmal überlegen, in welcher Beziehung Sie zu diesen Menschen stehen, ergeben sich vielleicht sogar Hinweise auf ein früheres Leben. Wir alle haben Feinde und Rivalen, Freunde, mit denen man Pferde stehlen kann, Kameraden, auf die hundertprozentig Verlass ist, Menschen, die man aus unerklärlichen Gründen finanziell unterstützt und denen man sein letztes Hemd geben würde. Sicher kennen auch Sie Freundinnen, die miteinander wie ein altes Ehepaar umgehen, obwohl beide heterosexuell sind. Mütter, die sich ihren Söhnen gegenüber verhalten, als wären sie mit ihnen verheiratet. Erwachsene, die aus freien Stücken heraus ihr Leben lang mit einem Elternteil in einem Haus verbringen. Töchter die ihre Väter erziehen: »Sie steckt mich verbal in die Tasche, in der Diskussion gegen sie habe ich keine Chance«, erklärte mir kürzlich ein Vater über seine 18-jährige Tochter. Wer weiß, ob sie nicht einmal seine Lehrerin war ...

Auch Paare verfallen in ihren Beziehungen oft in Rollen oder legen Verhaltensweisen an den Tag, die ihnen unverständlich sind. Da gibt es Eheleute, die jahrzehntelang asexuell zusammenleben wie Bruder und Schwester. Oder Paare, die Vater und Tochter oder Mutter und Sohn sein könnten, homosexuelle Paare – welcher länger als ein Menschenleben zurückliegende Grund mag einige von ihnen zusammengeführt haben?

Kennen Sie jemanden, der seinen Chef an der Nase herumführt und sich von ihm nichts sagen lässt? Vielleicht war er früher dessen Vorgesetzter. Ist Ihnen ein Fall bekannt, bei dem ein Richter dem Angeklagten eine überzogene Strafe aufbrummt – wer weiß, wofür er sich unbewusst an ihm rächen möchte. Dann gibt es auch Geschwister, die sich von Geburt an spinnefeind sind – vielleicht liefert die Theorie mit dem Seelendorf eine Erklärung.

Das Karmaargument

Wie kann es sein, dass sich Seelen aus derselben himmlischen Familie auf Erden so feindselig begegnen? Um diese Frage zu beantworten, muss ich das Wort Karma ins Spiel bringen. Wie Sie vielleicht wissen, ist der Begriff sehr eng mit der Idee der Wiedergeburt verbunden. Banal ausgedrückt, liefert die Karmalehre die fernöstliche Erklärung für die Ungerechtigkeiten dieser Welt. Warum werden manche Menschen reich, andere arm geboren, warum sind die einen in ihrer Beziehung glücklich, während die anderen mit ihrem Partner durch die Hölle gehen, warum gibt es Unglücksraben und lebenslange Glückspilze? Das ist schicksalhaft, sagen die Anhänger der Karmalehre.

In Wahrheit bedeutet Karma aber weder Schuld noch Schicksal. Der Begriff kommt aus dem Sanskrit und steht für Tat, Handlung, Wirkung. Die Lehre von Karma und Wiedergeburt besagt, dass jeder Gedanke, jedes Wort, jede Emotion und jede Handlung eine Rückwirkung auf den Menschen haben, die er in ihrer Qualität selbst bestimmt. Die Rückwirkung ist das Karma. In diesem Modell trägt der Mensch die volle Verantwortung für sein Handeln und dessen Folgen. Was uns im Leben widerfährt, ist also Folge einer Tat, eines Gedanken oder eines Wortes. Ebenso wie vergangenes Tun unsere Gegenwart beeinflusst, prägt gegenwärtiges Tun unsere Zukunft – aber nicht nur in diesem Leben, sondern auch in allen künftigen Existenzen. Im Grunde ist die Karmalehre nichts anderes als die Anwendung des Ursache-Wirkungs-Prinzips über mehrere Lebensspannen hinweg. Das Unglück, das uns heute geschieht, kann durchaus die Folge einer Tat aus einem früheren Leben sein, und ein in diesem Leben begangenes Verbrechen wird vielleicht erst im nächsten oder übernächsten Leben gesühnt. Auf der anderen Seite bekommen wir in jedem Leben wieder die Chance, unser Karma zu verbessern oder uns sogar ganz davon zu erlösen. Wir müssen nur gute Menschen sein und ein rechtschaffenes Leben führen.

Wir werden immer wieder mit Situationen und Personen konfrontiert, die uns die Gelegenheit bieten, uns erneut mit einem Thema auseinanderzusetzen und uns richtig zu verhalten. Folgt man der Lehre, gibt es neben dem persönlichen Karma auch ein Familienkarma, und das kann bis in die fünfte Generation zurückreichen. Dieses Karma müssen wir ebenfalls tragen. Was zum Beispiel der Vater in seinem Leben nicht gelöst hat, wird auf den Sohn übertragen, dann auf den Enkel, den Urenkel und so weiter. Ganz sicher kennen auch Sie Fälle, wie den, dass ein Sohn es sich zur Aufgabe macht, das Kriegsverbrechen des Vaters zu sühnen, oder dass jemand sich bemüht, die verletzte Familienehre wiederherzustellen, um nur zwei Beispiele zu nennen. Letztlich geht es immer darum, altes Karma aufzulösen und kein neues Karma mehr anzusammeln, um irgendwann erleuchtet in den karmalosen Zustand, das Nirwana, eintreten zu können.

Es heißt, dass die Seele ihr Karma nach dem Tod mit in die geistige Ebene nimmt und es bei der neuen Inkarnation wieder auf die Erde zurückbringt. Alles, was wir an Erfahrungen und Schmerzen in einem Leben nicht haben aufarbeiten können, wird damit der Keim von künftigem Leiden und Schmerzen. Jedes Neugeborene kommt mit Karma auf die Welt, ob es will oder nicht. Dieses Karma trägt es in seiner Aura, also in dem Energiefeld, das jedes lebende Wesen umgibt. Nach Ansicht von Aurasichtigen und Heilern sind aus diesem Energiefeld alle Krankheiten und Störungen ablesbar und darin fühlbar, und zwar lange bevor sie sich auf den Körper auswirken. Betrachtet man diese Aussage unter dem karmischen Aspekt, kann es sich bei Störungen durchaus um karmische Altlasten handeln, die eines Tages in Form von Blockierungen und gestauten Energien unser Leben beeinflussen. Ja, wir haben es nicht leicht, wir Menschenseelen. Manche von uns kommen mit schweren Bürden auf die Erde und verlassen sie mit noch schwererem Gepäck, andere – und dazu rechne ich Sie und alle anderen rechtschaffenen Menschen – bemühen sich, ihre Lasten loszuwerden. Wir alle kennen das befreiende Gefühl, wenn der Rucksack wieder um einige Kilo leichter geworden ist und der Rücken sich aufrichten kann. Immer wieder feiern wir solche Entlastungssiege: Wenn uns nach einem klärenden Gespräch ein Stein vom Herzen fällt, sich quälende Ängste in Nichts auflösen, alte Muster oder Vorurteile über Bord geworfen werden; wenn es endlich gelingt, sich aus einer destruktiven Beziehung zu befreien, Süchte zu besiegen, sich bei jemandem zu entschuldigen, alte Fehden zu beenden und Frieden zu schließen. Das sind übrigens oft die Momente, in denen wir dem Seelenpartner begegnen …

Die Konferenz der Seelen

Ich hoffe, Sie eingangs mit der Behauptung neugierig gemacht zu haben, dass die Liebe zwischen Seelenpartnern ein himmlisches Vorspiel hat. Hier komme ich nun endlich darauf zurück. Wie darf man sich so ein Treffen nun vorstellen?

Von Medien und Sehern, denen es dank ihrer sensitiven Fähigkeiten möglich ist, einen Blick in die unsichtbare Welt zu werfen, weiß man, dass die Seelen im Zustand reinen Bewusstseins bestimmte Reinigungs- und Läuterungsprozesse durchlaufen und eine Art Bestandsaufnahme betreiben. In dieser Phase suchen sie sich auch die Themen aus, mit deren Hilfe sie sich im nächsten Leben weiterentwickeln möchten. Das ist ein langer, aufwendiger Prozess, schließlich muss er in Übereinstimmung mit all den Seelen geschehen, die später auf Erden das soziale Umfeld bilden werden – also den Eltern, Geschwistern, Freunden, Feinden, Lehrern, Vorgesetzten, Sexpartnern, Lebensgefährten –, und dem Seelenpartner! Ich habe mir oft vorzustellen versucht, wie so ein Prozess unter körperlosen Wesen wohl vor sich gehen könnte. Dabei hatte ich immer das Bild einer Konferenz vor Augen, bei der alle beteiligten Seelen an einer Tafel sitzen und eine Art Konsenspapier erarbeiten. All die guten und schlechten Erfahrungen, die verschiedene Personen aus dem Seelenclan auf Erden miteinander machen sollen, wurden dabei diskutiert und festgelegt – auch wer sich für wen als Feind zur Verfügung stellt, um an der Auseinandersetzung zu wachsen und zu reifen.

Sie können sich vorstellen, wie erstaunt ich war, als mir die Idee von einer Konferenz der Seelen kürzlich wieder begegnete. Sie wird von einem amerikanischen Autor namens Robert Schwartz beschrieben, der sich mit der Erforschung der Lebensplanung vor der Geburt beschäftigt. Schwartz, früher als Journalist und Marketingexperte tätig, erzählt auf seiner Homepage www.yoursoulsplan.com von einem Ereignis aus dem Jahr 2003, das er sein spirituelles Erwachen nennt. Er hatte damals auf der Suche nach einer Erklärung für sein schweres Leben eine Sitzung bei einem weiblichen Medium gebucht. Die Frau erklärte Schwartz, dass jede Seele zusammen mit dem Geistführer eines Menschen dessen Leben vor der Inkarnation in allen Einzelheiten durchplant. Als die Frau ihre Erklärung beendet hatte, fragte sie Robert Schwartz, ob er mit seinem Geistführer sprechen wolle. Sie würde sich als Kanal zur Verfügung stellen. Schwartz war natürlich einverstanden, und so versetzte die Frau sich in Trance und öffnete ihren Kanal für die Botschaften des Geistführers. Schwartz konnte nun Fragen an seinen Geistführer stellen, der ihm mit der Stimme des Mediums antwortete. Als Erstes wollte er wissen, warum er so schwere Schicksalsschläge hatte einstecken müssen. Der Geistführer sagte, dass alle Krisen vor seiner Geburt geplant waren – allerdings nicht, um ihm Schmerzen zuzufügen, sondern um sein seelisches Wachstum voranzutreiben.

Diese und viele weitere Erkenntnisse haben das Leben von Robert Schwartz verwandelt. Plötzlich begriff er, dass alle lebensprägenden Krisen, Unglücke und Verluste einen Sinn haben. Mit diesem neuen Verständnis begann er sein Leben völlig neu zu betrachten. Die großen Herausforderungen des Lebens waren also kein persönliches Pech oder sinnloses Leiden, sondern so geplant und beabsichtigt. Im Laufe seiner vielen weiteren Sitzungen mit Medien erfuhr er immer mehr Details über die Planungskonferenzen der Seelen und erschloss sich Mal um Mal mehr Zusammenhänge. Um zu wachsen, brauchen wir schwierige Lebenssituationen, sagt Schwartz auf seiner Homepage, nur sie erzeugen die intensiven Gefühle, die für unseren Selbsterkenntnisprozess wichtig sind. Hätte er all das während seiner persönlichen Krise gewusst, hätte das sein Leiden erheblich gemildert. Er hätte die Lektionen viel bewusster annehmen und aus ihnen lernen können.

Mich haben die Einsichten von Robert Schwartz tief berührt, denn auch ich habe in meiner Kindheit einen schweren Schicksalsschlag erlitten, der mein gesamtes Leben prägte. Als ich sieben Jahre alt war, verunglückte mein Vater als Pilot in seinem eigenen Privatflugzeug und stürzte damit meine Familie in eine folgenschwere Krise. Warum nur! Jahrelang hat mich die Frage beschäftigt, welchen Verlauf mein Leben genommen hätte, wenn das nicht geschehen wäre. Immer wieder ertappte ich mich beim gleichen Gedankenspiel, das viele Menschen quält, die von einer schweren Krankheit, einem Verlust oder einem Unglück heimgesucht werden: Warum ich? Warum nicht die anderen? Warum musste ausgerechnet mir das passieren?

Schwartz rät dringend davon ab, sich Fragen nach dem »Warum« zu stellen, weil wir uns damit nur noch tiefer in die Verzweiflungsspirale hineindrehen. Viel sinnvoller wäre es, eine ganz andere Überlegung anzustellen: Was wäre, wenn meine Seele diese Erfahrung geplant hätte? Wozu habe ich sie machen müssen? Was hat sie mir genutzt, und was durfte ich daraus für mein Leben lernen? Als ich mir diese Fragen stellte, begann in mir ein tiefer innerer Prozess zu wirken, der meine Wunden heilte. Ich weiß heute, dass ich ohne meine schwere Kindheitserfahrung niemals die geworden wäre, die ich offensichtlich habe werden sollen. Wenn ich in mich hineinhorche, weiß ich auch, dass ich ohne den Verlust meines Vaters niemals eine Beziehung zu dem Mann aufgenommen hätte, den ich später als meinen Seelenpartner erkannte. Sicher habe ich das alles schon gewusst. Es war mir vom Verstand her klar, dass mein Seelengefährte all die Wunden hat berühren müssen, die durch den Verlust der ersten Liebe meines Lebens in mir schwelten. Ich war ihm dankbar, weil ich damit meine Verletzungen aufdecken und bearbeiten konnte. Doch bei dem Erkenntnisprozess geschah etwas anderes und Neues: Ich konnte das Wissen spüren. Erst die gefühlte Gewissheit hat den Transformationsprozess in Gang gesetzt. Erst als ich tief im Herzen spüren konnte, dass der Tod meines Vaters einen Sinn hatte, dass alle Konsequenzen, die sich daraus für mich ergaben, nicht umsonst gewesen sind, konnte sich die tiefste Wunde meines Lebens schließen. An dem Abend, als mir die Verwandlung in meinem Innern bewusst wurde, war ich alleine zu Hause, und das war gut so. Ein Außenstehender hätte niemals nachvollziehen können, wieso jemand ohne äußeren Anlass so glückselig grinsend in den Spiegel schauen kann. Aber genau das tat ich. Ich hätte bersten können vor Glück. Mir war, als machte mein Herz einen Freudensprung. Ich hatte das Gefühl, als hätte sich der Riss, der sich durch meine gesamte Biografie zog, endlich geschlossen. Integriert! Nun konnte ich auch gefühlsmäßig nachvollziehen, was Psychologen meinen, wenn sie uns raten, ein Problem nicht abzuspalten, sondern es zu sich zu nehmen. An diesem Abend begriff ich, dass letztlich jedes Leben eine Reise vom Kopf ins Herz ist.

Das vorgeburtliche Planungsspiel

Robert Schwartz hat ein Buch über seine Erkenntnisse geschrieben, das in Deutschland unter dem Titel »Mutige Seelen« erschienen ist. Er schildert darin die schicksalhaften Lebensgeschichten einiger Menschen, deren vorgeburtliche

Lebensplanung er durch Medien channeln ließ. Eines dieser Medien, das besonders begabt war, konnte sogar die Szenerie der vorgeburtlichen Planung genau beschreiben. Sie »sah« immer wieder mehrere achtstöckige Gebäude, in denen die Planungsgespräche stattfinden – die Acht steht für Karma und Schicksal. Fast alle Seelen versammelten sich kurz vor ihrer neuen Inkarnation im selben Gebäude, viele sogar im selben Planungsraum. Dort treffen sich also alle Seelen, die sich im kommenden Leben begegnen möchten, und besprechen, was sie miteinander lernen wollen und wie der Lernprozess ablaufen könnte. Neben dem Raum sah das Medium ein kleineres, angrenzendes Zimmer, von dem aus die Geistführer das Planungsgespräch überwachen und unterstützen. Das Medium berichtet, dass die Szenen der bevorstehenden Leben wie ein Planspiel mit verschiedenen Optionen auf einem Schachbrett durchgespielt werden. Die vorgeburtliche Lebensplanung sei sehr präzise. So suchen wir uns nicht nur unsere Lebensaufgabe aus und die späteren Soulbrothers und Soulsisters, die uns fördern und unterstützen, sondern auch die Bösewichte in unserem Leben. Wie erwähnt stellen sich Seelen füreinander zur Austragung von Konflikten zur Verfügung. Ist es uns im vorherigen Leben nicht gelungen, ein Problem mit einer Person zu bereinigen, verabreden wir uns mit der Seele zu einer neuen Inkarnation und machen dann an dem Punkt weiter, an dem wir aufgehört haben. Damit jeder der beiden die gleiche Erfahrung machen kann, wählen die Seelen für ihr nächstes Leben oftmals einen Rollentausch. Wer weiß, vielleicht findet sich der ehemalige Sklaventreiber in seinem neuen Leben als Sexsklave wieder, und die ehemals von ihm geschundene Sklavin als seine Domina. Wir suchen uns aber auch unser gesamtes soziales Umfeld aus, wo und wann wir inkarnieren, wir wählen unsere Schulen, wo wir wohnen, welche Menschen wir kennenlernen und welche Beziehungen wir haben.

Was mich besonders beeindruckte: In vielen Planungssitzungen nehmen die Seelen sogar die Namen und das Erscheinungsbild der Person an, die sie verkörpern werden. Damit helfen sie sich gegenseitig, sich später auf der physischen Ebene wiederzuerkennen.

Das Rätsel wird gelöst

Verstehen Sie nun, warum ich Sie mit dem Rätsel um die Verabredung der Seelenpartner so lange auf die Folter spannen musste? Erst jetzt, wo Sie die Zusammenhänge kennen, können Sie meine Idee von einem himmlischen Treffen nachvollziehen. Halten Sie sich die Vorgänge ruhig einmal plastisch vor Augen: Lange bevor Sie das Licht der Welt erblickten, war Ihrer Seele und der Seele Ihres Seelenpartners klar, dass Sie füreinander bestimmt sind und Sie sich eines Tages über den Weg laufen würden. Ihre Seelen waren auf alles vorbereitet. Sie wussten, wie der andere heißen wird, wie er aussehen wird, was Sie wann zusammenführt und was Sie miteinander erleben werden. Ihre gesamte Liebesgeschichte – ein einziges im Himmel abgekartetes Spiel. Nur Sie beide haben keine Ahnung.

Haben Sie sich schon einmal gefragt, warum das so ist? Warum wissen wir nichts mehr von den Absprachen im Jenseits, wenn wir in die Erdebene eintreten? Warum haben wir keine Idee von unserer geistigen Heimat – woher wir kommen, wohin wir gehen? Warum wissen wir nicht, warum wir auf der Erde sind? Die Antwort lautet: Weil wir es im Augenblick der Inkarnation ganz bewusst vergessen wollen. Der in spirituellen Büchern oft zitierte Schleier des Vergessens ist eine freiwillige Amnesie, die wir als Seelen herbeiführen und von der wir wissen, dass sie eintreten wird. Wir sollen also als Erdenbürger unsere wahre Identität als göttliche Seelen vergessen, um uns im Lauf des irdischen Lebens durch Selbsterkenntnis allmählich wieder daran erinnern zu können. Ich glaube, dass ein großer Teil unseres spirituellen Lernprozesses darin besteht, sich zu erinnern und sich die großen philosophischen Fragen zu stellen: Wer bist du, woher kommst du, wohin gehst du? Und wir werden hier ebenso klare wie einfache Antworten finden.

Um sich weiterzuentwickeln und ihr Karma abarbeiten zu können, muss die Seele in die duale Welt eintreten. In der nicht physischen Ebene gibt es ja nichts, was einen Gegensatz darstellt. Stellen Sie sich eine Welt vor, in der es nur Licht gibt. Sie könnten nicht verstehen, was Licht ist. Sie müssten zuerst Dunkelheit erleben, um es zu begreifen. Gerade der Gegensatz von Hell und Dunkel führt zu tiefer Einsicht. Nur die Erdebene liefert uns solche Kontraste, weil hier das Prinzip der Dualität herrscht. Alles hat zwei Pole: oben, unten, männlich, weiblich, hart und weich. Auf der Erde lernen wir Frieden schätzen, weil wir Krieg und Terror kennenlernen. Hass vertieft unser Verständnis für Liebe. Wenn wir nicht alle Aspekte des Menschenlebens erfahren, wie können wir merken, dass wir göttlich sind?

Unsere Seelen haben beschlossen, dass wir bei der Geburt die harmonische Musik aus unserer himmlischen Heimat vergessen. Auf Erden bekommen wir dann die Chance, uns schrittweise an die Sinfonien der Seelensphäre zu erinnern und sie dann neu zu komponieren. So kommt uns die Herrlichkeit der Klänge am besten zu Bewusstsein. Anfangs halten wir die Musik, die auf der Erde gespielt wird, für die einzige, die es gibt. Irgendwann wecken aber die harten, schrillen Töne darunter in uns den Wunsch, die Musik zu verbessern und den Melodien der vergessenen Heimat anzugleichen. Anfangs lenkt die laute Musik von außen vielleicht noch ab, aber mit der Zeit lernen wir, nur noch auf die Melodie des Herzens zu hören.

Zwei Seelen aus demselben Ursprung

Nachdem ich im ersten Kapitel eine emotionale Definition von Seelenpartnern versucht habe, möchte ich die Paare nun aus dem Blickwinkel ihrer seelischen Verwandtschaft näher betrachten. Sicher haben Sie sich längst gefragt, was Seelenpartner von den anderen Mitgliedern des Seelenclans unterscheidet. Gibt es auch auf der geistigen Ebene unterschiedliche Verwandtschaftsgrade? Es sieht ganz danach aus.

Nach allem, was ich aus religiösen Schriften und von geistigen Medien, die einen Blick in die Seelenebenen werfen können, erfahren habe, scheinen Seelenpartner einen gemeinsamen seelischen Ursprung zu haben. Anders ausgedrückt, entstammen sie demselben feinstofflichen Seelen-Ursprungsei!

Beim Schöpfungsakt, heißt es, seien aus einer Art Seelengewebe unter anderem sogenannte Vollseelen hervorgegangen. Aus jeder dieser Ursprungsseelen sollen sich – sehr vereinfacht – Teilaspekte inkarniert haben, die unabhängig voneinander unterschiedliche Entwicklungsstufen durchlaufen. Dieses gedankliche Modell könnte die Erklärung liefern, warum sich Seelenpaare so »einig« fühlen, als wären sie eine Einheit. Tatsächlich scheinen sie inkarnierte Teilaspekte derselben Mutterseele zu sein. Frei nach dem Gesetz der Analogie könnte man hier durchaus eine Parallele zu eineiigen Zwillingen herstellen. Doch während sich blutsverwandte, irdische Zwillinge äußerlich, in der Persönlichkeit und ihrer DNA ähneln, bezieht sich die Ähnlichkeit bei Seelenpartnern auf die Frequenz ihrer Ausstrahlung. Seelenpartner besitzen dieselbe seelische Schwingung. Damit wird verständlich, warum sie so leicht und so direkt miteinander in Resonanz gehen. Sie erkennen sich selbst im anderen wieder! Deswegen also auch das deutliche Gefühl, eins zu sein. Wenn Seelenpartner aufeinander treffen, kommen sie bei sich selbst an. Willkommen zu Hause! Damit ist ihre Partnersuche beendet.

Nun gibt es Menschen, die rückblickend meinen, dass sie im Laufe ihres Lebens nicht nur einem, sondern zwei oder mehreren Seelenpartnern begegnet sind. Das mag für sie den Anschein haben, aber nach meinen Informationen geschieht es sehr selten, dass wir mehreren Teilaspekten unserer Mutterseele begegnen. Mir kommt es eher so vor, als verwechselten wir die Gefühle Vertrautheit und Nähe, die bei einer Seelenverwandtschaft entstehen, mit den Gefühlen in einer Seelenpartnerschaft. Das ist nicht weiter verwunderlich, schließlich entstammen wir alle derselben Seelenfamilie, und die vielen gemeinsamen Leben haben uns zusammengeschweißt. Doch längst nicht alle seelenverwandten Liebespaare sind auch seelengleich.

Auch aus karmischer Sicht scheint es ein Unterscheidungsmerkmal zu geben. Seelenpaare sind oftmals karmisch nicht oder nicht mehr miteinander verstrickt. Während Sinn und

Zweck der »normalen« Liebesbeziehung darin besteht, miteinander und aneinander wachsend die eigenen Themen zu bearbeiten und Karma abzutragen, scheinen Seelenpaare viele dieser Basics in früheren Partnerschaften »erledigt« zu haben. Sie kommen zusammen, um miteinander ihre Schwingung zu erhöhen und die nächste Stufe spiritueller Entwicklung zu erklimmen. Mehr darüber werden Sie im nächsten Kapitel erfahren. An dieser Stelle kommt es nun endlich zur lang erwarteten Begegnung.

Der magische Moment

Die meisten spüren es schon in den ersten drei entscheidenden Minuten: Da ist etwas ganz anders als alles, was bisher war. Einerseits eine extrem starke Faszination, eine geradezu magnetische Anziehungskraft und gleichzeitig eine seltsam tiefe Vertrautheit von Anfang an. Wenn Seelenpartner sich erkennen, versinkt die Welt um sie herum, die Zeit scheint still zu stehen. Man geht wie ferngesteuert aufeinander zu, tut und sagt Dinge, die man noch nie getan oder gesagt hat. Man fühlt sich wie im Film und kann nicht beschreiben, was gerade mit einem geschieht. Viele fühlen sich wie aus der Zeit genommen, andere wie in einem Zustand totaler, absoluter Wahrheit, wieder andere empfinden tiefste innere Gewissheit: Dieser Mensch ist ein Teil von mir selbst.

Eine Freundin erzählte mir, sie sei ihrem Seelenpartner auf einer Party zum ersten Mal begegnet. »Als ich ihn in einer Gruppe von Leuten stehen sah, fühlte ich für einen kurzen Moment so etwas wie Erleuchtung. Alles um mich herum war verschwunden, ich nahm wie durch einen Tunnel nur noch diesen Mann wahr und konnte ein paar Sekunden lang sogar sein Energiefeld strahlen sehen. In diesem Augenblick wusste ich, dass ich vor dem Mann meines Lebens stand.« Ein großartiges Statement! Ich hatte kürzlich die Ehre, der Hochzeit des Paares beizuwohnen.

Unsere Welt ist voll von Geschichten über solche Begegnungen. Immer fallen dabei Worte wie Magie, Zauber, Wunder oder einzigartig. Man steht sich staunend und fast ehrfürchtig gegenüber und findet keine Worte, um zu beschreiben, was da vor sich geht. Viele Paare fühlen sich wie von Gott zueinandergeführt. Selbst solche, die nicht besonders spirituell sind, betrachten ihre Verbindung als etwas Überirdisches, als eine ganz besondere Art von Liebe, die mit der bekannten romantischen Liebe nichts zu tun hat.

Seiner Partnerseele begegnet zu sein wird von allen, die es erlebt haben, einstimmig als das größte Geschenk des Universums verstanden. Weil es die Ursehnsucht des Menschen nach seiner seelischen Ergänzung, nach Ganzheit und Vollkommenheit stillt. All das, was uns in den großen Liebesfilmen die Tränen in die Augen treibt, was uns das Herz öffnet und gleichzeitig so wehmütig und sehnsüchtig macht, beschreibt letztlich nichts anderes als das Aufeinandertreffen von zwei gleichen Seelen. Seelenpartner sind sich einig, dass ihr Leben von dem Augenblick der Begegnung an schlagartig verändert war. »Danach ist nichts mehr, wie es vorher war« – ein Satz, den ich fast wortgenau immer wieder höre.

In der ersten Kennenlernphase verstärkt sich das Gefühl, seit Urzeiten verbunden zu sein, auf fast unheimliche Art. Oft geschehen dabei Dinge, die beängstigend wirken. Jeder weiß, wie der andere fühlt und denkt, ohne darüber zu sprechen.

Auch wenn es dem einen schlechtgeht, spürt es der andere, teilweise über ganze Kontinente hinweg – und das, ohne davon zu wissen. Das unsichtbare Band, das Seelenpaare verbindet, ist stärker, als Worte es beschreiben können. Man kommuniziert telepathisch, hat im selben Moment dieselben Gedanken. Man sucht verzweifelt einen Haken und findet keinen. Nach jedem Gespräch macht es »klick«, als wäre wieder ein fehlender Puzzlestein gefunden, die gemeinsame Zeit vergeht wie im Flug. Eine Freundin, die frisch verliebt mit ihrem Seelenpartner in einem überfüllten Lokal saß, merkte nicht, dass sie beide nach Stunden plötzlich alleine im Raum saßen: »Ich hatte das Gefühl, als wären wir die ganze Zeit unter einer Glocke gesessen.«

Die bisher unbekannte Intensität der Beziehung zwischen Seelenpartnern entsteht unter anderem, weil man den Partner als das Abbild seiner selbst empfindet und in anderen Bereichen als das genaue Gegenteil, das einen ergänzt. All diese Beobachtungen bestätigen das Gefühl, füreinander geschaffen zu sein und bedingungslos Ja zueinander sagen zu können.

Eine der schönsten Liebesgeschichten zwischen Seelenpartnern ist mir kürzlich durch meinen Seelengefährten zu Ohren gekommen. Sie handelt von einem österreichischen Paar. Die Frau war verheiratet, der Mann lebte in einer festen Beziehung, als die beiden sich begegneten. »Wir hatten beide beruflich in Singapur zu tun«, erzählt die Frau. »Bei einem Business-Lunch in einem Kongresshotel standen wir uns plötzlich gegenüber. Wir schauten uns an, und im gleichen Moment passierte es: Wir erkannten uns, plötzlich und unvermittelt. Es war wie ein Blitz aus heiterem Himmel. Wir wussten, dass wir füreinander bestimmt waren.« Doch wie das Leben oft spielt, trennten sich die Wege der beiden am selben Tag. Sie konnten gerade noch ihre Visitenkarten austauschen und sich gegenseitig versichern, dass sie füreinander wichtig sind. Jeder ging wieder nach Hause zu seinem Partner. Doch die Begegnung hatte sowohl in der Frau als in dem Mann so starke Spuren hinterlassen, dass beide unabhängig voneinander nicht mehr mit ihren Partnern leben konnten. Die Frau ließ sich von ihrem Mann scheiden, der Mann trennte sich von seiner Freundin. Ohne sich abzusprechen, ordneten beide ihr Leben. So waren sie schon eine geraume Weile wieder Single, als ein zweiter Kontakt zustande kam. »Es war wie ein Nachhausekommen«, erzählt der Mann, »sie hat tatsächlich auf meinen Anruf gewartet.« Als die beiden sich nach fast zwei Jahren wiedertrafen, feierten sie den Neubeginn ihres Lebens in einer fast heiligen Zeremonie. Sie heirateten sehr bald und warteten mit der körperlichen Liebe bewusst bis zur Hochzeitsnacht ...

Ein Herz und eine Seele

Eine wunderbare Liebesgeschichte nach der anderen könnte ich Ihnen erzählen. Von der deutschen Frau, die nachts an einem einsamen Strand in Tunesien ihrem Seelenpartner begegnete und seitdem keine Sekunde mehr von ihm getrennt war; von dem Offizier, der seine Seelenpartnerin in einer Stewardess fand und heute als glücklicher Hausmann die drei Kinder ihrer gemeinsamen Liebe aufzieht.

Nicht zuletzt auch die rührende Begegnung zwischen der bekannten Architektin mit ihrem Schulfreund. Die gesamte Gymnasialzeit hatten die beiden miteinander in der bayrischen Provinz verbracht und sich nie getraut, sich ihre Liebe zu gestehen. Nach dem Abitur ging sie nach Hamburg, heiratete und machte eine große Karriere als Architektin. Die Ehe ging in die Brüche, sie ging zurück nach München, geriet in eine tiefe Lebenskrise. Sie fing eine Beziehung mit einem Mann aus der Medienbranche an, doch auch diese endete in einem Desaster.

Als zur zweiten Lebenskrise eine finanzielle hinzukam, beschloss die Architektin, ihr Leben aufzuräumen. Sie fing an zu meditieren, sich mit Energiegesetzen auseinanderzusetzen und buchte Sitzungen bei einer spirituellen Lehrerin, um karmische Verstrickungen aufzulösen. Sie begann die Schulden zu begleichen, und die einstmals so erfolgreiche Architektin packte ihr neues, bescheidenes Leben an. Sie wollte ab jetzt nur noch kleine Brötchen backen, sagte sie. Sie war mittlerweile fast 50 Jahre alt, fuhr ein altes Auto, trug wieder Jeans statt Business-Kostüm. Eines Tages hatte sie die Eingebung, ihren Schulfreund Carsten anzurufen. Fast 30 Jahre hatten die beiden nichts mehr voneinander gehört. Und dann geschah das Unglaubliche. Er nahm den Hörer ab und wusste sofort, wer am anderen Ende der Leitung war. »Seltsam, dass du jetzt anrufst«, sagte er, »ich habe mich gerade scheiden lassen.«

Der Rest ist relativ schnell erzählt. Carsten kam nach München, seitdem gibt es eine große und wunderbare Seelenpartnerschaft mehr auf dieser Erde. Das Paar lebt seit drei Jahren zusammen. Ihre Welt hat sich ab diesem Zeitpunkt einmal um die eigene Achse gedreht.

Es beginnt plötzlich und unvermittelt

Dass eine Seelenpartnerschaft sehr häufig völlig überraschend, plötzlich und unvermittelt beginnt, hat sich für mich auch beim Blick ins Internet bestätigt. In allen Foren zum Thema Seelenpartner fand ich Beweise für die fast überirdisch zu nennenden intensiven Gefühle, die eine solche Begegnung auslöst. Ich erlaube mir, hier einige Stimmen leicht abgewandelt und verkürzt zu zitieren:

- Ich bin meinem Seelenpartner erst vor ein paar Monaten begegnet und lebe schon mit ihm zusammen. Wir haben beide von Anfang an gespürt, dass unsere Verbindung so tief ist wie keine andere zuvor. Wir sind eins geworden, ohne die eigene Identität zu verlieren. Obwohl er sich für Esoterik nicht interessiert, war er derjenige, der zuerst von einer Seelenliebe sprach. Es ist eine wunderbare Fügung zwischen uns beiden. Ich kann nicht sagen, dass ich in diesen Mann verliebt bin, ich habe ihn schon immer geliebt. Was ist ein besseres charakteristisches Merkmal für Seelenpartnerschaft als reine, bedingungslose Liebe?
- Es gab keinerlei Zweifel, uns beiden war es von der ersten Sekunde an klar. Mein Mann sprach schon bei unserem zweiten Treffen von einer Seelenpartnerschaft. Und es ist wirklich so. Wir denken und fühlen gleich, verstehen uns ohne Worte, sprechen oft zur gleichen Zeit etwas aus. Und ja, auch bei uns herrscht die perfekte Harmonie, viel Humor und Lachen. Auf alle Fälle genießen wir jede Minute miteinander und empfinden die Liebe als Geschenk, für das wir jeden Tag dankbar sind.
- Warum rennen alle Menschen dem Materiellen hinterher! Diejenigen, die ihren Seelenpartner haben, haben das Bes-

te und Teuerste, das einem Menschen je passieren kann: bedingungslose Liebe.

- Mit der normalen Liebe zwischen Mann und Frau hat das nichts zu tun, was wir miteinander erleben. Ich habe mich immer gefragt, was es ist, was uns so magisch anzieht. Wir müssen uns nichts erklären, wir verstehen uns einfach so. Jeder liebt den anderen, wie er ist, und jeder darf genauso sein wie er ist. Wir empfinden beide diese extreme Nähe, die Geborgenheit, dieses bei dem anderen zu Hause sein. Dieser wundervolle Mann hat mich auf eine wunderbare Reise zu mir selbst und zu Gott geführt. Ich habe erkannt, dass der Sinn unserer Begegnung ist zu wachsen, spirituell, geistig und seelisch.
- Ich finde die Vermutung, dass das mit dem Bewusstseinswandel der Menschen zu tun hat, sehr naheliegend. Solch eine Seelenbegegnung setzt Prozesse in Gang, die das Herz vollkommen öffnen, und zwar für Liebe und für Schmerz. Ich denke, dass das eine Heilung ist, eine Heilung von dem Gefühl des Getrenntseins von der Seele, von dem Großen und Ganzen. Für mich fühlt es sich an, als zeigte man mir den Weg nach Hause.

Mit Leichtigkeit könnte ich viele Seiten mit den Beschreibungen solcher Begegnungen füllen, doch ich fürchte, am Schluss würden sich alle Erfahrungen in irgendeiner Form ähneln.

Seelenpartner begegnen sich als Paar

Ich glaube übrigens, dass sich Seelenpartner in ihren gemeinsamen Leben immer als Paar begegnen. Während »normale« Liebespaare in ihren vorherigen Inkarnationen durchaus andere Rollen füreinander hatten, z. B. als Mutter und Sohn, Lehrer und Schüler, scheint das bei Seelenpartnern anders zu sein. Eine medial begabte Freundin, die seit vielen Jahren mit ihrem Seelenpartner zusammenlebt, hat mir das bestätigt. Sie konnte viele ihrer Vorleben mit ihrem Seelengefährten channeln und sah sich und ihren Mann dabei immer wieder in Szenen als Paar auftauchen. Mir fällt in diesem Zusammenhang oft der Begriff »Kampfgefährten« ein. Seelenpartner haben offenbar in so manchem früheren Leben gemeinsame Herausforderungen gemeistert und dadurch ein tiefes, gegenseitiges Vertrauen aufgebaut. Das könnte die Erklärung für das reell nicht nachvollziehbare Vertrauen sein, das die Partner von Anfang an verbindet. Ich habe aber noch eine weitere Besonderheit zwischen Seelenpaaren ausgemacht: Die Magie bleibt während der gesamten Beziehung bestehen! Seelenpaare fühlen sich oftmals ein Leben lang voneinander fasziniert und zueinander hingezogen. Im Idealfall verstehen sie es, ihre gegenseitige Anziehungskraft dauerhaft am Leben zu halten und gemeinsam große Entwicklungsschritte zu machen.

Gerade letzte Woche habe ich in einer Zeitschrift gelesen, dass jetzt wissenschaftlich erwiesen ist, dass bei Männern und Frauen, die in einer »alten«, glücklichen Paarbeziehung leben, der gleiche Spiegel an Verliebtheitshormonen gemessen wird wie bei frisch Verliebten. Viele Seelenpaare, mit denen ich gesprochen habe, sagen, dass sie mit ihrem Partner, wenn er nicht da ist, eine geradezu körperlich spürbare Verbindung haben. Sie können den anderen tatsächlich wahrnehmen, wie eine Energiewelle, die sich im Körper ausbreitet. Diese Energie entsteht, wenn einer sich in Gedanken mit dem anderen beschäftigt. »Ich kann genau erfassen, wie es meiner Frau in diesem Moment ergeht«, sagte ein Mann zu mir, der mit seiner Seelenpartnerin seit 25 Jahren glücklich verheiratet ist, »selbst im ganz normalen Alltag, beim Einkaufen oder während einer geschäftlichen Sitzung, ist sie manchmal plötzlich bei mir.«

Die andere Seite der Medaille

Wie ist es Ihnen ergangen beim Lesen der letzten Seiten? Hatten Sie den Eindruck, als seien die Darstellungen der Seelenpartnerliebe zu sehr idealisiert? Dazu kann ich Ihnen sagen: Der Eindruck täuscht. Menschen, die das Glück haben, ihrem Seelenpartner zu begegnen und mit ihm zusammen zu sein, haben ganz sicher den Sechser im Lotto der Liebespaare gewonnen. Allerdings gebe ich zu, dass die bisherigen Schilderungen den Idealfall der gelungenen Seelenpartnerschaft darstellen. Wenn Sie also frustriert sind, weil Sie so eine großartige Begegnung noch nicht erlebt haben, oder traurig, weil Ihr magisches Zusammentreffen mit einem Menschen, den Sie für Ihren Seelenpartner oder Ihre Seelenpartnerin hielten, leider nicht gut ausging, kann ich Sie trösten: Sie sind nicht allein. Ganz am Anfang habe ich anklingen lassen, dass Seelenpartner nicht zwangsläufig im ewigen Glück landen. Wie bei allen Phänomenen auf unserer dual gepolten Erde gibt es auch hier eine andere Seite der Medaille, und die werden wir jetzt beleuchten.

Mit dem Gefühlschaos klarkommen

Wir haben eingehend erörtert, dass jeder Mensch durch seinen Seelenpartner in den tiefsten Bereichen seines Wesens berührt und erschüttert wird. Und wie immer, wenn wir unser Herz weit aufmachen, werden wir auch sensibel und verletzlich. Kein anderer Mensch kann ein derartiges Glücksgefühl auslösen, und keiner kann den anderen mit einem einzigen falschen Wort in tiefere Tiefen stürzen. Seelenpaare sagen, die Hochs sind höher und die Tiefs sind tiefer als alles bisher Erlebte. Nicht jeder Mensch kann diese Gefühlsintensität und Verbundenheit aushalten. Deswegen löst die Liebe zwischen Seelenpaaren auch sehr viel Verwirrung aus. Manche Männer und Frauen tendieren dazu, die Erlebnisse abzuwehren oder zu leugnen, oder fühlen sich von der Macht überbordender Emotionen in die Enge getrieben. Oft machen sie sogar Angst. Viele Seelenpaare sind dem Ausmaß ihrer Beziehung nicht gewachsen und versuchen auszubrechen, doch solche Ausbruchsversuche enden oft mit der Erkenntnis, dass es nicht möglich ist, sich zu trennen. On-off-Beziehungen sind sehr typisch für Seelenpartnerschaften, in denen noch einige Konflikte auf Bereinigung warten.

Ich habe festgestellt, dass Seelenpartner einander durchaus harte, entwicklungsfördernde Lektionen erteilen können. Manchmal stellen sie sich gegenseitig extrem schmerzhafte Aufgaben und konfrontieren einander mit ihren tiefsten Wunden.

Wenn die Zeit noch nicht reif ist

Hier einige Aussagen von Menschen, die (noch) nicht mit ihrem Seelenpartner zusammen sein können.

- Die Beziehung zu einem anderen Mann, der sich so verhält, hätte ich beendet, aber bei ihm kann ich es nicht. Unsere Liebe ist so groß, dass nichts geschehen kann, was sie zerstört. Vielleicht soll ich wirklich lernen, was Liebe bedeutet. Vielleicht habe ich das vorher nicht gekannt, und mir war nicht bewusst, wie wenig selbstverständlich so eine große Liebe ist. Heute weiß ich, sie ist das größte Geschenk, das Menschen einander machen können.

- Ich habe erkannt, dass ich dieses Wesen auf eine Art liebe, die grenzenlos ist. Auch wenn er mich verletzt hat und ich im Schmerz versinke, bleibt meine Liebe für ihn unantastbar. Sie wird durch Auseinandersetzungen nicht weniger, sondern jeden Tag immer mehr, inniger und intensiver.
- Wir wissen beide nicht, wie es weitergehen soll, aber ich bin wirklich dankbar, dies erleben zu dürfen. Und ich weiß, egal was passiert: Ich werde ihn immer bedingungslos lieben. Ich habe noch nie so bedingungslos geliebt, aber auch noch nie so gelitten. Ich teile übrigens die Meinung, dass man diese Liebe erfahren muss, um wirklich lieben zu lernen. Ich möchte diese Erfahrung nicht missen.
- Auch meine Seelenpartnerin ist verheiratet. Bevor ich sie kennengelernt habe, war ich felsenfest davon überzeugt, dass ich mich niemals mit einer verheirateten Frau einlassen würde. Ich habe so ein Verhalten bei anderen immer verurteilt. Doch als sie vor mir stand, gab es keine Fragen mehr. Wir waren wie auf einer anderen Ebene. Als würden wir beide in einer Seifenblase existieren.
- Ich habe am eigenen Körper erfahren, wie schwer es ist, mit dieser tiefen Liebe umzugehen. Auf beiden Seiten kamen sehr viele Ängste hoch, und am Ende hat mein Partner sich entschieden, nicht den Weg mit mir gemeinsam zu gehen.

Wie auch immer diese Geschichten sich weiterentwickeln mögen – ich ziehe vor jedem Einzelnen dieser Schreiberinnen und Schreiber den Hut, weil sie den Mut hatten, sich ihren Gefühlen auszuliefern und daran zu wachsen.

Ein sehr häufiges, wenn nicht sogar das häufigste Problem zwischen Seelenpartnern besteht darin, dass einer der beiden Partner verheiratet oder bereits vergeben ist. Hier gilt es dann für jeden, tief in sich hineinzuhorchen und sein Leben zu überprüfen. Der freie Part muss überlegen, ob er das Recht hat, eine bestehende Beziehung zu zerstören, der gebundene muss prüfen, wie harmonisch seine gegenwärtige Partnerschaft ist. Eine Trennung ist nicht zwingend, wenn die Beziehung glücklich ist. Sicher wäre es wunderbar, als Seelenpaar zusammenzukommen, doch nicht immer ist das der gemeinsame Seelenauftrag. Mein Hinweis, dass man nach dem gegenseitigen Erkennen nie wieder voneinander getrennt sein wird, mag zunächst ein schwacher Trost sein. Doch mit der Zeit und mit dem inneren Wachstum, das durch die Begegnung angestoßen wird, kann jeder für sich begreifen, was er lernen durfte. Es hat immer einen Sinn, wenn Seelenpartner sich begegnen, und es ist wichtig, bei allen danach folgenden Entscheidungen auf sein Herz zu hören. Um diese Worte von Ihrem Verstand in Ihr Herz einfließen zu lassen, habe ich eine kleine Übung entwickelt. Sie ist all denjenigen unter Ihnen gewidmet, die mit ihrem Seelenpartner nicht zusammen sein können.

Übung: Nie wieder allein

Setzen Sie sich an einen ruhigen Platz und sorgen Sie wieder dafür, dass Sie ungestört sind. Machen Sie Ihr Handy aus, zünden Sie eine Kerze an. Atmen Sie nun zehnmal in den Bauch ein und aus. Konzentrieren Sie sich dabei ganz auf Ihren Atem. Beobachten Sie, wie sich Ihre Bauchdecke hebt und senkt, entspannen Sie Schultern und Nacken. Wenn Sie ruhig geworden sind, beginnen Sie mit der eigentlichen Übung.

Stellen Sie sich vor, dass beim Einatmen weißes Licht durch Ihren Scheitel in Ihr Herz fließt. Beim Ausatem stellen Sie sich vor, dass rosa Licht aus Ihrem Herzen herausströmt und Ihren Körper einhüllt.

Machen Sie das einige Male, bis Sie das Gefühl haben, dass Sie voller Liebesenergie sind. Dann beginnen Sie, mit dem Ausatmen das rosa Licht in die Richtung Ihres Partners zu schicken. Atmen Sie also weiterhin weißes Licht in Ihr Herz und lassen Sie rosa Licht ausströmen. Hüllen Sie Ihren Partner ganz in Ihr Liebeslicht ein und stellen Sie sich vor, dass er vor Ihnen steht, umgeben von der rosa Hülle, die Sie ihm geschickt haben. Hüllen Sie nun Ihren Partner und sich selbst in einen rosa Kokon ein. Verweilen Sie ein wenig, bis sich dieses Bild gefestigt hat.

Dann stellen Sie sich vor, wie Sie sich gegenseitig in Ihr Herz hineinatmen: weißes Licht ein, rosa Licht aus in das Herz Ihres Partners. Dieses Licht darf nun alle Schmerzen Ihrer beiden Herzen heilen. Stellen Sie sich genau vor, wie Ihre Herzen wieder ganz und gesund

werden. Schauen Sie sich nun beide in die Augen und lassen Sie Ihre Blicke ineinander verschmelzen. Sagen Sie Ihrem Gegenüber, dass Ihre Seelen sich erkannt haben und wissen, dass sie zusammengehören, was immer im Außen geschieht. Nichts kann die Einheit Ihrer Seelen auseinanderbringen, da Sie nun Ihre gemeinsame Herkunft erkannt haben. Machen Sie sich Ihre unsterbliche Verbindung bewusst. Nichts in Ihrer beider Leben vermag diese Erkenntnis zu ändern. Auch Ihre Liebe wird niemals sterben.
Zum Schluss umarmen Sie sich noch einmal und verabschieden Sie sich. Jeder kann nun in Frieden seiner Wege gehen.
Wenn Sie dieses innere Bild beendet haben, kommen Sie langsam zurück in Ihre eigene Realität.

Wir sind eine Brücke

Ich habe diese kleine Meditation schon einige Male weitergegeben und viele positive Feedbacks erhalten, weil die darin innewohnende Botschaft eine sehr heilsame Wirkung hat: Was man im Unterbewusstsein eigentlich schon wusste, wird durch die Visualisierung ins Bewusstsein geholt. In einer Seelenpartnerschaft geht es nicht darum, bis ans Lebensende glücklich vereint zu bleiben, wie weiland Prinz und Prinzessin am Ende unserer schönsten Märchen. Der tiefe Sinn einer Begegnung zwischen Seelengleichen liegt in der Bewusstseinserweiterung und in der Heilung der eigenen Person – und zwar in dem Sinne, dass man sich endlich als ganz, heil und vollkommen empfinden kann. Ich bin mir gewiss – und den Ausdruck der Gewissheit benutze ich hier sehr bewusst, dass das Universum uns mit dem Auftauchen des anderen eine Brücke baut. Eine Brücke vom irdischen zum kosmischen Bewusstsein. Über den Seelenpartner können wir ganz direkt und unmittelbar begreifen, dass wir mit allem verbunden sind und deswegen niemals einsam. Im Grunde genommen, ist der Seelenpartner für uns Menschen die personifizierte Brücke zur universellen Liebe. Durch ihn dürfen wir erleben, was Liebe wirklich sein kann – jenseits aller romantisierten Vorstellungen.

Ich habe das Bild der Brücke in einer wunderbaren Tiefenmeditation gesehen, als ich zusammen mit meinem Seelengefährten im warmen Wasser eines Swimmingpools lag. Das Dach über dem Pool, im Wellnessbereich eines Hotels, hatte eine Öffnung, sodass man direkt in den freien Himmel schauen konnte. Ich ließ mich also auf dem Rücken liegend treiben, den Kopf bis auf Nase und Mund unter Wasser und versank sogleich in eine ungewöhnlich tiefe Trance. Ich kann nicht sagen, warum, aber ich spürte genau, dass mir in diesem Moment etwas Wichtiges offenbart werden sollte. Tatsächlich »sah« ich die Kernbotschaft dieses Buches in Form von Bildern – und immer wieder tauchte das Bild der Brücke auf, über die Liebende einander führen. Auf der einen Seite des Ufers lag die Welt der irdischen Liebe, auf der anderen die Welt der bedingungslosen, kosmischen Liebe. Ich muss lange im Wasser geschwebt sein, denn als ich allmählich wieder ins Tagesbewusstsein auftauchte, sah ich, dass mein Freund mich beobachtete. Ihm war anzusehen, dass er auf mich wartete, denn ich muss eine lange Weile nicht da gewesen sein. Nun wurde ich also langsam wieder wach, schwamm auf ihn zu und schaute ihm lange in die Augen. »Eine Brücke«, sagte ich nur, dann war Pause. Nach einer Weile setzte ich wieder an. »Jetzt habe ich es begriffen. Seelenpaare sind eine Brücke.« Die Augen meines Freundes veränderten sich, und ich sah, dass er verstanden hatte.

Vielleicht erstaunt es Sie, wenn ich Ihnen gestehe, dass mein Lebensgefährte und ich erst seit anderthalb Jahren zusammen sind. Oder sagen wir besser: Seit anderthalb Jahren sind wir bewusst ein Seelenpaar. Als wir uns vor zehn Jahren kennenlernten, waren wir füreinander eine Affäre, die sich erstaunlich lange hinzog. Für mich war gerade eine Beziehung zu Ende gegangen, mein Freund war verheiratet, lebte aber getrennt von seiner Familie bei seiner Freundin. Man kann sich leicht vorstellen, dass wir beide es nicht leicht miteinander hatten. Wollte ich die Nummer drei eines Mannes sein? Brauchte er, der schon genug Stress damit hatte, zwischen seiner Familie und seiner Freundin hin- und herzupendeln, eine dritte Beziehung in seinem Leben? Fünf Jahre lang führten wir eine Beziehung im Verborgenen, von der kaum jemand etwas ahnte. Da mein Freund immer nur für kurze Zeit bei mir sein konnte und wir nie wussten, ob und wann wir wieder zusammenkämen, wurde bei jedem unserer Abschiede mein Verlassenheitstrauma aus der Kindheit reaktiviert. Etwas in mir brach zusammen, wenn er ging, und wenn er wiederkam, erlebten wir Tage wie in der viel beschriebenen Seifenblase, von der alle Seelenpaare berichten.

Irgendwann war uns aber beiden klar, dass unsere Beziehung keine Perspektive hatte. Mein Freund lebte inzwischen in einer anderen Stadt und musste beruflich sehr oft ins Ausland. Es war unmöglich, dass wir jemals zusammenleben konnten. Wir trennten uns mehr oder minder einvernehmlich, soweit es jedem von uns möglich war, und brachen jeglichen Kontakt ab. Mehr als drei Jahre hörten wir nichts mehr voneinander, und in dieser Zeit fing jeder von uns ein vollkommen neues Leben an. Dank meiner spirituellen Ausbildung und der mir eigenen Gründlichkeit erledigte ich meine Trauerarbeit gut und sorgfältig. Ich räumte mein Leben auf, machte tief greifende Bewusstseinsübungen, wurde leidenschaftliche Yogi und gewann meine Lebensfreude zurück. So kam die Zeit, in der ich nicht mehr mit Wehmut, sondern mit Dankbarkeit an meine verlorene Liebe zurückdenken konnte. Ich fühlte mich frei wie nie zuvor, meine Gedanken waren klar, mein Herz wieder heil. Noch heute höre ich mich beim indianischen Schwitzhüttenritual meiner Schamanenfreundin Angela im Brustton der Überzeugung verkünden, dass ich in diesem Leben keine Liebesbeziehung mehr eingehen werde. Drei Tage später kam die E-Mail. Mein ehemaliger Freund war nach einem dreijährigen Auslandsaufenthalt wieder in Deutschland. Ich konnte nicht anders, als ihn treffen. Diesmal erkannten wir uns, und drei Monate später entstand dieses Buch.

Die große Aufgabe der Seelenpaare

Liebe Leserin und lieber Leser, ich bin sicher, Sie verstehen jetzt, warum ich heute davon überzeugt bin, dass wir unserem Seelenpartner nur aus einem einzigen Grund begegnen: um bedingungslose Liebe zu lernen. Wie Liebe nicht mehr funktioniert, haben wir in den letzten 20 Jahren an Leib und

Leben erfahren. Seelenpartnerschaften zeigen uns, was es bedeutet, nichts voneinander zu erwarten, sich gegenseitig als vollkommen zu verstehen und anzunehmen. Im metaphysischen Sinn repräsentiert der Seelenpartner die eigene verloren gegangene Adamsrippe. Durch die fast heilig zu nennende Liebe zwischen den Partnern und durch ihr gemeinsames Grundwesen haben diese Männer und Frauen alle Chancen, über das Stadium der gegenseitigen Projektionen hinauszuwachsen und die Gegensätze in sich selbst zu integrieren. Das Entwicklungspotenzial für Seelenpartner ist enorm, und wenn beide Partner es nutzen, können ihnen Flügel wachsen.

Kann man den Seelenpartner zu sich heranziehen?

Ich bin schon oft gefragt worden, was ein Mensch tun kann, um seinem Seelenpartner zu begegnen. Wenn Sie sich fleißig durch alle Seiten bis hierher durchgearbeitet haben, werden Sie meine Antwort sicher erraten: nichts! Auch auf die Gefahr hin, dass Sie an dieser Stelle bitter enttäuscht das Buch zuschlagen. Ich bleibe dabei, Sie können nichts tun. Und nun die gute Nachricht: Sie können eine Menge tun, allerdings nicht das, was Sie denken. Mein Rat lautet: Leben Sie Ihr Leben und hören Sie auf, sich einen Seelengefährten herbeizuwünschen. Ich habe noch nie gehört, dass Seelenpaare durch das Schreiben von Wunschzetteln ans Universum zueinandergefunden hätten. Wenn dem so ist, belehren Sie mich bitte eines Besseren.

Ich für meinen Teil glaube nicht an das Herbeiwünschen eines Partners, wenn der eigene Boden nicht bereitet ist. Deshalb kann ich Sie an dieser Stelle nur ermuntern, den inneren Diamanten zu schleifen. Verstehen Sie Ihre gegenwärtige Beziehung, so sie in einer leben, als Lernaufgabe, verstehen Sie Ihr Leben als Single als Lernaufgabe. Wir sind auf dieser Erde, um unser Bewusstsein weiterzuentwickeln. Wir dürfen dabei sehr viel Spaß haben, wir dürfen viel Freude haben, und je mehr Leichtigkeit wir dabei entwickeln, desto besser. Die Seelenpartner, die ich kennengelernt habe, haben sich nicht gesucht und dennoch gefunden. Wenn es Ihnen beschieden ist, können Sie sicher sein, dass Sie zur rechten Zeit am rechten Ort genau den Partner anziehen werden, den Ihre Seele ausgesucht hat. Genauso wie ein Magnet die Nadel im Heuhaufen findet, wird der Mensch Ihres Herzens eines Tages vor Ihnen stehen.

Die folgende Übung soll dieses Kapitel abschließen. Sie kann Ihnen helfen, einige der unbewussten karmischen Lasten über Bord zu werfen, die Ihnen auf dem Weg zu Ihrem Seelengefährten möglicherweise im Wege stehen. Ich habe in meinem Leben schon viele solcher Gebete in den Himmel geschickt, und wie Sie jetzt wissen, haben sie bei mir gewirkt.

Übung: Sich innerlich bereit machen

Nehmen Sie sich eine Weile Zeit für dieses Gebetsritual. Schmücken Sie die heilige Ecke Ihrer Wohnung mit weißen Blumen und zünden Sie eine weiße Kerze an. Setzen Sie sich bequem, aber gerade hin, sodass Ihre Wirbelsäule aufgerichtet ist. Senken Sie das Kinn ein wenig – Ihr Scheitel soll der höchste Punkt Ihres Körpers sein. Falten Sie die Hände wie zum Gebet, schließen Sie die Augen. Bitten Sie nun Gott mit Ihren Worten, dass er alle Ihre alten karmischen

Speicherungen auflösen möge – nicht nur die aus diesem Leben, sondern auch jene aus Ihren vorherigen Leben. Sagen Sie zum Beispiel: »Ich bitte darum, dass alle Bänne und Gelübde, die gegen mich ausgesprochen wurden oder die ich selbst ausgesprochen habe, aufgelöst und im Lichte erlöst werden, auch solche, von denen ich nichts weiß.«
Lassen Sie nun in Gedanken die Situationen auftauchen, in denen Sie einen Schwur oder einen Eid geleistet haben, und bitten Sie um Auflösung. Denken Sie auch an Eheversprechen, die Sie vor Gott geschlossen haben. Erinnern Sie sich an die Versprechungen, die Sie gemacht und nicht gehalten haben. Denken Sie auch an Ihre heiligen Vorsätze sich selbst gegenüber. Wie oft haben Sie sich geschworen, das Rauchen aufzugeben, sich mehr zu bewegen, besser auf Ihre Gesundheit aufzupassen. Bitten Sie, dass all diese großen und kleinen Meineide nun im göttlichen Licht aufgelöst werden. Zum Abschluss danken Sie und beenden Ihr Gebet mit einem Amen.

Wenn Sie dieses kleine, aber sehr wirksame Ritual mit allem gebührenden Ernst durchführen, werden Sie sich sehr bald sehr viel freier und leichter fühlen. Und wie sagte schon Jiddu Krishnamurti so schön: »Die Liebe nicht zu suchen ist der einzige Weg, sie zu finden. Man muss ihr unbeabsichtigt begegnen und nicht durch Anstrengung.«

5. Kapitel:

DER NEUE PROTOTYP ADAM UND EVA

Die Welt wird erschüttert von politischen Umbrüchen, Natur- und Umweltkatastrophen. Trotzdem ist es meine Aufgabe, über Liebe zu schreiben. Ich bin dankbar, meine Gedanken von einem geschützten Ort aus in die Welt bringen zu dürfen. Die Zeiten des Übergangs sind chaotisch und brandgefährlich. Ich glaube, dass Sie, ich, wir alle, zurzeit vor einer großen Aufgabe stehen. Wir sind aufgefordert, uns aus dem derzeit vorherrschenden Lebensgefühl der Masse, der Angst und der Empörung, zu erheben und einen mutigen Schritt in das Lebensgefühl der Zukunft zu tun. Je größer die Erschütterungen von außen sind, desto mehr muss man innerlich frei und stark werden. Trauen Sie sich, diese Zeit braucht Vorbilder. Katastrophen und Unfälle, Terror und Krieg stellen unseren Glauben an die Liebe auf eine harte Probe. Doch gerade jetzt ist es wichtig, Farbe zu bekennen. Überlegen Sie also gut, ob für Sie der Krug halb voll oder halb leer ist. Sie können die weltweiten Veränderungen nicht aufhalten. Das Einzige, was Sie tun können, ist, für sich persönlich zu entscheiden, ob Sie in der Angst verharren oder die Liebe wählen. Diese Entscheidung treffen Sie ganz alleine.

Die Umwälzungen der neuen Zeit machen vor nichts halt. So wie jetzt in vielen Ländern veraltete Systeme aufbrechen, wird es auch mit unseren Denkstrukturen geschehen. Wie außen so innen, eine Veränderung zieht die andere nach sich. Jeder einzelne Mensch ist jetzt aufgerufen, sein Leben zu überdenken und sich neu zu definieren. Was stimmt mit mir nicht mehr als Frau, als Mann, als Familienmensch, als Karrieretyp oder Mitglied der Gesellschaft? Womit verdiene ich mein Geld, welches Verhalten, welche Rollen und Persönlichkeitsanteile passen nicht mehr in das neue, ganzheitliche Denken? Welchen persönlichen Beitrag kann ich für eine bessere Welt leisten? Es geht doch schon lange nicht mehr darum, was jeder für sich will, sondern darum, sich wieder in Einklang mit dem Leben auf unserem Planeten zu bringen. Wir Menschen brauchen neue Beziehungen, zu uns selbst, zur Erde. Wenn wir das erreicht haben, verändern sich unsere Liebesbeziehungen von ganz alleine.

Liebe Leserin und lieber Leser, wenn Sie dieses Buch wegen seines Untertitels gekauft haben, werden Sie hier mein erstes Statement zu der neuen Zeit finden: Ich bin davon überzeugt, dass nach Jahren des Umbruchs eine Zeitspanne auf uns zukommt, von der wir heute nur träumen können. Seelenpartner werden diese Zeit maßgeblich prägen, weil sie die Ersten sind, die den wichtigen Schritt von der Angst in die Liebe vollziehen. Sie sind die Vorboten des neuen Lebensgefühls, das den Erdball am Ende der großen Bewusstseinsrevolution beherrschen wird! Auch das ist meine Vision.

Visionen kann man nicht beweisen, deswegen bin ich wieder einmal gezwungen, Behauptungen aufzustellen, ohne sie belegen zu können. Das Einzige, was mir bleibt, ist, mich bei anderen Visionären rückzuversichern, dass meine Gedanken nicht völlig aus der Luft gegriffen sind. Das habe ich getan. Es gibt tatsächlich einige wenige spirituell orientierte Autoren, die Seelenpartner als Vertreter der Liebe in der neuen Zeit verstehen. Ich gehe allerdings ein Stück weiter. Ich behaupte, dass die gegenwärtigen Seelenpartner den angekündigten Bewusstseinssprung bereits vollziehen.

Seelenpartner als Keimzellen einer neuen Gesellschaft

Wenn ich in einer Gesprächsrunde das Thema Seelenpartner erwähne, horcht sofort jeder auf und hat etwas dazu zu erzählen. Wildfremde Menschen, die erfahren haben, dass ich an diesem Thema arbeite, tragen mir Geschichten von Paaren zu, die sich unter widrigsten Umständen gefunden haben. Keine Frage, das Thema liegt in der Luft! Es kann kein Zufall sein, dass sich zurzeit auf der ganzen Welt so viele Seelenpartner finden und erkennen. Mir fällt besonders auf, dass viele dieser neuen, tiefen Seelenbeziehungen über das Internet aufrechterhalten werden. Das World Wide Web scheint eine gute Möglichkeit zu sein, Kontakt mit dem Gegenpart der Seele zu pflegen, selbst wenn der am anderen Ende der Welt lebt. Die besondere Seelenschwingung scheint tatsächlich noch über E-Mails und Chats spürbar zu sein.

Gibt es eine einigermaßen nachvollziehbare Erklärung für das Phänomen der zunehmenden Seelenpartnerschaften? Ich meine schon. Im ersten Kapitel habe ich die Thesen von grenzwissenschaftlich arbeitenden Forschern erwähnt, die behaupten, die Menschheit sei dabei, ihr Bewusstsein anzuheben. Wie jeder sich für den Aufstieg in eine höhere Dimension öffnen kann, habe ich hinreichend erklärt: durch Meditation und ein achtsames Leben im Einklang mit den universellen Gesetzen. Es gibt aber noch eine andere Möglichkeit, und das ist die Begegnung mit dem Seelenpartner. Die Liebe zu ihm erhöht die Schwingung eines Menschen, und wenn viele Menschen ihren Seelenpartner finden, kommen viele Menschen in eine höhere Bewusstseinsschwingung. Das ist der schnellste und einfachste Weg, unsere Welt in eine Welt der Liebe zu verwandeln!

Der bereits erwähnte Biochemieprofessor Rupert Sheldrake behauptet Folgendes: Um das Verhalten einer Gruppe zu verändern, reicht es schon, wenn nur fünf Prozent dieser Gruppe ein neues Verhalten erlernen. Gibt das nicht Anlass zu großer Hoffnung? Stellen Sie sich vor, dass in absehbarer Zeit fünf Prozent aller Menschen weltweit ihrem Seelenpartner begegnen: Er verändert ihr Leben und löst in ihnen das Gefühl bedingungsloser Liebe aus. Diese fünf Prozent der Menschen leben jetzt bereits im Zustand eines erhöhten Bewusstseins. Sie sind nicht mehr auf das eigene Ego und die damit verbundenen Ängste fokussiert – nein, diese fünf Prozent tragen die Liebe als Lebensgefühl in sich. Ich bin davon überzeugt, dass Seelenpartner den bevorstehenden Bewusstseinswandel in großem Ausmaß anstoßen werden. Sie bringen den Stein ins Rollen.

Seelenpartner sind die Vorboten einer Partnerbeziehung der Zukunft, die Botschafter der Liebe in der neuen Zeit. In ihnen vollzieht sich schon jetzt die Entwicklung, die uns allen demnächst bevorsteht: Die Hinwendung zu einem Leben im Bewusstsein der Einheit, im Einklang mit dem Kosmos. Ich glaube, dass die Revolution mit den Seelenpartnern beginnt, die hier und heute leben. Sie werden unsere Gesellschaft verändern. Und da jede Veränderung immer in unseren Köpfen beginnt, möchte ich genau dort anfangen. Mit unserem überholten, altbackenen Selbstverständnis.

Kein Mensch ist eine halbe Kugel

Viel zu viele Menschen haben heute noch die Idee, ein defizitäres Wesen zu sein und erst durch die Ergänzung mit einem Partner ein Ganzes werden zu können. Wer auch immer uns dieses Hirngespinst in die Köpfe eingepflanzt hat – es basiert auf einem veralteten Menschenbild, mit dem nun endlich Schluss sein sollte. Kein Mensch ist eine Halbkugel! Lange genug haben wir dem Glauben an die eigene Unvollkommenheit nachgehangen. Er hat unsere Opfermentalität geschürt und uns anfällig für die Süchte und Konsumversprechungen gemacht, die unsere Persönlichkeiten deformiert haben.

Der Mensch der Zukunft definiert sich anders. Er versteht sich als eine vollkommene, ganze Einheit, die Teil einer größeren vollkommenen Einheit ist. Er ist sich bewusst, dass in seinem Mikrokosmos alle Anteile des Makrokosmos enthalten sind. Zeit wird es also, zu begreifen, dass wir nicht auf die Ergänzung durch einen Partner angewiesen sind. Wir müssen uns nicht länger als Yin oder Yang, als männlich oder weiblich, verstehen, sondern als Yin und Yang. Die Frau trägt weibliche und männliche Anteile in sich, ebenso wie der Mann männliche und weibliche Teile in sich vereint, nur eben in anderer Zusammensetzung. Eine Entsprechung finden wir schließlich auch in der Anatomie des Menschen. Der Mann besitzt neben seinen männlichen Hormonen auch einen gewissen Anteil an weiblichen, ebenso wie sich im Körper der Frau auch männliche Hormone finden.

Zurzeit ist viel die Rede davon, dass in Zukunft das polarisierende Denken aufhört und unser Denken zumindest weicher wird. Symbolisch gesprochen, werden wir zwischen Schwarz und Weiß mehr Grauschattierungen wahrnehmen können. Das gegensätzliche Entweder-oder verschwindet zugunsten eines Sowohl-als-auch. Unter dem Blickwinkel können alle Phänomene dieser Welt neu eingeordnet werden, auch das Verständnis von Mann und Frau. Um Ihnen das ein wenig plastischer vor Augen zu führen, lade ich Sie zu einem kleinen Ausflug zu unseren Ursprüngen ein.

Wie Mann und Frau eigentlich gemeint sind

Im archaischen Menschenbild ist das Wesen des Mannes und der Frau genau definiert. Das Weibliche steht für das Empfangende und Gebärende, doch auch für die Hexe und Herrscherin, Hure und Heilige – all diese Elemente sind in der Frau, und es ist an der Zeit, sie alle zu leben, und nicht nur Teile davon. Die Frau ist Kriegerin und Amazone, doch sie ist auch Mutter und Dienerin, sie führt und leitet die Familie und backt ihr das Brot, sie schützt und behütet das Leben und die Natur. Zu dieser Vielfalt soll sie nun zurückkehren. Lange genug hat sie das Leben nur in seiner Kleinheit gelebt und sich zufriedengegeben mit den Nebenrollen. Und so kam es, dass die Natur geknechtet wurde und Kriege geführt wurden, wo es doch andere Wege gab. Im Bewusstsein der neuen Erde steht Frauen alles zu, was in diesem Leben möglich ist.

Das Männliche spiegelt das Schaffende und Gestaltende. Es prägt die Strukturen in unserer Welt. Der Mann ist der Eroberer, Krieger, Jäger und Samurei, aber auch der Beschützer der Liebe und der Verteidiger der Familie, er ist der gütige und strenge Vater, der Halt gibt und das Feuer bringt. Er stellt die Regeln auf und wacht über deren Einhaltung, doch ist er auch Diener und romantischer Verehrer des Weiblichen, edler Ritter und Poet. Der Mann baut auf und zerstört, doch er verwandelt auch, weil er ein Magier ist, und als weiser Alter regiert er die Welt mit Weitblick.

Und nun stellen Sie sich bitte vor, wie wunderbar Männer und Frauen miteinander auskämen, wenn sie sich der gesamten Fülle der Eigenschaften bewusst wären, die in ihnen angelegt sind! Wie viel breiter wäre das gesamte menschliche Verhaltensspektrum! Wir würden nicht länger rollenspezifisch handeln, sondern genau so, wie es eine Situation erfordert. Typisch Frau oder typisch Mann – das gäbe es nicht mehr, weil jeder auf alles, was ihm widerfährt, angemessen und adäquat reagiert. Aber damit nicht genug. Ein erweitertes Selbstbewusstsein von Mann und Frau würde auch bedeuten, dass keines der beiden Geschlechter mehr Anlass hätte, sich über das andere zu erheben oder ihm untertan zu sein. Keiner hat einem anderen zu dienen oder wird ihn dominieren. Der große Krieg der Geschlechter wäre ein für alle Mal beendet. Ich finde, das klingt verlockend.

Es ist verschiedentlich zu lesen, dass das anbrechende Zeitalter weiblich dominiert sein wird, als Ausgleich für die letzten 6000 Jahre Patriarchat. Die Männer würden das Zepter angesichts des Zustands unserer Erde an die Frauen abgeben, die nun das machtbetonte Herrschen durch weibliche, liebevolle Intuition ersetzten. Ich kann diesen Gedanken aber nicht ganz nachvollziehen. Wir bewegen uns auf ein Zeitalter zu, in dem eine liebevolle Erde erschaffen wird, Liebe ist weder weiblich noch männlich. Ich kann mir nicht vorstellen, dass Frauen ihre neue Welt auf überholten Vorstellungen aufbauen. Im Idealfall werden sie sich gegenseitig darin unterstützen, sich zur besten Version ihrer selbst und zum Wohle der anderen zu entwickeln. Das klingt für mich stimmiger. Und damit komme ich zurück zum Symbol der Kugeln.

Anknüpfend an das archaische Selbstverständnis von Mann und Frau, halte ich es für durchaus möglich, dass Seelenpartner einen neuen Prototyp von Adam und Eva gerieren. Mit dem neuen Bewusstsein können sie ihre Zweisamkeit kaum noch als den Zusammenschluss zweier Halbkugeln verstehen. Viel eher definieren sie sich als zwei vollständige Kugeln, die sich zu einem gemeinsamen Weg entschlossen haben. Halten Sie sich das Bild ruhig einmal vor Augen: Der neue Adam und die neue Eva rollen wie zwei Kugeln friedlich nebeneinander her. Je nachdem, wie das Gelände ihres Lebenswegs beschaffen ist, entfernen sie sich einmal etwas mehr voneinander, um dann wieder enger zusammenzurücken, manchmal rollen sie synchron, manchmal hintereinander, mal ist der eine schneller, mal der andere, doch immer steuern beide in die gleiche Richtung. Sieht das nicht wunderbar frei und freiwillig aus? Das Leben wird so viel spielerischer, wenn man einander nicht mehr »braucht« und, statt sich wie bisher gegenüberzustehen, zusammen in die gleiche Richtung schaut, jeder für sich ein Ganzes.

Wenn zwei Kugeln sich zusammentun

> *»Liebe dich selbst, und du findest Zugang zu deiner Seele. Sie wird dich zu deinem Seelenpartner führen. Mit ihm zusammen potenziert sich deine Kraft, und dein Schicksal kann sich vollenden.«*

Erinnern Sie sich? Mit diesem Credo bin ich angetreten. Ich hoffe sehr, Ihnen die ersten beiden Sätze so nahegebracht zu haben, dass Sie mir zustimmen können. Jetzt geht es um den letzten Teil. Die Kraft von Seelenpartnern soll sich nicht nur addieren, sondern sogar potenzieren! Können Sie sich das vorstellen? Falls Ihnen das Glück beschieden ist, mit Ihrem Seelenpartner glücklich beisammen zu sein, oder falls Sie ein Seelenpaar kennen, das eine erfüllte Liebe lebt, werden Sie nicht umhinkommen, meine Beobachtung zu bestätigen. Die beiden nebeneinanderherrollenden Kugeln, um bei dem Bild zu bleiben, kreieren um sich herum ein Kraftfeld, das um vieles größer und stärker ist als die Summe der Kraftfelder der beiden einzelnen Kugeln. Wenn Ihnen das zu viel Mathematik ist, stellen Sie sich einfach einen Smiley ohne Mund vor. Die beiden Augen, das sind Mann und Frau, der Kreis das Kraftfeld des Paares. In dieser geballten, strahlenden und heilenden Energie steckt das Potenzial, das die Welt verändern kann. Wie und auf welchen Wegen das möglich ist, werde ich Ihnen im Folgenden aufzeigen. Zunächst möchte ich aber kurz zusammenfassen, wie ich die wichtigsten Aufgaben der Seelenpartner in der neuen Zeit sehe:

Seelenpartner

- sind dazu berufen, bedingungslose Liebe zu lernen und zu praktizieren.
- sollen beispielhaft zeigen, wozu Liebe einen Menschen befähigt, wie sie ihn verwandelt, sein Bewusstsein erhöht und seine Wunden heilt.
- sollen der Welt demonstrieren, dass Liebe die besten Seiten eines Menschen hervorkehrt und seine Schwächen schmelzen lässt wie Schnee in den wärmenden Strahlen der Sonne.
- machen einander größer und wachsen miteinander zu etwas noch Größerem.
- zeugen und gebären Menschen, die mit dem Bewusstsein der neuen Erde auf die Welt kommen. Diese einem warmen Nest entwachsenen Kinder sind mit der Grundidee bedingungsloser Liebe aufgewachsen und werden diese Fähigkeit an ihre Nachkommen weitergeben.
- prägen eine neue Moral der Liebe, Achtsamkeit und Dankbarkeit.
- sind Leuchttürme bedingungsloser Liebe im Chaos unserer sich auflösenden Gesellschaft. Ihnen hört man zu, wenn sie von Liebe sprechen.

Der spirituelle Paarpsychologe Chuck Spezzano und seine Frau Lency oder der Kalifornier Gay Hendricks und seine Frau Kathlyn sind solche Seelenpaare, ebenso Esther und Jerry Hicks und viele andere, die unseren Glauben an die Liebe stärken.

Ich gebe zu, dass es sich bei den Genannten um Ausnahmepaare handelt, weil alle als spirituelle Lehrer arbeiten. Trotzdem bleibe ich bei meiner Aussage, denn ich habe noch kein einziges Seelenpaar getroffen, das jegliche Existenz einer geistigen Dimension ablehnt. Irgendetwas scheint die Menschen automatisch mit der Schöpfung zu verbinden, wenn sie der wahren Liebe begegnen. Seelenpaare verstehen ihr Zusammenkommen als eine Fügung des Schicksals, als Wunder des Lebens oder ein Geschenk des Himmels, und tatsächlich drücken viele das genau so aus: »Du bist mir vom lieben Gott geschickt worden …« Selbst eingefleischte Atheisten scheinen ihren Glauben wiederzufinden, wenn sie die Liebe in ihrem Herzen entdecken. Wie auch immer sie es ausdrücken – es ist egal. Kosmische Liebe verbindet – mit allem. Grund genug, diese besondere Form von Liebe etwas näher zu betrachten.

Kosmische Liebe – ein Definitionsversuch

Bestimmt ist Ihnen aufgefallen, dass ich sprachlich, und das mit Absicht, einen großen Unterschied zwischen der Liebe als Gefühl und der Liebe als Seinszustand mache. Die eine hat mit der anderen nicht viel zu tun, trotzdem wird sie häufig verwechselt, zumal die eine häufig zur anderen führt. Aber nun von vorne. Die gefühlte Liebe ist das, was wir spüren, wenn wir einem Menschen sagen: »Ich liebe dich!« Wir können auch unser Auto, eine Landschaft, einen Abend mit Freunden, ein gutes Essen, ein inspiriertes Gespräch am Kamin lieben. Wenn wir spontan sagen, dass wir dieses oder jenes lieben, schwingt dabei eine angenehm weite, herzöffnende Empfindung mit. Das fühlt sich großartig an und macht uns glücklich. Doch wie wir wissen, haben Gefühle etwas sehr Unbeständiges. Sie ziehen durch uns hindurch wie ein Gewitter – bauen sich auf, erreichen einen Höhepunkt, flachen ab und ziehen weiter. Nichts und niemand kann diesen Prozess unterbinden. Liebe als Gefühl kommt und geht, das ist ihre Natur. Selbst wenn wir meinen, einen Menschen auf ewig zu lieben, so ist das dazugehörige Gefühl nicht immer präsent. Wir können es ständig von Neuem in uns aufleben lassen, unser Herz kann entflammen, aber irgendwann erlischt das Feuer wieder. Früher oder später kommt der Zeitpunkt, wo wir unsere Aufmerksamkeit auf etwas anderes richten und andere Gefühle in uns aufkeimen lassen.

Liebe als Seinszustand hingegen kommt nicht und geht nicht. Sie ist immer da. Jenseits von Leidenschaft, auch jenseits von Leben und Tod. Diese Liebe wird von den großen Denkern und Philosophen, eigentlich von allen Weisen unserer Welt als die Essenz allen Lebens verstanden. Viele sprechen von der großen Quelle, andere von Gott. Sich mit der göttlichen, universellen Liebe zu verbinden ist die größte und tiefste Sehnsucht des Menschen. Er mag sich dessen nicht bewusst sein, doch es ist das, was jeden Suchenden vorwärtstreibt. Und da wären wir bei dem Problem. Je verzweifelter der Mensch sucht, desto weniger wird er finden. Die Liebe, die wir letztlich meinen, wenn wir von Liebe sprechen – jene große, universelle Energie also, die unseren Kosmos zusammenhält und die alles Leben speist, kann durch Suchen nicht gefunden werden. Das ist die erste Lektion, die alle spirituellen Schüler von ihren großen Meistern lernen.

Allerdings ist kosmische Liebe ein Zustand, zu dem wir uns jederzeit Zugang verschaffen können. Dann können wir darin verweilen. Ganz entspannt und mühelos, frei von Zwang und Ängsten. Denn Angst und Liebe sind unvereinbar, Sorgen und Liebe auch, ebenso Aggression, Sucht und Gier.

Der buddhistische Lama Sogyal Rinpoche, von dem das bedeutsame »Tibetische Buch vom Leben und vom Sterben« stammt, hat einen sehr passenden Vergleich für die kosmische Liebe gefunden. Sinngemäß vergleicht der Mönch die universelle Liebe mit dem blauen Himmel. Er ist immer da, das wissen wir. Allerdings, das wissen wir auch, kann man ihn nicht immer sehen. Manchmal ist der Himmel vollkommen verhangen, manchmal sehen wir ihn zwischen den Wolken hindurchblitzen. Im übertragenen Sinn steht die universelle Liebe für den blauen Himmel. Unsere Gefühle, das sind die Wolken, die uns oft genug den Blick auf das unendliche Blau verdecken. Wie oft stecken wir vor lauter Verliebtheit in Wolke sieben fest und meinen, die wahre Liebe gefunden zu haben. Oder wir verstricken uns in Gefühle wie Angst oder Hass, sodass wir meinen, es gäbe keine Liebe. Dabei können wir sie nur nicht sehen. Wir stochern im Wolkennebel herum und verlieren dabei die Orientierung.

Stellen Sie sich vor, Sie sitzen in einem Flugzeug. Der Himmel ringsum war eben noch tiefblau, da sehen Sie einen Wolkenvorhang auf sich zu kommen. Plötzlich beginnt das Flugzeug zu wackeln, und die Stewardess warnt über den Bordlautsprecher vor Turbulenzen. Sie schnallen sich an, schauen aus dem Fenster und sehen dichte graue Wolkenmassen. Wüssten Sie nicht, dass Sie noch vor zwei Minuten durch den blauen Himmel geflogen sind, würden Sie nicht glauben, dass Wolken nur ein vorübergehendes Phänomen sind, die uns – jetzt wieder im symbolischen Sinne – den Himmel unendlicher Liebe und vollkommener Wahrheit verschleiern.

Und nun zurück zu unserem seelengleichen, kosmischen

Paar. Es sei ihm gegönnt, eine Zeit lang auf Wolken zu schweben und Verliebtheitsgefühle zu genießen. Doch irgendwann kommt der Zeitpunkt, an dem es sich die Hände reicht und gemeinsam die Brücke zum Liebesbewusstsein beschreitet. Damit vollzieht es den entscheidenden Schritt, und alles Weitere fügt sich wie von selbst. So einfach ist das, wie alle großen Wahrheiten einfach sind. Doch unser Verstand tut sich schwer mit den einfachen Dingen. Albert Camus hat das einmal in Worte gefasst: »Jedes Mal, wenn ich den tiefen Sinn der Welt zu erfahren glaubte, war es seine Einfachheit, die mich packte.«

Neue Werte für die neuen Paare

Nachdem wir nun definiert haben, welche Kraft die kosmischen Paare zusammenhält, möchte ich vor diesem Hintergrund einen etwas genaueren Blick auf ihre Beziehungsinhalte werfen. Worum geht es für Adam und Eva der Neuzeit?

Freiheit

Freiheit ist eines der essenziellen Elemente von Seelenpartnerschaften. Jeder fühlt sich frei, er selbst zu sein und der Entfaltung seiner Bedürfnisse und Interessen nachzugehen.

Eigenverantwortung

Da jeder der Partner sich über sein wichtigstes inneres Ziel im Klaren ist, nämlich sich auf seiner Seelenebene weiterzuentwickeln, wird er alles tun, um dieses Ziel eigenverantwortlich neben seinen weltlichen Aufgaben zu verfolgen.

Selbstentfaltung

Jeder Partner hat Raum zur Selbstentfaltung. Er gestaltet sein Leben nach seinen Bedürfnissen und entscheidet frei über die Ausübung eines Berufs, der den eigenen Talenten und Neigungen entspricht. Der andere Partner respektiert die Interessen des anderen und wertet diese weder auf noch ab. Er lässt zu, dass der andere bestimmte Erfahrungen machen möchte, und nimmt vorurteilsfrei daran Anteil.

Ebenbürtigkeit

Kein Besitz, keine soziale Stellung, kein wirtschaftlicher Vorteil darf mehr die Partner hindern, sich auf Augenhöhe zu begegnen. Jeder wird ohne Angst und Zwang für seine Person Entscheidungen treffen, die er für richtig und wichtig hält.

Aufrichtigkeit

Ohne sie kann Freiheit nicht gelingen. Sich nicht anzulügen ist nur der eine Teil, der andere ist vermutlich schwieriger zu leben, denn hier geht es darum, sich nicht zu verstecken. Es ist uns von Kind auf beigebracht worden, uns stets von unserer besten Seite darzustellen. Unsere dunklen Seiten, wie heimliche Süchte und Abhängigkeiten, Neurosen und Störungen, sind oft auch in der Beziehung ein Tabu. Im Licht des neuen Bewusstseins wird es immer schwieriger, Teile von sich selbst zu verstecken. So wie zurzeit auf der gesamten Erde viele dunkle Machenschaften in Kirche, Weltpolitik und Wirtschaft aufgedeckt werden, können auch wir unsere Schattenseiten nicht länger zudecken.

Vollkommene Akzeptanz

Sie ist die Basis für Aufrichtigkeit. Ein Mensch, der sich vollkommen angenommen und geliebt fühlt, hat den Mut, seine Schwächen zu zeigen, zu integrieren und alleine dadurch Heilung zu erfahren.

Unabhängigkeit

Liebespaare tendieren dazu, emotional abhängig zu werden, wenn sie sich zu stark aufeinander beziehen. Die Symbiosen, die dabei entstehen, sind nicht zu verwechseln mit der sinnbildlichen Verschmelzung in göttlicher Liebe. Symbiosen gehen mit dem Gefühl einher, ohne den anderen nichts (wert) zu sein oder nicht leben zu können. Wie wir jetzt wissen, wäre das so ziemlich das Gegenteil dessen, was ein Seelenpaar ausmacht. Seine innere Unabhängigkeit zu bewahren und sich trotzdem voller Hingabe zum Partner zu bekennen, ist ein Balanceakt, der sehr viel Bewusstheit erfordert. Bedingungslose Liebe macht es möglich, Innigkeit ohne Verletzung der Grenzen des anderen zu entwickeln, weil Nähe und Distanz sich spielerisch abwechseln können.

Wahrheit

In beseelten Beziehungen ist es möglich, den anderen in seiner Einzigartigkeit zu »sehen«, statt auf ihn das zu projizieren, was man gerne in ihm sehen würde.

Verbundenheit

Sich mit allem verbunden zu fühlen ist die entscheidende geistige Haltung der Zukunft. Das Gefühl, Teil des Universums zu sein, ist die wichtigste Kraftquelle der neuen Paare, sie zeigt ihnen ihren Platz in der Welt, gibt ihrem Leben Sinn und macht sie zu verantwortungsvoll handelnden Menschen.

Sexuelle Treue

Ich weiß, dass Sie auf diesen Punkt gewartet haben. Im Augenblick gibt es einige Verwirrung darüber, wie Freiheit, Selbstentfaltung und sexuelle Treue vereinbar sind. Wird das Konzept der freien Liebe aus den 60er- und 70er-Jahren wieder aufleben? Ich denke nicht. Die Idee von damals entstand als Reaktion auf die Spießigkeit des Establishments. Alles, was nur auf etwas anderes reagiert, kann sich nie lange halten. Im Kern war die Idee von damals jedoch gut: Man lebte ganz im Hier und Jetzt, Liebe war überall, offen und frei. Trotzdem bleibe ich dabei: Die Seelenpaare der Neuzeit sind einander sexuell treu. Anders kann das tiefe Vertrauen, das die Beziehung trägt und prägt, nicht zustande kommen. Anders kann auch die bekennende, verbindliche Hingabe, zu der sich beide verpflichten, nicht gelebt werden. Zugegeben, es erfordert Mut und Konsequenz, auf den Kick und die Hochgefühle des Seitensprungs zu verzichten, vor allem, wenn man zuvor solchen Verlockungen nachgegeben hat. Doch damit brächten wir uns um den Genuss der Tiefe, der Innigkeit und Anmut, die sich nur entfalten können, wenn wir die körperliche Liebe ausschließlich miteinander leben.

Die neuen Bündnisse

Das Seelenpaar, zu dessen Hochzeit ich im letzten Jahr eingeladen war, heiratete sehr klassisch, ganz bewusst traditionell. Man gab sich in einer der schönsten Kirchen der Stadt das Jawort, danach der Empfang in einem entzückenden Garten und am Abend dann die große Feier. Die Väter der Brautleute hielten schöne Reden, Tränen der Rührung wurden vergossen, die Hochzeitstorte wurde angeschnitten, der Hochzeitswalzer getanzt, und am Schluss tanzten alle. Es war ein rauschendes Fest, das Paar ein Traum, und die Gäste waren glücklich an diesem Abend. Es stimmte wirklich alles: kein Wenn, kein Aber. Der Mensch neigt dazu, sich in lebensbestimmenden Angelegenheiten altmodisch zu verhalten und auf Traditionen zurückzugreifen. Das ist in Ordnung.

Aus der Sicht des neuen Bewusstseins hätten diese beiden jungen Menschen aber nicht heiraten müssen. Das Liebesbündnis zwischen Seelenpartnern braucht keine offizielle Besiegelung. Dieser Mann und diese Frau haben sich gefunden, erkannt und bekennen sich zueinander. Damit wissen sie, dass sie verbunden sind und waren und immer sein werden. Dieses im Sinne des Wortes wahrhaft himmlische Band ist heilig genug, ein irdisches Band könnte niemals darüberstehen. Zwei Menschen, die wissen, woher sie kommen und wohin sie gehen, die verstehen, was es bedeutet, dass sie sich gefunden haben, müssen sich nur die Hände reichen und in ihre Herzen fühlen.

Trotzdem werden auch in Zukunft noch viele Seelenpaare Hochzeit feiern, und wir alle werden uns daran freuen und in unsere Taschentücher schneuzen. Weil alles, was mit Liebe zu tun hat, uns zeigt, dass es noch Hoffnung gibt. Je schlimmer die globalen Zerstörungen, desto wichtiger werden öffentliche Liebesbezeugungen. Ich bin mir nicht sicher, wie weit der Hype um die royale Hochzeit von den Medien aufgeputscht wurde, ich weiß nur, dass Millionen von Fernsehzuschauern tief berührt der Hochzeit von Kate Middleton und Prinz William von England beigewohnt haben.

Leider bin ich nicht in der Lage, in den Seelenplan des Brautpaars hineinzuschauen, deswegen kann ich Sie nicht darüber aufklären, ob es sich um Seelenpartner handelt oder nicht. Ich kann Ihnen nur bestätigen, was Sie auch schon wissen, nämlich dass strahlende Liebespaare seit wenigen Jahren eine Menge Aufmerksamkeit auf sich ziehen, vor allem auf der politischen Bühne. Man denke zum Beispiel an Frankreichs Nicolas Sarkozy und Carla Bruni oder an Barack und Michelle Obama. Astrologen und Seher behaupten, dass diese neuen Strahlepaare einen inneren Auftrag haben. Welcher das ist, muss ich dahingestellt lassen. Sicher ist nur, dass die Beliebtheit eines Politikers heute nicht nur von seinen Fähigkeiten abzuhängen scheint, sondern auch von der Frau an seiner Seite. Die Ausstrahlung des Paares ist es, die das Wahlverhalten des Bürgers beeinflusst. Der Wähler möchte das Geschick seines Landes einem Liebespaar anvertrauen. Ist es nicht seltsam, welche Blüten unsere kollektive Sehnsucht nach einer glücklichen Liebesbeziehung treibt? Der Starreporter einer bunten Illustrierten gab einer Runde von Journalisten, der ich beiwohnte, kürzlich einen Tipp: »Wenn Sie gut aussehen, ein gutes Auftreten haben und einen attraktiven Partner oder eine attraktive Partnerin, sollten Sie in die Politik gehen. Dort haben Sie zurzeit die besten Chancen.«

Wir leben in einer Zeit, in der das Alte noch nicht verschwunden und das Neue noch nicht da ist. In solchen Phasen gab es immer Idole, die die kollektive Sehnsucht gespiegelt haben. Mir scheint die öffentliche Verehrung von Liebespaaren nur ein weiterer Hinweis zu sein, wie dringend sich unsere Welt nach heilen Beziehungen sehnt. Wer weiß, vielleicht werden demnächst nur noch glückliche Paare das politische Geschehen lenken. Es wäre nicht zum Nachteil unserer Erde.

Wird es eine Hierarchie der Auren geben?

Ich trage übrigens schon lange die Idee mit mir herum, dass die Führer der neuen Erde nach ganz anderen Kriterien ausgewählt werden als die jetzt Regierenden. Lassen Sie mich dazu etwas ausholen. Wenn es stimmt, was Astrophysiker behaupten, werden durch die erhöhte Energiestrahlung, die uns schon jetzt aus dem Kosmos erreicht und die sich in Zukunft deutlich steigern wird, viele von uns leichter in erhöhte Bewusstseinszustände kommen. Das würde bedeuten, dass mehr Menschen als zuvor ihre medialen Fähigkeiten wiederentdecken würden. Sie würden nicht nur insgesamt intuitiver, sie begännen auch verstärkt telepathisch zu kommunizieren und sogar die Energiefelder von Lebewesen zu sehen. Viele Menschen würden also aurasichtig. Das bedeutet, dass man die Ausstrahlung eines Menschen nicht nur fühlend wahrnehmen, sondern tatsächlich sehen kann. An der Strahlung, den Farben und der Stärke der Aura eines Menschen wäre dann erkennbar, wie intensiv er seine Hinwendung zur Liebe erarbeitet hat. Ich liebe dieses Gedankenspiel, weil es eine neue Wahrheit auf die Erde brächte. Die Menschen würden die Anführer ihrer Gruppe, ihrer Firmen und auch ihrer Länder einzig nach deren Ausstrahlung wählen. Die neue Hierarchie der Auren würde dafür sorgen, dass nur noch die wahren Größen unserer Gesellschaft Führungspositionen übernehmen. Aber auch im Alltag hätten wir es leichter. Nie wieder bräuchten wir uns darum zu streiten, wer recht hat. Wer Rat und Orientierung suchte, könnte sich vertrauensvoll an die am hellsten strahlende Person in seiner Gruppe wenden.

Die gemeinsamen Lebensaufgaben

Ich habe schon oft darüber spekuliert, ob Seelenpartner gemeinsame Lebensaufgaben haben können oder ob ihre Lebensaufgaben in irgendeiner Form zusammenhängen. Schließlich wird bei der großen Konferenz der Seelen auf der geistigen Ebene sehr detailliert besprochen, wer mit wem zu welchem Zweck zusammenkommt und welche Erfahrungen dabei gemacht werden sollen. Wenn es die Aufgabe der Seelenpartner ist, die Erde zu heilen, wäre es doch sinnvoll, die Lebensaufgaben so miteinander zu verknüpfen, dass die potenzierte Kraft des Paares dann in ein gemeinsames Projekt zum Wohle der Gemeinschaft gesteckt werden könnte. So weit war ich gedanklich gediehen, als sich folgende Geschichte ereignete.

Eine Freundin von mir, die als Lehrerin arbeitete, feierte ihren 45. Geburtstag. An diesem Tag erfuhr sie durch Zufall, dass ihr Mann, mit dem sie 13 Jahre verheiratet war, eine Affäre hatte. Man kann sich vorstellen, wie schockiert sie war, zumal sie selbst schon zehn Jahre zuvor in einem Kollegen ihren Seelenpartner entdeckt hatte. Es war aber nie zu einer Liaison gekommen, weil sie mit ihrem Mann glücklich war und sich ihm gegenüber loyal verhalten wollte. An ihrem Geburtstag ergab es sich, dass der Lehrerkollege, der ein Freund des Hauses war, mit einem Blumenstrauß auftauchte. Er wollte meiner Freundin zum Geburtstag gratulieren und sich gleichzeitig von ihr verabschieden. Er hatte sich entschlossen, unter anderem wegen seiner unglücklichen Liebe zu ihr, nach Afrika zu gehen und dort die Leitung eines Waisenhauses zu übernehmen. Meine Freundin, die erst Stunden zuvor von der Affäre ihres Mannes erfahren hatte, entschloss sich noch am selben Tag, ihrem Seelenpartner nach Afrika zu folgen. Heute leiten die beiden zusammen sehr erfolgreich ein SOS-Kinderdorf im Sudan.

Wie man sieht, war die Idee der verknüpften Lebensaufgaben doch nicht ganz abwegig. Ich könnte Ihnen noch einige Geschichten über Seelenpartner erzählen, deren Interessen und Talente so auffallend perfekt zueinanderpassen, dass es schon absurd schiene, wenn sie sich nicht auch beruflich zusammentäten. Auf der anderen Seite weiß ich auch von Beispielen, wo sich Seelenpaare in Seminaren über die Suche nach ihrer Lebensaufgabe kennengelernt haben.

Die folgende Geschichte handelt von einer Frau, die über einen Beziehungskonflikt zu ihrer Lebensaufgabe fand. Der Seelenpartner dieser Frau ist ein Kapitän zur See. Die beiden sehen sich nur etwa fünfmal im Jahr, womit vor allem die Frau nur sehr schwer zurechtkommt. Eines Tages konsultierte sie deswegen einen Astrologen, der auch medial arbeitet. Der Astrologe erklärte ihr, dass ihre Seele im Himmel ihr Einverständnis dazu gegeben hätte, dass ihr Partner nur selten bei ihr sein kann. Sie sollte aber wissen, dass diese Regelung zu ihrem Besten sei. Die Frau kam nach dieser Sitzung völlig konsterniert nach Hause, weil sie sich nicht vorstellen konnte, dass ihre Seele mit etwas einverstanden sein konnte, was ihr so viel Leid bescherte. Doch dann begann sie sich ernsthaft mit der Aussage des Astrologen auseinanderzusetzen. Welchen Sinn konnte es für sie haben, dass sie so oft alleine war? Gab es eine Aufgabe in ihrem Leben, die Alleinsein erforderte? Um es kurz zu machen: Die Frau ist heute eine erfolgreiche Lebenshilfeautorin. Sie versteht nicht, warum sie nicht schon vorher darauf gekommen ist. Seit ihrer frühen Kindheit wollte sie immer schreiben. Jetzt tut sie es.

So heilen Seelenpartner die Erde

Ich bin davon überzeugt, dass viele der großen Werke und Projekte, die jetzt und in naher Zukunft zur Regeneration und Neuordnung des Lebens in die Welt gebracht werden, durch Seelenpaare entstehen. Schließlich verfügen sie über das größte Potenzial zur Heilung der Erde. Wenn man weiß, dass Liebe und Zuwendung jede Zelle des Körpers in eine ganz besonders hohe Schwingung versetzen und damit einen immensen ganzheitlichen Selbstheilungsprozess von Körper, Geist und Seele in Gang setzen, kann man sich vorstellen, welche enormen Heilkräfte innerhalb einer Seelenpartnerschaft wirken. Wenn nun Seelenpaare diese vollkommene Heilung ausstrahlen, werden weitere Prozesse bei anderen Menschen und bei anderen Seelenpaaren stattfinden, die ihrerseits ihre Heilkraft vermehren. Die geballte Synergie all dieser Vorgänge wirkt wie eine Arznei auf die gesamte Umgebung. Jeder Mensch, der seinen Seelenpartner gefunden hat und mit ihm lebt, wird alleine durch seine Gegenwart und sein liebevolles Handeln Heilung verbreiten – in seiner Familie, dem Arbeitsumfeld, seinen geschäftlichen Beziehungen, in der Nachbarschaft, dem Freundeskreis, den Schulen der Kinder, in den Vereinen und Sportclubs, die er besucht, in der Stadt oder Gemeinde, in der er wohnt.

Wenn man sich nun vorstellt, dass unsere Erde demnächst von Millionen von Seelenpaaren überzogen ist, die ihre eigene Welt in vollkommene Balance gebracht haben, dann kann man erahnen, welch goldenen Zeiten wir entgegengehen. Diese Paare sind von so viel Liebe beseelt, dass sie Einfluss auf das Energiefeld aller Lebewesen nehmen. Es wird dadurch in Harmonie gebracht, und diese Harmonisierung setzt sich über den gesamten Erdball fort.

Die Heilkraft der kosmischen Liebe, die durch Seelenpartner auf unsere Erde kommt, durchdringt wie selbstverständlich sämtliche Lebensbereiche und spiegelt sich im Privaten, in Geldangelegenheiten, im Berufsleben. Ein kleines Beispiel: Wenn Seelenpartner einem Heilberuf nachgehen, sind sie die Ersten, die sich dafür einsetzen, Liebe als Heilmittel in Krankenhäusern und Altenheimen einzusetzen. Vielleicht erforschen sie das Thema sogar selbst oder initiieren Studien dazu. Können Sie sich vorstellen, dass ein Arzt, der seiner Seelenpartnerin in tiefer Liebe zugetan ist, seinen Patienten Pillen verschreibt, an deren Umsatz er Geld verdient und die süchtig machen? Ein solcher Arzt sucht viel eher neue Wege, seinen Patienten zu helfen – vielleicht indem er ihnen mehr Zeit und Aufmerksamkeit schenkt und so das Mittel findet, das wirklich heilt. Ein Arzt, der in seinem eigenen Leben Liebe erlebt, möchte Liebe weitergeben. Er trachtet danach, seine Kräfte zum echten Wohl der Kranken einzusetzen, und wird damit wieder zum echten Heiler im ursprünglichen Sinn.

Die Jungen sind frei von altem Karma

Vielleicht ist Ihnen schon aufgefallen, dass in den letzten Jahren viele junge, inspirierte Menschen schon relativ früh ihrem Seelengefährten begegnen – gerade so, als hätten sie einen besonders guten Draht zum Kosmos und darum gebeten, doch bitte gleich den Richtigen oder die Richtige zu finden. Haben die jungen Seelenpaare also keine karmischen Altlasten mehr abzuarbeiten, bevor sie aufeinandertreffen? Es sieht tatsächlich danach aus. Ich habe mehrere Bücher, Artikel und Botschaften von Medien zu diesem Thema gelesen und die Durchsagen miteinander verglichen. Fast alle machen die gleichen Aussagen: Seit Kurzem sei es bestimmten Seelen erlaubt, sich ohne Altlasten aus früheren Leben zu inkarnieren. Die ersten Seelen ohne Karma wurden angeblich in den 70er- und 80er-Jahren geboren. Das waren die viel zitierten Indigos, benannt nach der vorherrschenden Farbe in ihrer Aura. Seit der Jahrtausendwende kommen nun vermehrt sogenannte Kristallkinder auf die Welt, und seit ein, zwei Jahren erscheinen Diamantkinder – alle hoch entwickelte, spirituelle Wesen, die mit außerordentlichen Fähigkeiten und einem großen universellen Verständnis begabt sind. Viele von ihnen sind hellsichtig, die meisten hellwissend. Der Sohn meines Neffen ist ein solches überintelligentes Kind. Schon im Alter von zwei Jahren beeindruckte er seine Eltern durch Tänze, die er zuvor noch nie gesehen haben konnte.

Es heißt, dass die Kinder der Erde, die Speerspitze des neuen Bewusstseins, einen (karma-)freien Rücken für die Aufgaben der Zukunft brauchen. Während diejenigen unter uns, die heute in ihren 40ern, 50ern oder 60ern sind, noch zu den

Wegbereitern des Wandels gehören, soll die jüngere Generation bereits beim Übergang in höhere Bewusstseinsstufen helfen. Ich bin oft beeindruckt, wie liebevoll und ganzheitlich die Gruppe der bewussten jungen Menschen ihre Welt gestaltet. Sie bekennen sich offen zu einer spirituellen Gesinnung, die sie ganz spielerisch in neue Lebensbereiche einfließen lassen. Der junge Input mag nicht immer funktionieren, aber Versuch und Irrtum sind dazu da, um aus ihnen zu lernen. Immerhin gibt es bereits heute einen spirituell orientierten Führungsstil, spirituelle Kindererziehung, es gibt Pferdeflüsterer oder Hundetrainer, die telepathischen Kontakt zu den Tieren aufnehmen, um nur einige Beispiele zu nennen.

Was Leben und Wohnen betrifft, haben junge Seelenpaare bereits begonnen, neue Realitäten zu schaffen. Es werden Netzwerke von Gleichgesinnten gegründet, neue Lebensgemeinschaften bilden sich, in denen jeder nach seinen Kenntnissen und Fähigkeiten Beiträge zur Gemeinschaft leistet. Kleine Inseln der Liebe, auf denen neue Formen des Zusammenlebens und -arbeitens erprobt werden. Die neuen Seelenpaare sind nicht von Zukunftsängsten geplagt, sondern gehen mit Freude daran, etwas zum Wohl der Erde zu erschaffen. Es werden innovative Formen der Agrarwirtschaft, der Tierhaltung und Energiegewinnung erforscht, alte Heilweisen mit den Erkenntnissen moderner Wissenschaft verknüpft. Naturnahe Bauweisen entstehen. Vordringlichstes Anliegen dieser Gemeinschaften wird aber die Neuausrichtung des Geistes sein.

Auch in den neuen Netzwerken und Lebensgemeinschaften werden bestimmte Männer, Frauen und Seelenpaare als Lichtträger eine Führungsposition einnehmen und durch ihr Leben und Handeln auf andere befruchtend wirken. Ihre

Ideen werden mit Begeisterung aufgegriffen, und ihre Hilfe kommt der Gemeinschaft wie gerufen. Wie Pflanzen, die im Licht zu voller Größe und Vitalität heranwachsen, werden auch diese Männer und Frauen eine besonders vitale Ausstrahlung haben und durch ihre Freude und ihren positiven Geist eine große Anziehungskraft auf andere ausüben. So werden sich Gruppen und Gemeinschaften um solche Lichtgestalten bilden.

Wie Liebe falsch verstanden wird

Dass es nicht immer einfach ist, in neuen Lebensgemeinschaften Freiheit und Liebe zu leben, habe ich in meiner Zeit als Reporterin erfahren. In den 90er-Jahren schrieb ich einen Artikel über eine alternative Dorfgemeinschaft, die sich selbst versorgte und neue Lebensregeln erprobte. Die Wohnsiedlung, die aus mehreren Reihen- und Einzelhäusern bestand, war um einen großen, zentralen Platz mit einem Gemeinschaftszentrum gruppiert, in dem zusammen gegessen, gefeiert, gebetet und getagt wurde. Ich fand die Idee großartig. Besonders imponiert hat mir das Projekt der Permakultur, in dem Pflanzengemeinschaften angebaut wurden, die sich gegenseitig vor Fraßfeinden schützten und es den Bewohnern ermöglichten, sich unabhängig von Supermärkten mit Lebensmitteln zu versorgen. Die Trinkwasserversorgung kam aus dem dorfeigenen Brunnen, Strom wurde durch Solarzellen erzeugt, in einigen Häusern gab es sogar perfekt funktionierende, Humus produzierende Toiletten.

Viele der Menschen, mit denen ich dort sprach, zeigten mir voller Stolz, wie sie sich einen Lebenstraum verwirklicht haben. Eine Architektin zum Beispiel hatte die Wege in ihrem Garten in harmonischen Schwüngen angelegt, damit sie mit ausgebreiteten Armen durch den Garten tanzen konnte. Das fand ich so aufregend, dass ich es nie vergessen habe, obwohl es mindestens 20 Jahre her ist: Gartenpfade, die man durchtanzt, und jeder Reigen offenbart eine neue Gruppe von Blumen oder Sträuchern, hinter jedem Schwung andere Farben, eine andere Vegetationsfamilie. Genauso rund und in organischen Formen wollte ich dereinst meinen eigenen Garten anlegen ...

Ich blieb einige Tage in dem Dorf und sprach mit vielen Bewohnern über ihr neues Leben in der Gemeinschaft. Jeder hatte es irgendwie geschafft, für seinen Lebensunterhalt zu sorgen. Es gab einige, wenige Arbeitsplätze im Dorf selbst – handwerkliche oder landwirtschaftliche Jobs, manche arbeiteten außerhalb der Gemeinschaft, teilweise lebten die Menschen auch von staatlichen Hilfen. Die soziale Gemeinschaft schien sich erstaunlich gut eingespielt zu haben. Die Kinder wuchsen bis zum Schulalter in Gruppen auf und wurden kreativ gefördert. Wer mochte, konnte in der Gemeinschaftskantine essen oder zu Hause für sich kochen, jeder lebte seine Bedürfnisse und übte sich in Respekt für die Bedürfnisse anderer. Das schien alles ziemlich gut zu funktionieren. Bis auf einen Bereich: die Sexualität.

Im Sog der neuen Selbstverwirklichung und der Freiheit, die man sich auf allen Ebenen zugestehen wollte, geriet jedes einzelne Paar, das gemeinsam voller Hoffnung auf ein neues Leben angetreten war, in eine tiefe Krise. Fast alle Beziehungen gingen auseinander, weil sie der neuen Regellosigkeit nichts entgegenzusetzen hatten. Jede Frau und jeder Mann hatte etwas nachzuholen, das sie oder er in der Beziehung vermisst hatte. Man probierte andere und anderes aus und landete nicht selten im alten Muster. Zurück blieben verbitterte Partner, die sich ihrerseits mit neuen Gespielen und Gespielinnen trösteten. Was für ein Chaos. Ein Mann zog von heute auf morgen zur Nachbarin, zeugte mit ihr ein Kind und kehrte kurz nach dessen Geburt zu seiner Exfrau zurück. Er versuchte, die Mutter seines Babys in die alte Beziehung zu integrieren. So probierte man eine Beziehung zu dritt. Die sexuelle Experimentierfreude innerhalb und außerhalb der Beziehungen und die Diskussionen darüber schienen den Zusammenhalt der Dorfgemeinschaft mittlerweile zu unterwandern. Bald wurden »Matratzengruppen« einberufen, in denen man unter Leitung von Psychologen neue Lösungen diskutierte. Eifersüchtige, Betrogene, Verlassende und Verlassene trafen sich regelmäßig, um ihre verletzten Gefühle auszudrücken, auf Kissen einzuschlagen und um im Idealfall versöhnlich den anderen ziehen zu lassen oder es noch einmal neu zu versuchen.

Ich war damals sehr beeindruckt, mit welcher Radikalität die Bewohner dieses Dorfes Paarkonventionen sprengten. Aber ich begriff auch, dass irgendetwas im Paar- und Paarungsverhalten dieser Männer und Frauen nicht stimmte. Heute weiß ich, was es war: Es fehlte das Bewusstsein dafür, was Liebe sein kann. Die Paare agierten ausschließlich aus einem Defizit heraus. Sie wollten sexuelle Erfahrungen nachholen, die sie mit ihren Partnern nicht leben konnten, meinten, ihre sexuellen Fantasien hemmungslos ausleben zu müssen. Und stießen doch letztlich immer wieder an die gleichen eigenen Grenzen. Interessanterweise lebten viele der damaligen Dorfbewohner später wieder in monogamen Beziehungen.

Die neue bewegte Beziehung

Das neue Modell der Partnerschaft funktioniert ganz sicher anders. Wie es aussieht, werden die positiven Seiten des traditionellen Ehemodells mit den positiven Aspekten der freien Liebe vereint. Wir werden also den mutigen Sprung in die Bindung wagen und uns zum Dienst am anderen verpflichten. Gleichzeitig beziehen wir aber Individualität, Unabhängigkeit und Freiheit in unsere Partnerschaft mit ein. Die hohe Kunst besteht darin, sich zwischen den beiden extremen Positionen fließend hin- und herzubewegen. Die Liebe wird also schöpferisch. Die Hauptaufgabe der Partner besteht darin, immer im Fluss der Energien zu bleiben und sich davon leiten zu lassen. Wie in einem Tanz werden beide lernen, intuitiv zu erfassen, wie viel Selbstbestimmung, wie viel Freiheit, wie viel Bindung und wie viel Loslassen in jedem Moment richtig sind, und sich auf diese Art von Augenblick zu Augenblick bewegen. Feste Vorstellungen davon, wie was vonstatten gehen muss, sind in der neuen bewegten Beziehung nicht mehr denkbar.

Absolut erforderlich hingegen ist eine beiderseitige, entschiedene Ernsthaftigkeit und Integrität. Die neue Partnerschaft lebt nicht in der Tradition, sie lebt auch nicht in der vollkommenen Freiheit, sie bewegt sich im Raum dazwischen: zwischen dem Verschmelzen und dem Getrenntsein, zwischen dem Sichbeziehen auf die eigene Person und dem Sichbeziehen auf den anderen. Die fließende Partnerschaft kennt immer beides: Form und Formlosigkeit, Licht und Schatten, Abhängigkeit und Unabhängigkeit, sie berührt alle Themen des Lebens, doch sie bleibt nirgendwo hängen. Im Wesentlichen geht es in der neuen Liebe um die Erfahrungen des Teilens, des Erschaffens und Wachsens. Alles befindet sich in einem fließenden Zustand, den man mit allen Sinnen wahrnimmt und an dem man teilnimmt, ganz und gar im Augenblick.

Echte Liebe bringt alles in dir zum Vorschein: alles Gute und alles Schlechte. Dieser Satz bringt die Erfahrung auf einen Nenner, die Paare der neuen Zeit machen werden. Genau genommen, konfrontiert diese Liebe jeden ständig mit sich selbst. Sie zwingt uns, all unsere alten Wunden und Ungereimtheiten, die schmerzlichen und schönen Erfahrungen, unsere Schwächen und alles Unerlöste in uns anzuschauen, einzuschätzen und uns bewusst zu machen. Das ist letztlich unsere Beziehungsarbeit: In die eigenen Tiefen zu schauen, statt diese auf den anderen zu projizieren.

Wie wir uns in das neue Liebesbewusstsein einschwingen

Nachdem wir uns nun gedanklich sehr lange in der Zukunft aufgehalten haben, möchte ich mit Ihnen zusammen auf den harten Boden der Gegenwart zurückkehren. Noch leben die meisten von uns in einer Liebesbeziehung, die weit von dem entfernt ist, was hier beschrieben wurde. Hinzu kommen vielleicht existenzielle Sorgen und nicht zuletzt die Ängste, die alle angesichts der zunehmenden Verwüstungen der Erde durch Überschwemmungen, Tsunamis, Tornados, Erdbeben, Vulkanausbrüche, Kriege, Terror und Reaktorkatastrophen plagen. Wir müssen zusehen, wie große, bevölkerte Landstriche zerstört werden und viele Menschen ihr Leben lassen. Leider ist davon auszugehen, dass die destruktiven Elemente noch eine Weile am Werk sein werden. Die Erde ist dabei, negative Muster und einengende Energien loszuwerden, und durchläuft dabei den gleichen Transformationsprozess wie wir selbst.

Ich habe zu Beginn des Kapitels schon einmal erwähnt, dass ich es nicht für sinnvoll halte, sich von der allgemeinen Weltuntergangsstimmung anstecken zu lassen. Als Weltendiener, die wir die Augen und Herzen auf eine helle, neue Zukunft gerichtet haben, sollte es uns gelingen, uns über das, was in unserer Stadt, in unserem Land oder auf unserem Kontinent geschieht, zu erheben. Das bedeutet nicht, dass wir nicht helfen sollen. Im Gegenteil: Jeder von uns ist aufgerufen, den Schaden, den die Erde genommen hat, nach eigenen Möglichkeiten zu reparieren. Gleichzeitig sollten wir uns aber darüber im Klaren sein, dass wir anderen Menschen am besten durch unser eigenes Beispiel helfen. Jeder von uns, der sich auf dem richtigen Pfad befindet, ist ein Lehrer. Der beste Beitrag, den Sie, ich, wir alle leisten können, besteht darin, Meister des eigenen Lebens zu werden und im eigenen Innern Harmonie und Frieden herzustellen.

Ich möchte Ihnen hier eine Bewusstseinsphilosophie vorstellen, die Ihnen inmitten des Chaos ringsum immer wieder helfen wird, zu sich zu kommen und sich daran zu erinnern, wer Sie in Wahrheit sind. Sie ist der rettende Strohhalm für alle Lebenslagen – und zwar jederzeit und für jeden, ganz gleich ob Sie als Single leben oder in einer Beziehung.

Der Königsweg des Jetzt

Wann immer erleuchtete Meister gefragt werden, was man tun kann, um sanft in das Bewusstsein der neuen Zeit hinüberzugleiten, kommt der Rat: Bleibt im Augenblick, bleibt in der Liebe. Das Leben im Jetzt ist für uns Menschen offenbar die beste Möglichkeit, uns auf den Wandel vorzubereiten. Aber was bedeutet das nun genau?

Schauen Sie sich ein frisch verliebtes Paar an. Es befindet sich genau da, wo wir eigentlich immer sein sollten – im Zustand des Jetztbewusstseins. Ein Mann und eine Frau, deren Seelen im Gleichklang tanzen, haben gar nichts anderes im Sinn, als sich dem Augenblick hinzugeben. Für sie ist der Moment das Genussvollste, was es gibt, deswegen beherrschen sie die hohe Kunst der Gegenwärtigkeit ganz ohne Bewusstseinsschule. Sie schalten einfach ihren Verstand aus, öffnen ihre Sinne und kosten die Freuden des Daseins aus. Das ist Leben im Jetzt!

Im Jetzt zu sein macht wunschlos. Es verleiht uns das Gefühl, da angekommen zu sein, wo wir hingehören. Im Grunde ist der Zustand des Augenblicks unser natürlichster Zustand. Erinnern Sie sich an die Geschichte der verbundenen Menschen? Sie lebten im Jetzt und erlebten die Einheit allen Seins. Gleichzeitig waren sie durch ihre hohe Schwingung und ihre Medialität mit der geistigen Ebene verbunden. Ich glaube, dass die Liebe in der neuen Zeit uns wieder sehr stark in das magische Bewusstsein zurückführen wird.

Die Glücksforscher machen aufwendige Studien, um am Ende doch nur herauszufinden, dass das wahre Glück die Momente des Lebens sind, in denen wir ganz präsent sind. Wen wundert es da, dass wir bewusst und unbewusst immer wieder danach trachten, dahin zurückzukehren, wo wir vor Urzeiten einmal waren und wo wir demnächst vielleicht wieder sein werden ... Wir unternehmen Reisen ans Ende der Welt, suchen Grenzerfahrungen – alles nur, um uns aus der

Zeit herauszunehmen. Hier sein, das Leben entspannt und mit wachen Sinnen wahrnehmen, in sich spüren, nichts denken, nur schauen, staunen, hören, schmecken, fühlen, das sind die berühmten unvergesslichen Momente.

Während verliebte Paare ihr Jetztbewusstsein mit dem Abklingen der Verliebtheitshormone wieder verlieren, haben viele Seelenpartner die Fähigkeit, es sich zu bewahren. Ihre Verbindung ist oft von so viel Bewusstheit getragen, dass sie jeden Augenblick als ein Geschenk des Himmels erleben. Sie hüten, pflegen und schützen ihre Beziehung wie einen Schatz. Ihre Liebe ist kein Rausch, sondern eher ein Prozess, immer im Wandel, sich weiter und weiter entwickelnd. Sicher durchlaufen Seelenpaare auch Höhen und Tiefen, bewusstere und weniger bewusste Momente. Und doch fließt dauernd zwischen ihren Herzen eine Liebesenergie, die sie nähren und am Leben erhalten. Und wie so oft, wenn Menschen etwas Wunderbares erleben dürfen, entwickeln sie Demut und Dankbarkeit.

Es heißt, dass es nur den erleuchteten Meistern gelingt, dauerhaft im Jetzt zu verweilen. Allen anderen sei das Glück des erwachten Zustands nur zeitweise vergönnt. Das mag sein, aber ich denke, dass Liebende, deren Seelen sich für die neue Zeit verabredet haben, in der Gnade sind, immer seltener aus ihrer erhöhten Wahrnehmung herauszufallen. Sie beflügeln sich gegenseitig in der Weiterentwicklung ihres Liebesbewusstseins. Nicht von ungefähr arbeiten viele von ihnen als Therapeuten, Coaches, Lebenslehrer oder Künstler, immer unterwegs, um sich neue Zugänge zum Jetzt zu erschließen.

Seit den 70er-Jahren des letzten Jahrhunderts wird unsere westliche Welt von Methoden überflutet, die letztlich nichts anderes zum Ziel haben, als uns zurück in ein bewusstes Jetzt zu holen. Yoga, Qigong, Atem- und Entspannungsübungen – alles Mittel und Wege, um uns aus der Zeit herauszulotsen. Mit kommt es vor, als riefe die geistige Welt uns geradezu auf, uns mit der Heimat des neuen Bewusstseins vertraut zu machen!

Den meisten Menschen ist nicht bewusst, wie oft sie sich gedanklich in einer anderen Zeit befinden. Um den Augenblick für uns real fassbar zu machen, müssen wir eigentlich nur an unseren Atem denken. Er ist das klassische Symbol für die Gegenwart, weil er uns ganz direkt mit ihr verbindet. Wir können nur jetzt atmen, nicht in der Vergangenheit und nicht für die Zukunft. Wenn wir uns also wieder einmal von der Gegenwart entfernen, brauchen wir uns nur über den Atem in den Augenblick zurückzuholen. Atemmeditationen sind Teil der täglichen Übungspraxis der Achtsamkeit. Probieren Sie es einmal.

Meditation: Einfach nur atmen!

Setzen Sie sich aufrecht hin, schließen Sie die Augen und richten Sie Ihre Aufmerksamkeit ganz auf Ihren Atem. Atmen Sie durch die Nase ein und wieder aus. Die Lippen bleiben geschlossen, der Kiefer ist offen und entspannt. Zählen Sie nun innerlich Ihre Atemzüge, indem Sie beim Einatmen »eins« sagen und beim Ausatmen »zwei«. Wichtig ist das rhythmische Wiederholen der Worte: eins, zwei ... Spüren Sie dabei in sich hinein, wie die Luft in Ihren Körper ein- und ausströmt und wo Sie den Atem wahrnehmen können: an der

Öffnung der Nasenlöcher, beim Heben und Senken der Bauchdecke, vielleicht auch in der Brust – je nachdem, wohin Sie atmen. Das ist schon alles, womit Sie sich jetzt befassen müssen. Wenn Sie zum ersten Mal meditieren, machen Sie die Übung nur fünf Minuten, als Fortgeschrittener können Sie sie bis zu 15 Minuten ausführen.

Auch Meditation hat letztlich den einen Sinn, sich im Augenblickbewusstsein zu üben – mit den Sinnen hellwach, trotzdem ruhig und ganz da. In solchen Momenten erhöhter Wahrnehmung tut sich eine vollkommen neue Welt auf. In tiefer Meditation haben wir manchmal sogar das Gefühl, als würden wir aus einer Trance erwachen. Es ist, als ob jemand mit einer überdimensionalen Taschenlampe einen Lichtstrahl auf unser Leben werfen würde, wir sehen für Sekunden glasklar. Es sind diese erleuchteten Momente, in denen wir erkennen, was mit uns, in uns und um uns herum geschieht. Manchmal gewinnen wir sogar tiefe Einblicke oder erhellende Erkenntnisse über den Sinn unseres Daseins.

Die Kunst, den Augenblick zu leben, ist das Kernstück der umfassenden Lebensphilosophie der Achtsamkeit, deren Lehrer uns seit vielen Jahrzehnten den respektvollen Umgang mit der Natur und allen Lebewesen beibringen. Vor allem aus dem Zen-Buddhismus kennt man die liebevolle Sorgfalt und die freudige Konzentration, die man selbst der banalsten Routinearbeit widmen soll. Richte deine volle Aufmerksamkeit auf jede kleinste Bewegung! Sei immer ganz bei der Sache, ohne in Gedanken abzuschweifen!

Dereinst wetteiferten drei Zen-Schüler darin, wer von ihnen wohl den größten Meister hätte. Der Erste schlug sich auf die Brust und rief: »Wenn mein Meister einmal ausatmet, bläst sein Atem zehn Männer um.« Da fiel der Zweite ein: »Mein Meister trifft sein Ziel mit Pfeil und Bogen in der finstersten Nacht, sogar mit verbundenen Augen.« »Mein Meister kann das Schwierigste von allem«, rief der Dritte. »Wenn er sitzt, dann sitzt er, wenn er isst, dann isst er.«

Die Anekdote bringt das Wesen der Achtsamkeit auf den Punkt: Es gibt kein Ziel, es gibt nur das Tun, es gibt kein Dort, nur das Hier, es gibt kein Früher oder Später, nur das Jetzt.

In der Zahl Acht schwingt das Symbol der Unendlichkeit. Ohne Anfang, ohne Ende, so ist das ewige Sein. Es kennt keine Begrenzung durch Zeit, es kennt nur das Jetzt. Das Jetzt ist immer, und so ist Achtsamkeit auch die Kunst, die Gegenwart als die Wahrheit zu akzeptieren. Sie ist das Einzige, was wirklich existiert. Vergangenheit und Zukunft sind eine Illusion des Verstands. Nur das Jetzt ist, und wer sich der Liebe verschreibt, erkennt seine Essenz an, die bedingungslose, unabdingbare, absolute Vollkommenheit. »Was ist schon ein Augenblick?«, fragte der Schüler seinen Meister. »Er ist alles, was du hast!«, sagte dieser. »Gehe also achtsam mit ihm um.«

Achtsamkeit ist ein Weg aus dem Gedankenkarussell, hinein in die Klarheit des Augenblicks. Lärmt der Affe in unserem Kopf nur noch leise im Hintergrund, sind wir endlich offen für Wahrnehmungen. Viele solcher Momente machen uns reich, und die Summe aller Momente ergibt ein reiches, in seiner ganzen Vielfalt gelebtes Leben.

Die Zen-Meister vergleichen Unachtsamkeit mit einem flachen Stein, der, über die Oberfläche des Wassers geworfen, übers Wasser hüpft. Durch die Geschwindigkeit bleibt er an der Oberfläche. Er kann nicht eindringen und kein tiefes Wissen über das Wasser gewinnen. Genau wie der hüpfende Stein leben auch wir in der Hektik unseres Alltags nur oberflächlich. Wir atmen flach, suchen nach schnellen Ablenkungen. Geschwindigkeit kann durchaus Spaß machen – beim Autorennen oder beim Denksport. Aber haben wir nicht schon genug davon? Ist unser Leben nicht ohnehin angefüllt mit rasanten Erlebnissen, rast die Zeit nicht schnell genug? Was wir brauchen, sind Langsamkeit und Ruhe, um den Dingen auf den Grund zu gehen und unseren Blick für das Wesentliche zu schärfen. Wie schnell vergessen wir im Alltag vor lauter dringlichen Dingen die wirklich wichtigen! Achtsamkeit weist uns auf sie hin. Sie hilft uns, die Gedankenabläufe zu verlangsamen – manchmal bis hin zum Stillstand. Langsame, gründliche Gedanken oder einfach gar keine. Was für eine Wohltat, genauer hinschauen zu können. Zeit zu haben, um in die Tiefe zu gehen. Lassen Sie Ihren Stein also ins Wasser fallen und die verschiedenen Schichten des Wassers durchdringen. Lassen Sie ihn an Unterwasserpflanzen und Kleinstlebewesen vorbei nach unten sinken, bis er auf dem Grund des Sees liegen bleibt. Während des Fallens hat er alles erfasst, was den See ausmacht.

Unser Alltag ist nicht nur hektisch und ruhelos, er ist auch angefüllt mit Tätigkeiten und Erledigungen, die uns nerven oder langweilen. Im Jetztbewusstsein lassen wir nicht mehr zu, dass uns eine Beschäftigung aus der Mitte bringt. Stellen Sie sich vor, mit wie viel Freude Sie morgens aus dem Bett springen könnten, wenn Sie wüssten, dass nur Angenehmes auf Sie wartet, und das jeden Tag! Das Leben im Jetzt kann Ihnen helfen, alle täglichen Verrichtungen so umzudeuten, dass Sie sie mögen. Probieren Sie es.

Übung: Heilung von der Routine

Stellen Sie eine Liste von alltäglichen Tätigkeiten zusammen, mit denen Sie sich häufig beschäftigen. Schreiben Sie auch solche auf, die Sie uninteressant, langweilig oder ärgerlich finden, die Sie stressen oder müde machen. Aussparen sollten Sie nur die Aktivitäten, die Sie zutiefst ablehnen oder sogar hassen. Solche Dinge können Sie nur entweder bereitwillig annehmen oder ganz aus Ihrem Leben verbannen. Hier geht es jetzt nur um Routineaktivitäten wie die tägliche Fahrt zum Büro und wieder zurück, das Einparken des Autos in die Parklücke, Einkaufen im Supermarkt, Wäsche in die Waschmaschine geben, zum Trocknen aufhängen, falten, bügeln, den Boden wischen, Kuchen backen, die Pizza in den Ofen schieben. Machen Sie aus all diesen Tätigkeiten einen Akt der Lebendigkeit, indem Sie Ihre gesamte Liebe und Sorgfalt hineinlegen. Seien Sie absolut präsent bei jedem Handgriff und spüren Sie die wache, lebendige Ruhe in sich. Sie werden sehr bald merken, dass sich alles, was Sie in dieser gesteigerten Bewusstheit tun, in Freude verwandelt. Sie werden weder gestresst noch müde zu Ihrem Arbeitsplatz fahren, sondern mit einem angenehmen Gefühl der Leichtigkeit. Eigentlich machen uns nicht die Arbeiten und Erledigungen Freude, sondern die Dimension der Bewusstheit, die in alle Aktivitäten einfließt. Wenn Ihnen Ihr Alltag fad, bedeutungslos oder zu anstrengend erscheint, ist die Dimension der Bewusstheit noch nicht in Ihr Leben eingeflossen. Bewusstheit sollte unser hauptsächliches Ziel bei allem sein, was wir tun.

Mit dem Partner im Jetzt

Wer achtsam lebt, erkennt den Moment als einzige Wahrheit an. Kommunizieren Sie mit Ihrem Partner also in der Gegenwart. Nicht die Sorgen über die Zukunft zählen, nicht das Grübeln über Vergangenes. Was geschehen ist, können wir nicht rückgängig machen. Oft erkennen wir erst, wenn wir mit der Praxis der Achtsamkeit beginnen, wie stark unser Denken und Fühlen von längst vergangenen Ereignissen beeinflusst werden, und wie sehr das unsere Liebesbeziehung belastet. Alles, worüber Sie mit Ihrem Partner sprechen, hat eine Energie, die sich auf Ihren Geist und auf Ihr beider Wohlbefinden auswirkt. Was also nutzen die Schuldgefühle über den Streit von letzter Woche, über die Sie sich den Kopf zermartern. Vermutlich haben Sie sich längst ausgesprochen und einander verziehen. Warum wieder und wieder das gleiche Thema hervorkramen? In langen Beziehungen ist es besonders schwierig, die alten Kamellen zu vergessen. Sich mit den Gedanken an vergangenen Verletzungen festzuhalten raubt Ihnen beiden aber die Kraft, die Sie benötigen, um Ihr Leben aktiv anzupacken. Das Gleiche gilt, wenn Ihre Gesprächsthemen ständig um Ihre ungewisse Zukunft kreisen. Da, wo unsere Aufmerksamkeit liegt, ist auch unsere Energie. Sie brauchen Ihre Kraft für die Gegenwart, denn nur im Jetzt können Sie handeln. Wir können heute dafür sorgen, dass es uns morgen gutgeht. Warum also Angst vor der Zukunft haben, warum sich wegen etwas quälen, das noch gar nicht passiert ist? Neue Denkansätze zu wählen bringt frischen Wind in jede Beziehung: keine Vorwürfe, kein heimliches Schmollen wegen einer alten Sache. Versuchen Sie, einfach da zu sein, ohne das ewige »hätten wir doch, wären wir doch, eigentlich sollten wir …«. Sprechen Sie miteinander über den heutigen Tag. Über das, womit Sie gerade beschäftigt sind, über Ihre Gefühle, Ihre Empfindungen. Tauschen Sie sich aus, ohne das zu bewerten, was der andere sagt. Schauen Sie Ihren Partner dabei an und hören Sie ihm wirklich zu. Versuchen Sie im Gespräch mehr wahrzunehmen, als zu denken. Das macht Sie intuitiver. Wenn Sie etwas sagen, lassen Sie Ihr Herz mitreden. Ihr Partner wird es sofort spüren.

Nur wenige von uns sind sich darüber bewusst, dass der Denkapparat nur eine von vielen Instanzen von uns ist – der Teil nämlich, der unser Alltagsbewusstsein steuert. Andere Instanzen sind unsere Gefühle, unsere Bedürfnisse, unser Überlebenstrieb, unsere Intuition, unsere Sexualität. In der Achtsamkeit nehmen wir unsere Gedanken als das wahr, was sie sind. Als Gedanken, die kommen und gehen. Also lassen wir sie kommen und gehen und schenken ihnen keine weitere Bedeutung. Mit wachsender Übung wird es gelingen, die Gedanken in ihre Schranken zu weisen. Wir schalten ab. In diesem Augenblick, werden wir wieder natürlich, und unsere äußere Hülle fällt von uns ab.

Für die nächste Jetztübung brauchen Sie einen Partner oder eine Partnerin, den oder die Sie von Herzen lieben. Überlegen Sie sich also gut, wen Sie dazu einladen. Die Übung wirkt intensiv öffnend auf Ihr Herzchakra. Wenn Sie sich darauf einlassen, kann Ihnen die göttliche Dimension von Liebe körperlich bewusst werden. Gehen Sie also achtsam mit dieser Kraft um.

Übung: Liebe verströmen

Setzen Sie sich mit Ihrem Partner oder mit Ihrer Partnerin Rücken an Rücken auf den Boden, nehmen Sie eine aufrechte Sitzhaltung ein. Schließen Sie die Augen und konzentrieren Sie sich beide auf Ihren Atem. Um sich zu entspannen, atmen Sie fünfmal langsam durch die Nase in den Bauch ein und durch die Nase wieder aus. Wenn Sie ruhig geworden sind, beginnen Sie und Ihr Partner oder Ihre Partnerin Ihren Atem aufeinander abzustimmen, sodass Sie beide gleichzeitig ein- und ausatmen. Genießen Sie die Verbundenheit mit der anderen Person, die sich durch Ihr synchrones Atmen einstellt. Wenn Sie beide bereit sind, sich in das Gefühl weiter einzuschwingen, kann ein sehr intimer Raum zwischen Ihnen entstehen. Sobald Sie spüren, dass Ihr beider Ein- und Ausatem mühelos im selben Rhythmus verlaufen, beginnen Sie mit dem nächsten Schritt: Stellen Sie sich vor, dass bei jedem Einatmen Licht von oben durch Ihren Scheitel in Ihr Herz strömt. Beim Ausatmen stellen Sie sich vor, dass Liebe von Ihrem Herzen ausgehend über Ihren Rücken und über den Rücken der anderen Person zu deren Herz strömt. Das Einatmen von Licht verbindet Sie mit der göttlichen Quelle, das Ausatmen von Liebe mit dem Partner. Halten Sie die Verbindung so lange wie möglich und genießen Sie die freigesetzte Energie. Nach einer Weile werden Sie fühlen, dass Ihr Herz gesättigt ist, und Sie mögen die Liebesenergie vielleicht an andere weiterschenken. Stellen Sie sich dazu eine Person vor oder einen Ort, ein Objekt – was immer Sie mit Ihrer lebendigen Liebeskraft energetisieren möchten. Atmen Sie wie zuvor Licht ein und lassen Sie Liebe nun gedanklich von Ihrem Herzen ausgehend nach vorne zu der Person, dem Ort oder dem Objekt ausströmen. Wenn Sie und Ihr Übungspartner oder Ihre Übungspartnerin die Übung beenden möchten, verständigen Sie sich, indem Sie die Hände nach hinten leicht auf die Arme des anderen legen.

Für Liebespaare gibt es nichts Schöneres, als Zeit zu zweit zu verbringen. Sie kosten den Geschmack des Augenblicks. Wenn Sie Lust auf ein Paarexperiment haben, das Ihr Jetztbewusstsein trainiert, empfehle ich Ihnen den folgenden Abend im Jetzt. Die Übung bringt das Element der Achtsamkeit ganz spielerisch ein. Ob der Abend lustig wird, ernst und intensiv oder aufregend und anregend oder leicht und verspielt, liegt bei Ihnen. Es gibt keine Vorgaben, kein Ziel. Sicher ist nur eines: Wenn Sie beide mit ganzem Herzen dabei sind, wird es ein Abend, den Sie so schnell nicht vergessen werden. Aber sehen Sie selbst.

Übung: Ein Abend im Jetzt

Nehmen Sie sich vor, einen ganzen Abend Zeit füreinander zu haben. Kein Programm, keine Ablenkung – nichts, was Sie davon abhalten könnte, sich aufeinander zu konzentrieren. Lassen Sie den Fernseher aus, stellen Sie das Telefon ab. Niemand soll Sie stören. Wenn Ihnen danach ist, dekorieren Sie das Zimmer, in dem Sie sich aufhalten werden, mit stimmungsvollen Accessoires. Schöne Kerzen, frische Blumen in der Vase, eine Karaffe mit Saft (möglichst kein oder wenig Alkohol), etwas zum Knabbern. Wählen Sie Musik aus, die Sie beide mögen – vielleicht »Ihre« Musik. Machen Sie sich hübsch füreinander und verabreden Sie sich zu einem offenen Abend, an dem alles entstehen darf, was entstehen möchte. Lassen Sie zu, dass der Raum sich weitet – für die Wahrnehmung der eigenen Person und für die Wahrnehmung des anderen. Nehmen Sie sich nichts vor. Entspannen Sie sich einfach und genießen Sie es, in schöner Atmosphäre beisammen zu sein, ohne Absicht, ohne Ziel. Tauchen Sie ein in das Gefühl, dass alles so sein darf, wie es ist. Alles ist richtig und vollkommen. Beobachten Sie, was sich daraus entwickelt.

Sie können miteinander sprechen. Aber wenn es nichts zu reden gibt, reden Sie nicht. Versuchen Sie nicht, die Stille durch Worte zu unterbrechen. Nehmen Sie sie an als das, was sie ist: Stille. Registrieren Sie Ihre Gedanken, Wünsche und Gefühle während des gemeinsamen Schweigens. Vielleicht tauchen Ängste auf: Haben wir uns nichts mehr zu sagen? Wie schwer es doch sein

kann, in der Stille zu bleiben, ohne sie zu bewerten! Lassen Sie Ihre Zweifel kommen und gehen, wie alle anderen Gedanken und Gefühle auch. Erkennen Sie die Vergänglichkeit Ihrer Gedanken an. Auch die Stimme Ihres inneren Kritikers ist heute Abend bedeutungslos. Wenn Sie merken, dass Sie unruhig werden oder sich verspannen, atmen Sie einfach tief in den Bauch ein und aus – und lassen Sie los. Alles ist gut.
Vielleicht beginnt nach einer Weile einer von Ihnen zu tanzen. Schauen Sie dem anderen zu oder tanzen Sie mit, lassen Sie sich von Moment zu Moment treiben. Vielleicht mögen Sie sich einfach nur anschauen, mit wachem, offenem Blick. Irgendwann fängt vielleicht einer zu sprechen an. Hören Sie ihm zu. Schenken Sie seinen Worten Ihre volle Aufmerksamkeit und nehmen Sie seine Gesten, seine Körperhaltung und seinen Gesichtsausdruck wahr, um auch das Ungesagte zwischen seinen Worten zu verstehen. Augenblicke gemeinsamer Wahrnehmung schulen die Intuition und lassen uns auch auf unausgesprochene Bedürfnisse reagieren. Hüten Sie sich jedoch davor, dem anderen Ratschläge zu erteilen – es sei denn, Sie werden aus- drücklich darum gebeten. Es soll an diesem Abend keine Lösung gefunden werden, aber wer weiß, vielleicht ergibt sie sich von selbst. Das Wichtigste, das Sie Ihrem Partner schenken können, sind Ihre freundliche Anteilnahme, Ihre Aufmerksamkeit und Ihre unvoreingenommene Offenheit. Lassen Sie sich überraschen auf der Spielwiese Ihres Abends!

Es gibt Augenblicke, da erlebt ein liebendes Paar seine Zweisamkeit wie unter einer Glocke. Dann verschwindet das Gefühl für Zeit, und an seine Stelle tritt die Hingabe an das, was geschieht. Wir alle kennen solche Momente der absoluten Zeitlosigkeit. Manchmal sind es nur Minuten, aber sie graben sich in unser Gedächtnis ein: unvergesslich – magisch! Ich bin davon überzeugt, dass uns die Freuden des Jetzt in Zukunft leichter zugänglich werden. Je stärker unser Bewusstsein angehoben wird, desto selbstverständlicher wird es uns gelingen, die Fülle des Lebens mit allen Sinnen auszukosten und die Kraft der Gegenwart zu erleben. Stellen Sie sich einmal vor, Sie hätten Ihre gesamte Lebenskraft zu 100 Prozent zur Verfügung: keine Lasten aus der Vergangenheit mehr im Rucksack, keine Sorgen um die Zukunft mehr im Kopf. Kein Hindernis vor Augen, alle Wege stünden Ihnen offen zu Ihrer freien, spielerischen Entfaltung. Welch glücklichen Zeiten wir entgegengehen ...

Hier sind wir nun am Ende des Kapitels angelangt, mit dem ich Sie auf den Geschmack der Liebe in der neuen Zeit bringen wollte. Ich hoffe, Sie haben eine Idee davon bekommen, wie lebendig, wie positiv und wie reich unser Leben auch inmitten der chaotischsten äußeren Veränderungen sein kann. Wir müssen uns nur immer wieder ins Bewusstsein rufen, wozu wir auf dieser Erde sind. Wenn alles sich verändert, verändere alles – dieser Spruch trifft auch auf das Thema zu, dem ich mich auf den nächsten Seiten widmen möchte. Es geht um einen weiteren spannenden Aspekt der neuen Liebe – vielleicht um den spannendsten überhaupt, die neue Sexualität im kosmischen Bewusstsein.

6. Kapitel:

DIE NEUE, KOSMISCHE SEXUALITÄT

»Ich weiß nicht, wie das in Zukunft gehen soll mit dem Sex. Wie soll das denn funktionieren – nur noch durch bloßes Anschauen!« Mein Gesprächspartner schaute mich provozierend an. Er wollte wohl einen Witz machen, aber in seinem Satz klang ein besorgter Unterton mit. Er schien ernsthaft über etwas nachzudenken, das Sie ebenfalls beschäftigen dürfte: Wie geht es weiter mit unserer Sexualität? Was wird aus ihr, wenn wir unser Bewusstsein erhöhen? Kann es sein, dass sich unsere lustvollen, Leben spendenden Bewegungen eines Tages erübrigen?

Es wird viel darüber spekuliert, vermutet, prophezeit. Auf die letzte Frage werde ich Ihnen die Antwort wohl schuldig bleiben müssen. Aber ich kann Ihnen die Weiterentwicklung der Sexualität beschreiben, die wir mit wachsendem Liebesbewusstsein vorantreiben. Am Ende dieses Prozesses steht ein Akt, bei dem die körperlichen und geistigen Energien der Liebespartner verschmelzen und eine Vereinigung mit dem Universum stattfindet. Die körperliche Liebe wird damit wieder zu dem, was sie einmal war: ein göttlicher Akt, der uns tief in das Gefühl der Einheit eintauchen lässt und uns den Geschmack von Erleuchtung schenkt. Ein frommer Wunsch, mögen Sie vielleicht bei sich denken, wie soll der Normalsterbliche ein solches Ziel erreichen? Die Antwort heißt: durch Bewusstheit. Jeder einzelne Mensch kann sich hier und heute für den Weg der kosmischen Sexualität entscheiden – ganz gleich, ob er in einer Liebesbeziehung lebt, in einer Seelenpartnerschaft oder als Single.

Um Sex in eine außergewöhnliche, göttliche Erfahrung zu verwandeln, braucht es die gleichen Bewusstseinsschritte wie beim Hineinwachsen in die bedingungslose Liebe. Im Grunde sind in der kosmischen Sexualität alle Aspekte enthalten, über die Sie in den vergangenen Kapiteln gelesen haben: die Erfahrung, mit allem eins zu sein, Gegenwärtigkeit, Achtsamkeit, Respekt und das Bewusstsein, selbst Göttlichkeit in sich zu tragen. All diese wunderbaren Faktoren zusammen machen Sexualität zu einer heilenden und gleichzeitig ekstatischen Erfahrung, die uns erlöst und befreit.

Auf Ihrer Reise durch dieses Buch haben Sie viele Bewusstseinslektionen gelernt. Sie haben erfahren, dass jede persönliche Weiterentwicklung mit Selbstliebe beginnt. Sie haben die häufigsten Ursachen für Beziehungsprobleme erkannt, nämlich gegenseitige Projektion, überholte Glaubensmuster und falsche Vorstellungen von Partnerschaft. Sie haben den tieferen Sinn von Selbstfindung begriffen, nämlich den Zugang zur Seele zu entdecken und dem eigenen Seelenplan auf die Spur zu kommen. Schließlich haben Sie auch die universellen Lebensgesetze entdeckt, die Ihnen inneren Halt und Orientierung in der sich wandelnden Welt geben. All diese Schritte haben Sie für ein neues Selbstverständnis geöffnet, in dem Sie sich als vollkommenes, göttliches Wesen verstehen, an dem es nichts zu verändern gibt. Genau dieses Selbstverständnis ist der Schlüssel für kosmischen Sex.

Bevor wir uns die geheilte Sexualität im Detail anschauen, möchte ich einen Blick auf die Inhalte werfen, die wir heute mit Sex verbinden. Die klassischen Erwartungen kann und will die neue, kosmische Sexualität nämlich nicht mehr erfüllen!

Schluss mit dem sexuellen Gemischtwarenladen

Um es gleich vorwegzunehmen: Ich werde hier weder mit neuen Sextechniken auffahren noch mit Tipps, wie Sie Ihre Sexiness aufpeppen oder Ihren Partner, Ihre Partnerin dazu bringen, Ihnen ständig zur Verfügung zu stehen. Auch die anderen üblichen Verbesserungsvorschläge – etwa wie man ein besserer Liebhaber oder eine bessere Liebhaberin wird, wie der Orgasmus besser, schneller, häufiger gelingt – finden hier nicht statt. Sie haben ohnehin den wenigsten genutzt. Was hat die sexuelle Aufklärung seit Oswalt Kolle unter dem Strich gebracht? Hat sie uns glücklicher gemacht?

Wir können heute jede Variante zwischen Blümchensex und Bondage ausleben: Promiskuität, Swinger-Clubs, Sadomaso, Fetisch-Sex – alles erlaubt, alles toleriert. Trotzdem haben viel zu viele Menschen Probleme mit ihrer Sexualität, vielleicht sogar deswegen. Wir wissen zu viel darüber, lesen zu viel darüber, werden überflutet von einschlägigen Fotos und Filmen. Unsere westliche Welt ist vollkommen sexualisiert, unsere Sexualität total überfrachtet. Allein welche Menge an Vorstellungen wir mit Sexualität verbinden: »Man muss vieles ausprobiert haben, bevor man sich festlegt«, »Wenn der Sex stimmt, stimmt auch die Beziehung«, »Für Sex gibt er/sie mir alles«, »Um Karriere zu machen, muss eine Frau nicht klug, sondern sexy sein«. Das sind nur einige wenige der Mythen um das Thema. Bedenklicher als die vielen schädlichen Ideen aber ist, dass viele von uns so leben, als hätte Sexualität mit dem restlichen Leben nichts zu tun.

Nachdem Kolle und die Pille unsere Sexualität von Tabus und Ängsten befreit haben, haben wir begonnen, uns auszuleben. Das mag eine Zeit lang wichtig gewesen sein, heute ist es das nicht mehr. Von Scham und Hemmungen befreiter Sex ist in der westlichen Zivilisation eine Selbstverständlichkeit geworden. Umso irritierter mussten wir feststellen, dass sich mit der freien Sexualität so manches andere entfaltet hat, mit dem wir nicht gerechnet haben. Bitte verstehen Sie mich richtig. Ich bin keine Gegnerin der Pille, ich selbst habe über Jahrzehnte den Segen der hormonellen Verhütung genossen. Ich stelle nur fest, dass Eingriffe in natürliche Prozesse häufig Entwicklungen anstoßen, deren Folgen wir im Augenblick des Eingriffs nicht einschätzen können. Die berühmte amerikanische Frauenrechtlerin Gloria Steinem hat in den 60er-Jahren vor den sozialen Auswirkungen der Pille gewarnt. Die Rolle der Frau würde sich so schnell ändern, dass die Haltung der Männer damit nicht mehr mithalten könne. Wie recht die Dame damals hatte, können wir heute, 50 Jahre später, vorbehaltlos bestätigen.

Die Geister, die wir riefen

In fernöstlichen Religionsschriften ist nachzulesen, dass im energetischen Feld des Menschen eine bestimmte Sorte nicht physischer Wesen existiert, die wir hier einmal materiebezogen nennen wollen. Sie sollen unseren karmischen Altlasten und Projektionen anhaften und können sich über den Geist in unsere Denkvorgänge einschalten, wodurch sie auf unsere Meinungen und die daraus entstehenden Handlungen einwirken. Diese materiebezogenen Wesen nehmen in erster Linie Einfluss auf unser kollektives Denken. Sie produzieren die Einstellung der Allgemeinheit zum Wert des Geldes und zu schnellen Autos, zur Bedeutung von Jugendlichkeit, Schönheit – und Sexualität.

Diese Wesen sind nicht daran interessiert, sich über die Materie zu erheben oder gar von ihr zu lösen, im Gegenteil. Sie sorgen dafür, dass alle Gedanken und Handlungen, die den Menschen davon abbringen könnten, sich etwas anderem als der Materie zu widmen, vom Kollektiv bestraft werden. Die materiellen Wesen trachten geradezu danach, zu verhindern, dass wir Erkenntnisse über die Verbindung zwischen Gott und dem menschlichen Sein gewinnen, und wie wir sehen, leisten sie effektive Arbeit.

Je radikaler sich ein Mensch der reinen Materie zuwendet, desto effektiver wird er von den materiegebundenen Wesen unterstützt und zu materiellem Reichtum geführt, was wiederum seine materialistische Lebenseinstellung bestätigt. Das Streben nach Macht, Ruhm und Besitz sind die sichtbaren Auswüchse materiellen Denkens. Und unter diesem Aspekt ist Sexualität nichts weiter ist als ein Mittel zum Zweck. Sie wird benutzt, um Macht auszuüben, zu manipulieren, zu kontrollieren, andere zu unterwerfen oder sich zu Willen zu machen. Und es wird eine Menge Geld damit verdient.

Je mehr ein Mensch sein Wissen über seinen göttlichen Ursprung vergisst, je dichter also der Schleier des Vergessens ist, der ihn von seinem Gottbewusstsein trennt, desto »materieller« wird sein Sex. Doch was würde passieren, wenn wir den materiegebundenen Wesen ihre Macht über unsere Lebenseinstellung entziehen und unsere Schwingung erhöhen würden? Eine regelrechte Bewusstseinsrevolution bräche aus. Themen wie Macht, Ruhm, Trieb und Sexualität bekämen plötzlich einen ganz neuen Geschmack. Sex wäre keine Ware mehr, keine Verdienstmöglichkeit, keine Verkaufsstrategie, kein Druckmittel. Prostitution, Pornografie, Frauen als Lockvögel, um an Informationen zu kommen – nichts von alledem würde mehr funktionieren.

Man stelle sich nur vor, welch ein Aufatmen durch die Reihen der Menschheit ginge, wenn diese nackte, kalte, missbrauchende Sexualität aus unserem Leben verschwände! Wir dürften von dem Abstand nehmen, was viele für aufregenden Sex halten: kein Leistungsdenken, keine Versagensängste mehr. Männer wären nicht mehr ausbeutbar, weil sie meinen, sich mit einer weiblichen Trophäe schmücken zu müssen, Frauen müssten sich nicht mehr in Barbies verwandeln, um Geld, Sicherheit, Bewunderung, Anerkennung, Berühmtheit, Filmangebote, Liebe und vieles mehr zu erhalten. Es gäbe keine Schönheitschirurgen und keinen Jugendwahn mehr. All die Exzesse, die krankhaften Auswüchse kämen zum Erliegen, wenn Sex kein Instrument mehr wäre.

Stellen Sie sich nur vor, wie sich unser Blick auf das andere Geschlecht verändern würde, wenn wir unsere Liebespartner nicht mehr danach wie sexy sie sind, nach ihrem Image oder anderen Kriterien auswählen würden, die uns das Kollektiv eingepflanzt hat, sondern ausschließlich nach dem Gefühl seelischer Zusammengehörigkeit. Was passierte mit dieser Welt, wenn wir nur noch den oder die lieben wollten, die wir lieben? Alles, einfach alles wäre plötzlich anders!

Leider stehen Menschen, die es schaffen, ihre Sexualität auf eine höhere Ebene zu heben, heute noch ziemlich alleine da mit ihrer neuen Wirklichkeit. Ich muss nur daran denken, wie spöttisch die junge Studentin aus dem Bekanntenkreis meines Sohnes belächelt wird. Sie bekennt sich offen dazu, mit ihren 23 Jahren noch Jungfrau zu sein, weil ihr der Richtige bisher nicht begegnet ist.

Das Geheimnis der körperlichen Liebe

Unsere Sexualität ist der Gradmesser unseres Bewusstseins. So wie sie bei vielen spirituellen Paaren schon heute ihre trennenden Eigenschaften verloren hat, wird es in Zukunft bei allen Männern und Frauen geschehen. Um es auf einen einfachen Nenner zu bringen: Wir haben Sex, aber wir machen Liebe. Sie erinnern sich? »Make love not war«, das Lebensmotto der Generation Woodstock. Die neuen kosmischen Liebenden sind endlich da angelangt, wo die Generation der 60er- und 70er-Jahre hinwollte: Bei einer Sexualität, die nicht mehr und nicht weniger ist als ein wundervoller Austausch reiner Liebesenergie. Das geschieht ohne Bedingungen, ohne Hintergedanken, ohne Machtanspruch, dafür mit viel Freude und dem beglückenden Gefühl tiefster Erfüllung. Diese Form der Sexualität ist ein Akt hohen Bewusstseins – und wie wir wissen, gewinnt alles, was wir bewusst tun, an Wert und Bedeutung.

Die geheilte Sexualität

Liebe Leserin und lieber Leser, hier soll es nun also um eine Sexualität gehen, die von ihren Schattenseiten befreit ist. Die gute Nachricht. Sie ist keine Vision, sie wird bereits praktiziert – von Männern und Frauen, die sich für das Liebesbewusstsein der neuen Zeit entschieden haben.

Und wie jede Bewusstseinsveränderung beginnt auch die kosmische Liebeskunst mit einer Neuordnung unserer Gedanken. Nehmen Sie also Ihren inneren, eisernen Besen zur Hand und kehren Sie die veraltete Idee aus dem Kopf, dass Sie ein Mensch sind, der seine Sexiness erst durch allerlei Tricks aufpolieren muss, um einem Liebespartner zu gefallen. Solche Vorstellungen sollten sich nie wieder in unseren Gehirnen einnisten, weil sie uns von der großen, universellen Wahrheit ablenken, die ich nicht häufig genug wiederholen kann: Jeder ist ein Funke der Schöpferessenz. Werden Sie sich also bewusst, dass Sie eine Gotteszelle von großem Potenzial in sich tragen, und lassen Sie dieses Bewusstsein in jede Zelle Ihres Körpers eindringen. So genährt, wird es ganz einfach, sich in einen göttlichen Liebhaber oder eine göttliche Liebhaberin zu verwandeln.

Seit Tausenden von Jahren wissen die Menschen, dass es so etwas wie eine natürliche geschlechtliche Ausrichtung gibt, woraus sie besteht und wie genau sie sich anfühlt. Auch das ist eine universelle Wahrheit, die sich in allen großen Kulturen und Weltreligionen wiederfindet.

Diese natürliche Sexualität besteht aus kosmischen Eigenschaften, die sehr genau von irdischen Eigenschaften zu unterscheiden sind. Sexuelle Erregung zum Beispiel ist eine kosmische Eigenschaft, während Gier und Wollust Bestandteile der irdischen Sexualität sind. Gier, Geilheit, Wollust, oder wie immer Sie dazu sagen, werden durch künstliche, erotische Stimulationen erzeugt, zum Beispiel durch pornografische Bilder, Filme oder Darstellungen aus dem sogenannten Rotlichtmilieu. Sie zielen auf die rein körperliche Befriedigung ab und verhindern bewusst, dass zwischen den Sexpartnern Nähe und Intimität entstehen. Das schale Gefühl, das sich danach einstellt, ist eines der sichersten Anzeichen für nicht kosmischen Sex.

Warum kosmische Paare strahlen

Vielleicht erinnern Sie sich an das Bild der beiden Kugeln, das ich zur Darstellung des neuen Selbstverständnisses von Seelenpaaren benutzt habe. Um diese beiden Kugeln herum malte ich gedanklich einen Kreis, um aufzuzeigen, wie sich die Energiefelder der Partner potenzieren: der Smiley ohne Mund. Eine Parallele zu dieser Idee fand ich nun auch in der vedischen Lehre wieder. Dort heißt es, dass ein Paar, das sich bedingungslos liebt, um sich herum ein sogenanntes Pranafeld erzeugt. Prana ist der Sanskritbegriff für Lebensenergie. Dieses gemeinsame Pranafeld wirkt wie ein Schutzschild gegen niedere Beweggründe, materielle Interessen und andere Einflüsse, die aufrichtige Liebe beeinträchtigen können. So ein gemeinsames Pranafeld aufzubauen ist zwar ein allmählicher Prozess, aber wenn es einmal steht, ist es wohl nicht mehr so leicht einzureißen und umgibt die Partner selbst dann, wenn sie längere Zeit voneinander getrennt sind.

Um ihre Liebe zu bewahren, müssen Mann und Frau darum bemüht sein, ihr gemeinsames Energiefeld in einem gesunden Zustand zu erhalten. Es muss gepflegt, genährt und geschätzt werden, indem sich die Partner ausschließlich auf die universellen Qualitäten konzentrieren – Vergnügen, Liebe, Intimität und Freude. Wenn es einem Paar gelingt, diese vier Punkte zum Inhalt seiner Beziehung zu machen, befindet es sich auf einer hohen Bewusstseinsstufe. Dann strahlt sein Pranafeld wie das Licht der Sonne in alle Richtungen aus, und es kommen nur Gedanken, Eigenschaften und Bedürfnisse auf, die reiner, göttlicher, universeller Natur sind. Da ist dann zwar Platz für Wohlstand, aber nicht für das Streben nach Sicherheit und Besitz, nicht für Eifersüchteleien, nicht für die üblichen Kontrollmechanismen, Machtspiele und Besserwissereien – Paare, die sich einem universellen Lebensstil verschreiben, wollen sie selbst sein können und diese Freiheit dem anderen zugestehen.

Um sich auch in der Sexualität auf seine natürliche Ausrichtung zurückzubesinnen, muss unser kosmisches Paar eigentlich nichts weiter tun, als die vier Qualitäten, die es im Alltag lebt, auch auf sein Liebesleben zu übertragen. Vergnügen, Freude, Intimität und Liebe als oberste Priorität bei der körperlichen Vereinigung. Zusammen mit sexueller Erregung, einer ebenfalls universellen Eigenschaft, sind damit die fünf wichtigsten Inhalte der neuen, von ihren Schattenseiten befreiten Sexualität beim Namen genannt.

Zurück zur sexuellen Urnatur

Sexuelle Intimität führt zu einer intimen Beziehung, diese wiederum zu Intimität mit sich selbst und letztlich auch zur Intimität mit dem universellen Bewusstsein. Das steht nicht nur in den Veden so geschrieben. Auch Jesus hat sich auf dieses Wissen bezogen, als er einmal sagte: »Wie kannst du Gott lieben, den du nicht sehen kannst, wenn du nicht mal deinen Bruder, denn du siehst, lieben kannst?« In anderen Worten: Wie sollen wir uns in Liebe und Intimität mit dem Universum vereinen, wenn wir das nicht einmal mit dem eigenen Partner schaffen?

Ein Paar, das sich seiner Göttlichkeit bewusst ist, weiß, dass die Verschmelzung mit dem universellen Bewusstsein der Sinn der menschlichen Existenz ist, und wird auch seine sexuellen Aktivitäten nach diesem Ziel ausrichten.

In diesem Zusammenhang erscheint die folgende Frage auf geradezu banale Weise irdisch, aber ich erwähne sie trotzdem, weil sie viele Frauen zu beschäftigen scheint: Darf man sich als universell bewusstes, von Lebensfreude erfülltes weibliches Wesen, das sich für einen Partner entschieden hat, nicht mehr in kurze Kleidchen werfen oder mit einem tiefen Ausschnitt kokettieren? Ist es aus kosmischer Sicht etwa sittenwidrig, in der Öffentlichkeit seinen Körper zu zeigen? Da es mir fernliegt, mich als Moralapostel aufzuführen, werde ich mich mit meiner Antwort auf den Sanskritbegriff des Kama beziehen.

Kama, das für Leidenschaft und sexuelle Intimität steht, entfacht im Liebenden das Verlangen, für seinen Partner erotisch attraktiv zu sein. Wenn diese wunderbare und reine Absicht nun aber durch karmisches Gepäck oder die üblichen Projektionen verunreinigt ist, kann sie sich verändern. Dann entsteht zum Beispiel der Wunsch, mehrere Partner auszuprobieren, um andere sexuelle Aspekte auszuleben. In diesem Fall hätte die Frau das – oft unbewusste – Bedürfnis, ihre Reize auch anderen Männern gegenüber zur Schau zu stellen.

Testen Sie also selbst, wie es um Ihr Kama steht. Befindet es sich im idealen Zustand, werden Sie gar nicht auf die Idee kommen, sich für jemand anderen als für Ihren eigenen Liebsten erotisch herzurichten. Schließlich haben Sie als kosmischer Mensch eine natürliche Freude daran, sich zu schmücken, weil Sie sich Ihrer Schönheit bewusst sind.

Ich glaube, dass es für die Liebespaare der neuen Zeit sehr wichtig wird, den feinen Unterschied zwischen dem herauszuspüren, was sie mit dem Liebespartner verbindet und was sie von ihm trennt. Kein noch so raffiniertes Dessous, kein noch so ausgefallenes Sexspielzeug schaffen die Voraussetzungen für ein Liebesspiel, das den Namen kosmisch verdient. Kerzen, Düfte, sanfte Musik, gedämpftes Licht, alles wunderbare Ingredienzen für eine erotische Atmosphäre, doch letztlich ist kosmischer Sex unabhängig von äußerer Stimulation – er ist ausschließlich und alleine die natürliche Folge des transformierten Geistes. Ein Mann und eine Frau, die sich auf dem Weg zu einer höheren Bewusstseinsstufe befinden, mögen sich beim Liebesspiel der gleichen Liebestechniken, Stellungen und Spielzeuge bedienen wie jedes andere Paar, trotzdem besteht zwischen ihnen ein himmelweiter Unterschied.

Man mag von Meister Osho halten, was man mag. In Sachen Sex hat er gute Bewusstseinsarbeit geleistet. Seine Ansichten über die fehlgeleitete Sexualität in der westlichen Zivilisation haben Tausende von Menschen von ihren verkrusteten Vorstellungen befreit. Osho wusste, dass Sexualität zu einem Heilmittel wird und zu purem Entzücken führen kann, wenn wir ihre drei Grundelemente wiederentdecken: die Auflösung der Zeit, die Auflösung des Ego und die Wiederentdeckung der Natürlichkeit!

Durch Sex kommen wir ganz ins Hier und Jetzt und verlieren die Idee von uns selbst, erklärte Osho, wir und unsere geliebte Person werden zu etwas Neuem, einer neuen Einheit. Keine Attitüden mehr, keine Fassaden, weg mit allem, was die Gesellschaft uns anerzogen hat. Sex, der uns wieder natürlich werden lässt, so wie es die Bäume oder die Tiere sind, das Gras und die Steine. Wir alle sehnen uns zurück zu unserer sexuellen Urnatur. Weil wir vielleicht ahnen, dass sie ein gewaltiges transformierendes Potenzial besitzt, das uns für immer verändern kann …

Dem Himmel so nah

Liebe Leserin, lieber Leser, ich möchte Sie in eine Dimension entführen, die Sie zur tiefsten Erfahrung Ihres Lebens führen kann. Es geht um die Ekstase – einen Bewusstseinszustand, in dem es dem Menschen gelingt, den Schleier zu durchbrechen, der ihn vom göttlichen Bewusstsein trennt. Sexuelle Ekstase wird als die höchste vom Menschen erreichbare Glückseligkeit beschrieben. Sie sprengt seinen Horizont und öffnet seine Grenzen, eine Explosion sexueller Energie, die alle Barrieren durchbricht, die uns von Gott, vom Partner, von allem anderen jemals abgeschnitten haben. Doch bevor ich an diesem Punkt tiefer einsteige, ein kurzer Blick ins Lexikon. Das Wort Ekstase leitet sich vom griechischen *ékstasis* ab, was gleichbedeutend ist mit einem Aus-sich-Heraustreten, mit Begeisterung oder Verzückung. Laut Brockhaus versteht die Psychologie darunter einen rauschhaften, tranceartigen Zustand der Entrückung, der zum Erlebnis individueller Entpersönlichung führt. Im rauschartigen Zustand der Ekstase, so heißt es weiter, treten oft optische und akustische Halluzinationen auf; die Aufnahmefähigkeit von Sinneseindrücken ist reduziert. Ekstase werde vielfach infolge starker, nervlicher Erregung, z. B. nach Affekterlebnissen wie Wut, Sexualakten und anderer beobachtet. Eine gesteigerte Neigung zur Ekstase finde sich bei Psychosen.

Die Religionswissenschaft scheint dem Zustand etwas Positiveres abzugewinnen, hier wird immerhin von einem Ausnahmezustand mit erweitertem oder erhöhtem Bewusstsein gesprochen, von einer Einbruchmöglichkeit des Außeralltäglichen. »Die aktiv gesuchte Ekstase mündet in einen Zustand übermenschlicher Fähigkeiten (Himmelsreise, Abwehr von Geistern, Prophezeiung), als dessen Basis die Trennung eines Ich (Seele) vom Körper angesehen wird.«

So weit also die aus dem Brockhaus zitierte, nüchterne Definition dieses Zustands.

Ich möchte dem nun einige Zitate von Männern und Frauen gegenüberstellen, die mir anonym ihre eigene sexuelle Ekstase geschildert haben:

»Ich hatte das Gefühl, jetzt getrost sterben zu können. Ich habe alles erlebt, was ein Mensch erleben kann.«

»Ich habe Gott gesehen.«

»Es war das größte und erhebendste Erlebnis meines Lebens.«

»Als hätte sich die Tür zum Himmel ein Stück weit geöffnet.«

»Ich war zu Besuch bei den Engeln.«

»So etwas habe ich noch nie erlebt. Ich brauchte eine Stunde, um fassen zu können, was mit mir geschehen ist.«

Ist es nicht interessant, dass die meisten Kommentare sich auf etwas Überirdisches beziehen? Gott, Engel, Himmel – immer wieder dieselben Assoziationen. In dem Augenblick, wo Sexualenergie zum Transportmittel für spirituelle Erfahrungen wird, trägt sie uns in Bewusstseinsräume, die uns göttliche Dimensionen eröffnen.

Warum wir uns nach Ekstase sehnen

Der Mensch hat eine tiefe Sehnsucht nach Ekstase. Sein Inneres sehnt sich nach dieser Entgrenzung, so wie sich der Körper nach gesundem Essen sehnt. Ekstatische Höhepunkte erweitern nicht nur unser Liebespotenzial, sie können unser gesamtes Leben verändern. Im Zustand höchster Erregung werden enorme Energien im Körper freigesetzt und bewirken den beschriebenen tranceartigen Zustand des Bewusstseins. Wir werden extrem sensibel und rezeptiv. Diese Kombination von Energie und Empfangsbereitschaft bietet eine einmalige Möglichkeit der Transformation.

Es sind die Sekunden in unserem Leben, die uns den Kontakt mit metaphysischen Kräften ermöglichen, in denen wir uns Gott ganz nahe fühlen. Manche Menschen, die in den Momenten höchsten Entzückens in die geistigen Sphären entschweben, kommen tatsächlich mit tiefen Erkenntnissen oder Botschaften zurück. Es sind diese Augenblicke, die man immer in seinem Herzen trägt.

Doch die Momente der Energieexplosion sind nur ein Teil des großen Spektrums ekstatischer Empfindungen. Auch in der anschließenden Entspannungsphase treten wir in eine Sphäre überwältigender Empfindungen ein. Unsere Grenzen haben sich aufgelöst, wir ruhen teils in, teils außerhalb von uns selbst. Wir erleben die absolute Wunschlosigkeit – auch dies ein Zustand, in dem wir an höheres, kosmisches Wissen angeschlossen sind. Auf tiefe Sinnfragen, die uns jahrelang beschäftigt haben, fließen uns nun vielleicht die Antworten zu. Wir bekommen einen Geschmack von Erleuchtung vermittelt.

Leider ist die sexuelle Ekstase kein Zustand, den man täglich erlebt. Sie ist eine Gnade, ein Geschenk, das man nicht einfach konsumieren kann. Manchen von uns bleibt dieses Geschenk das ganze Leben lang verwehrt. Die Sehnsucht nach ekstatischer Erfahrung führt zur Suche nach Ersatzbefriedigungen. Der Trancetanz in der Disco, Ecstasy, Adrenalinkicks durch Kaufräusche, rasante Autojagden, Bunjee-Jumping und vieles mehr sind für die Psyche auf Dauer ebenso wenig befriedigend wie Fast Food für den Körper. Wenn wir immer nur Ersatz für das Echte suchen, kommt es irgendwann zu Symptomen wie Apathie, Depression oder chronischen Krankheiten.

Neben der Ekstase der Liebenden gibt es eine weitere Möglichkeit, sich im besten Sinne ganz und gar zu entgrenzen. Diese Form der Ekstase erlebt der Menschen in tiefer meditativer Versenkung. Mystiker, Heilige und Erleuchtete aller Zeiten berichten von orgiastischen Glücksgefühlen während der Meditation. Auch diese Ekstase unbedingter Liebe, die z. B. die Derwische in ihren Trancetänzen erfahren, lässt den Schleier zwischen den Dimensionen dünner werden. Der Meditierende wird gewahr, dass sich ein Teil seines Selbst auf der anderen Seite des Schleiers befindet.

Die Schleier lichten sich

Ich habe mich schon oft gefragt, warum der Mensch in der sexuellen und in der religiösen Ekstase dieselben heiligen Erfahrungen macht. Erst vor Kurzem fiel mir ein Buch in die Hände, das mir einen Zusammenhang aufzeigte. Es stammt von dem 1984 verstorbenen indischen Meister namens Gopi Krishna. Der Yogi, der im Alter von 34 Jahren erleuchtet wurde, hatte es sich zur Lebensaufgabe gemacht, die Phänomene seines überbewussten Zustands zu beschreiben und für die wissenschaftliche Forschung freizugeben. Seine wichtigste Erkenntnis ist, dass die Möglichkeit, einen erleuchteten, übersinnlichen Zustand zu erreichen, eine natürliche Anlage im Menschen ist.

Als wäre es von vornherein geplant gewesen, dass der sexuelle Akt zu unserer Erleuchtung beiträgt, liegt der Sitz der Erleuchtungsenergie im Bereich der Sexualorgane. Nach Ansicht der Yogis ruht am Fuß der Wirbelsäule, etwa auf Höhe des Steißbeins, eine kosmische Kraft namens Kundalini, die uns mystische Erfahrungen bescheren kann. Einige von Ihnen kennen ihr Symbol, die um den Steiß zusammengerollte Schlange. Im Zustand der Erleuchtung, heißt es, wird die Kundalinienergie aktiviert, und die Schlange richtet sich bildlich gesprochen auf. Die Kundalini steigt dann wie ein Feuerstrom durch den Rückenmarkkanal nach oben bis zum Scheitelpunkt an der Schädeldecke, wo sie das gesamte Bewusstsein verwandelt.

Gopi Krishna, dessen Erleuchtungserfahrungen sich über 30 Jahre erstreckten, kommt in seinem Buch »Kundalini« zu dem Schluss, »dass sich der menschliche Körper in die Richtung entwickelt, die von den Mystikern, Propheten und Genies vorgezeichnet worden ist, und dass dies durch die Tätigkeit des wundervollen Instruments geschieht, das am Ende der Wirbelsäule ruht und hauptsächlich von der Kraft abhängt, die ihm von den Fortpflanzungsorganen zur Verfügung gestellt wird«. Wenn diese Kraft aktiviert werde, so Krishna weiter, führe sie den Körper zu dessen letztem Ziel, der Vereinigung von Geist und kosmischem Bewusstsein. Die Erweckung der Kundalini sei das schönste Ziel für den Menschen, weil sie gezielt unsere Schöpferkraft entwickelt.

Leider ist auch die Erweckung des Schlangenfeuers nicht jedermanns Sache, man müsste sich jahrelang im Kundalini-Yoga üben, um in diesen »glorreichen Bewusstseinszustand« zu gelangen, und selbst das ist nicht gewiss. Aber immerhin hat Meister Krishna der Welt erstmals einen großartigen Zusammenhang aufgezeigt. Schon 1967, als sein Buch erschien, schrieb der Erleuchtete von einem Wandel, der auf die Menschheit zukommt, und er sah voraus, dass dieser Wandel vom Ursprung des Lebens ausgeht. Die Kundalini sei der evolutionäre Mechanismus im Menschen, der das Gehirn zu einem vorbestimmten Stand des Bewusstseins hin entwickelt.

Wenn es stimmt, dass der Mensch die Veranlagung zur Erleuchtung in seinem Körper trägt, ist es vielleicht nur noch eine Frage der Zeit, bis er sein Geburtsrecht voll und ganz in Anspruch nehmen kann. Spirituell entwickelte Menschen scheinen schon heute mehr und mehr Erleuchtungsmomente in ihrem Leben anzusammeln, und sogar das sah Meister Krishna voraus: Sporadisch gebe es Fälle, bei denen die Kraft mit Unterbrechungen tätig sei. Dann fielen die Menschen in ekstatische Trance und kehrten danach in ihr normales Bewusstsein zurück. Auch nennt er Beispiele, wo die erwachte Kundalini nur besondere Bereiche im Gehirn ernährt, ohne das höchste Zentrum zu erreichen. Das scheinen die Augenblicke zu sein, in denen Männer und Frauen von heute im ekstatischen Liebestanz den Himmel erreichen, in dem die indischen Götter Shiva und Shakti wohnen.

Wie erleuchtete Sexualität das Leben verändert

Ich würde Ihnen gerne konkretere Vorstellungen von der neuen Sexualität vermitteln, wie ich sie verstehe, aber nach dem bisher Gelesenen werden Sie mir zustimmen, dass das kaum möglich ist. Sie alleine bestimmen durch den Grad Ihres Bewusstseins, wie kosmisch Sie lieben! Was ich kann, ist, Ihnen durch einige praxisbezogene Beispiele die Richtung aufzuzeigen, in die wir uns mit erweitertem Bewusstsein entwickeln. Hier zunächst die wichtigsten Bestandteile der sexuellen Liebe in der neuen Zeit:

Verfeinerte Sinneswahrnehmungen

In unserem bisherigen sexuellen Verhalten haben wir einander stark stimuliert. Das hat zur Folge, dass die Sinne mit der Zeit abstumpfen und immer stärkere Reize brauchen, wir werden süchtig nach mehr Stimulation. Wenn wir sie nicht bekommen, stellen sich Gewöhnungseffekte ein. Das sexuelle Interesse am Partner lässt nach. Irgendwann sucht man den sexuellen Kick woanders. Man »braucht« Abwechslung durch einen oder mehrere neue Partner.

Spirituelle Sexualität wirkt genau entgegengesetzt. Statt abzustumpfen, macht sie empfindsamer. Die Sinne werden trainiert und feiner, dadurch braucht man immer weniger Stimulation, um etwas empfinden zu können. Mit erwachten sensibilisierten Sinnen kann jeder Augenblick eine sinnliche Erfahrung sein. Schon der Hauch eines warmen Windes auf der Haut ist eine erregende Empfindung, der Geschmack einer Frucht wird zu einem sinnlichen Genuss.

Freudvoll, leicht und spielerisch

Wie gut es tut, in der Erotik die kosmischen Prinzipien Vergnügen und Freude zu zelebrieren. Eigentlich sollte jede Liebesbegegnung etwas von einem Freudenfest haben – von einem Spiel, das der Kreativität keine Grenzen setzt. Machen Sie Ihre Körper zu Instrumenten, auf denen Sie die unterschiedlichsten Melodien anklingen lassen. Bei solchen Konzerten gibt es keinen Sieger oder Verlierer, kein Ziel, es gibt nur zwei Musizierende und eine gemeinsame Melodie …

Alle Ebenen werden einbezogen

Kosmische Sexualität ist eine Erfahrung für alle Seinsebenen. Sie hilft dem Körper, seine Spannungen abzubauen, dem Herzen, sich zu öffnen, dem Geist, Freude, Frieden und Ruhe zu empfinden, und der Seele, sich an ihrer Göttlichkeit zu erfreuen. Auf diese Art kann ein Paar seine sexuelle Begegnung willentlich einsetzen, um sein Bewusstsein zu erweitern und sich mit allem Lebendigen verbunden zu fühlen. Es erfährt, dass Sexualenergie sich in nichts von Liebesenergie und Lebensenergie unterscheidet. Alles ist eins.

Bewusstes Geben und Nehmen

Nach wie vor sind viele Liebespaare der Meinung, dass man beim Liebesspiel gleichzeitig geben und nehmen sollte. Während wir aber versuchen, der anderen Person simultan Vergnügen zu schenken, während wir selbst welches empfangen, berauben wir uns und die andere Person der Erfahrung, vollkommen im Geben und Nehmen aufzugehen. Wir können nicht gleichzeitig zwei Dinge gut machen. Sexualität ist weitaus befriedigender, wenn wir uns entscheiden, entweder zu geben oder zu nehmen. Allerdings sollten wir dabei beachten, dass das Nehmen keine passive Angelegenheit ist. Es kann nicht darum gehen, sich zurückzulehnen, abzuschalten und den anderen machen zu lassen.

Bewusstes Empfangen heißt mit allen Sinnen wach und aufmerksam sein und dem Partner oder der Partnerin immer ein Feedback geben. Wenn Sie der oder die Empfangende sind, geben Sie sich vollkommen dem Empfangen hin. Auch beim Geben geht es nicht darum, dem anderen die eigenen Vorstellungen aufzuzwingen, sondern zu fragen oder herauszufinden, was der andere mag, und dabei ganz konzentriert im Augenblick zu sein. Wenn Sie der oder die Gebende sind, geben Sie alles. In der neuen Sexualität gibt es keine weiblichen und keine männlichen Verhaltensweisen. In jedem Partner sind beide Pole verschmolzen. Genuss und Freude werden frei von Schuldgefühlen empfangen und gegeben.

Mut zur Hingabe

Das Thema »Hingabe« ist eines, mit dem wir durch unsere westliche Prägung nicht eben leicht zurechtkommen. Wir sind es gewohnt, die Lebensumstände zu kontrollieren und nach unseren Wünschen zu formen. Hingabe ist das genaue Gegenteil davon. Hingabe bedeutet Kontrolle aufgeben und Vertrauen in das Ungewisse entwickeln. Sich in Hingabe zu üben ist für viele von uns eine der schwersten Übungen in der Sexualität, aber wenn sie gelingt, werden wir überreich belohnt.

Hingabe wird manchmal mit Unterwerfung verwechselt, aber das eine hat mit dem anderen nichts zu tun. Sie meint auch nicht das Abwälzen der Verantwortung auf den anderen. Das Beschriebene bedeutet Hingabe an das Leben, an die Liebe, an die Sexualität und an die Erfahrung selbst. Wie in der Achtsamkeit gehen wir ganz bewusst in jede Erfahrung hinein und öffnen uns für das, was wir aus ihr lernen können. Hingabe wird manchmal auch mit »sich ergeben« oder »sich aufgeben« verwechselt. In der heilenden Sexualität nehmen wir aber nicht willentlich unangenehme Erfahrungen in Kauf – hier ist Hingabe eine sehr bewusste Entscheidung. Es ist ein wenig, als würde man den Kosmos einladen: »Ich öffne mich für alles, was das Leben mir in diesem Augenblick schenken kann. Ich werde es nicht werten, nicht beurteilen, sondern einfach nur dankend annehmen.«

Jede Person hat einen anderen Zugang zur Hingabe, niemand muss tun, was sich nicht gut für ihn anfühlt. Vielleicht möchten Sie mit Ihrem Partner etwas Neues ausprobieren, vielleicht auch nicht. Beides ist in Ordnung. Bestimmte Praktiken und Rituale beim Sex können Ihnen vielleicht intensivere Orgasmen schenken, aber wie wir wissen, sind sie kein Ziel. Hingabe erfordert Mut und Vertrauen in sich selbst und in den Partner. Dieses Vertrauen ist möglich, es ist in uns angelegt. Wir vertrauen dem oder der Liebsten, wenn er oder sie uns berührt, wir vertrauen ihm oder ihr unseren Körper an, und das ist im Grunde bereits praktizierte Hingabe. Hingabe schult unser Bewusstsein, sie kann uns tief erfüllen und uns den ersehnten inneren Frieden schenken.

Augen auf!

Mit geschlossenen Augen können wir uns wunderbar in unseren Empfindungen verlieren, wir genießen ganz für uns, und das ist schade. Das Schließen der Augen ist ein Überrest der Konditionierung aus der Vergangenheit, als wir uns für sexuelle Erregung schämen mussten. Machen Sie es anders: Offene Augen schaffen Nähe, und das schafft den feinen Unterschied zwischen Sex und einem Liebesspiel. Wenn Sie zum ersten Mal während des Aktes die Augen öffnen, haben Sie vielleicht ein etwas merkwürdiges Gefühl. Sie lassen immerhin zu, dass Ihr Partner Sie als völlig geöffneten, leidenschaftlichen, erregten Menschen wahrnimmt, dessen Gesichtszüge entgleiten. Haben Sie den Mut, Ihre intimsten Augenblicke sehend zu erleben.

Keiner muss kommen

Nach herkömmlichen Vorstellungen hat das Paar beim Sex ein Ziel: Beide möchten gleichzeitig kommen, und das kann eine ziemlich anstrengende Sache werden. Er muss sich sehr darauf konzentrieren, sich zurückzuhalten, während sie sich konzentriert, so schnell wie möglich loszulassen. Der Orgasmus, wie auch immer er sich dann gestaltet, ist das Ende der körperlichen Vereinigung.

Der ganzheitliche Liebesakt ist sehr viel umfassender und hat vor allem kein Ziel. Es existiert kein vorgeschriebener

Plan. Die sexuellen Positionen und Techniken zielen nicht auf den Orgasmus ab, sondern sollen verlängerte und erhöhte Zustände körperlichen Entzückens und bewusstseinsverändernder Kraft auslösen. Es geht darum, sich treiben zu lassen und auch in der Erregung jederzeit entspannt zu sein. Allein durch dieses Loslassen fällt jeder Druck von den Partnern ab. Wer nichts erwartet, empfindet das, was er bekommt, als besonders intensiv. Es geht immer nur darum, die eigene Erregung ein wenig zu steigern, bis sie sich im ganzen Körper ausbreitet. Die Höhepunkte können gewaltig und wie ein Donner ausbrechen oder anhaltende Ekstase auslösen. Voraussetzung dafür ist die Bereitschaft, sich tief in jede Erfahrung fallen zu lassen, nicht zu urteilen, zu vergleichen oder zu bewerten.

Der Atem als sexuelles Instrument

Wie uns der Atem ins Jetztbewusstsein katapultiert, haben wir bereits beleuchtet. In der spirituellen Sexualität wird er als Transportmittel für die sexuelle Energie benutzt. Wer darin geübt ist, erotische Energie mit dem Atem im gesamten Körper auszudehnen oder bewusst in bestimmte Regionen zu lenken, ist auf dem besten Weg, die Begegnung zweier Körper in ein langes, intensives Freudenfest zu verwandeln. Sexuelles Atmen können Sie übrigens auch im täglichen Leben einsetzen und ihm damit mehr Kraft verleihen. Bei der folgenden Übung wird der Atem benutzt, um die Energien der Partner aufeinander abzustimmen und eine gemeinsame Wellenlänge herzustellen.

Übung: Im Gleichklang atmen

Stellen Sie sich vor Ihren Partner und umarmen Sie sich. Schließen Sie dabei die Augen und konzentrieren Sie sich ganz auf Ihre Körperempfindungen. Bleiben Sie mindestens drei Minuten ruhig stehen, bewegen Sie sich nicht und spüren Sie nur den einzelnen Empfindungen nach. Riechen Sie die Haut Ihres Partners, fühlen Sie den Stoff seiner Kleider, spüren Sie das Auf und Ab seines Atems. Stehen Sie so entspannt wie möglich da und umarmen Sie sich gleichmäßig mit Ihrem gesamten Körper. Wenn Sie ganz aufeinander konzentriert sind, achten Sie auf die Atmung Ihres Partners und stimmen Sie Ihre Atmung aufeinander ab. Atmen Sie nun beide gleichzeitig ein und aus. Setzen Sie sich danach hin und schauen Sie einander eine Weile in die Augen, ohne zu sprechen. Erst dann beginnen Sie Ihre Erfahrungen auszutauschen.

Mit der nächsten Übung betreten wir den Bereich der sogenannten Atemorgasmen, die uns allein durch die Kraft des Atems in ekstatische Zustände katapultieren können. Die Tantrakünstlerin Barbara Carrellas hat die Übung, die ich hier in meinen Worten wiedergebe, in ihrem Buch »Alltägliche Ekstase« beschrieben. Es handelt sich um eine Atemtechnik, die man alleine praktizieren oder in das Liebesspiel mit einem Partner einbauen kann. Es geht darum, sich zunächst mithilfe des Atems zu entspannen und dann den Körper mit Atemenergie aufzuladen. Zum Schluss werden alle Muskeln so stark wie möglich angespannt und danach losgelassen. Das war es schon. Bei manchen Übenden geschieht gar nichts, andere erfahren tiefe Einsichten oder eine Erweiterung ihres Bewusstseins, wieder andere fühlen sich schlichtweg wunderbar entspannt und ganz in ihrer Mitte.

Die Meister des Tao, von denen die Übung ursprünglich stammt, behaupten, dass die Energie durch den langsamen Aufbau und ihr plötz- liches Anhalten nur eine einzige Möglichkeit hat, den Körper zu verlassen: durch den Kanal in der Wirbelsäule, der am Kopf endet. So entstehe eine direkte Verbindung zur göttlichen Quelle. Dieser Prozess gilt als Explosion des Bewusstseins. Ich empfehle Ihnen, die Übung zunächst alleine auszuprobieren. Danach können Sie sie einsetzen, wann immer Sie mögen. Am besten lesen Sie die Anleitung einmal ganz durch, bevor Sie die einzelnen Schritte nachvollziehen.

Übung: Die Atemekstase

Stellen Sie sich eine Uhr, die nach zehn Minuten klingelt.
Setzen Sie sich bequem auf den Boden, halten Sie aber die Wirbelsäule aufrecht.
Stellen Sie eine brennende Kerze ein bis zwei Meter vor sich auf den Boden und fokussieren Sie Ihren Blick während der Übung auf das Kerzenlicht.
Entspannen Sie Ihre Kiefer, indem Sie einmal herzhaft gähnen.
Lassen Sie den Mund leicht geöffnet und atmen Sie durch ihn sanft und gleichzeitig voll ein.
Atmen Sie aus, indem Sie den Atem ohne Druck

auszuüben einfach mit einem kleinen »Ha«-Laut aus Ihrem Mund herausfallen lassen.
Nehmen Sie beim Einatmen so viel Luft auf, wie Sie können, ohne sich anstrengen zu müssen, und atmen Sie wieder wie beschrieben aus. Der stimmhafte »Ha«-Ton ist wichtig, weil er anzeigt, dass Sie Ihren Atem nicht herauspressen.
Wenn Sie mögen, können Sie sich beim Atmen leicht hin- und herbewegen und dabei Ihren Beckenboden anspannen – das müssen Sie aber nicht. Hier geht es nur um die Atemtechnik.

Atmen Sie zehn Minuten auf diese Art, wenn Sie die Übung zum ersten Mal machen. Mit zunehmender Praxis können Sie das auf 20 oder sogar 30 Minuten steigern. So tanken Sie entsprechend mehr Energie.
Wenn Sie sich für den nächsten Schritt bereit fühlen, beginnen Sie jetzt mit 30 vollen und schnellen Atemzügen, um sich von Kopf bis Fuß kraftvoll mit Energie aufzuladen.
Bei Atemzug 27 oder 28 legen Sie sich auf den Rücken und atmen weiter bis 30.
Jetzt holen Sie einmal sehr tief Luft, füllen Ihre Lungen vollkommen aus und atmen alle Luft aus, ohne zu pressen oder etwas zu forcieren.
Noch einmal: Tief einatmen und sanft und vollständig wieder ausatmen.
Nun zum dritten Mal: Luft holen – aber diesen Atemzug halten Sie jetzt an.

Währenddessen spannen Sie jeden Muskel Ihres Körpers an. Machen Sie Fäuste, krallen Sie die Zehen zusammen, vor allem aber spannen Sie die Bauchmuskeln, Pobacken und den Beckenboden so fest an, wie Sie können. Versuchen Sie, mit dem Nabel bis an die Wirbelsäule zu kommen!
Halten Sie die Spannung etwa 15 Sekunden lang, so gut Sie können.
Dann lassen Sie los.
Und nun zum schwersten Teil der Übung: Erwarten Sie nichts. Versuchen Sie, nichts zu wollen, nichts zu erreichen. Lassen Sie geschehen, was geschieht. Bleiben Sie wach und offen. Sonst gibt es nichts zu tun.

Atemorgasmen können im direktesten Sinne die Grenzen unseres Bewusstseins sprengen. Sie stellen unsere Ideen von Orgasmen total auf den Kopf und machen uns bewusst, dass unser größtes Sexualorgan tatsächlich zwischen den Ohren sitzt. Und wie wahr es doch ist, dass Sexualität uns ihre magischsten Momente schenkt, wenn wir sie nicht erwarten. Als kosmisch liebender Mensch werden Sie ohnehin mit der Zeit darauf kommen, dass Sexualität niemals auf sexuelle Aktivitäten beschränkt bleibt. Sie bietet jedem von uns an jedem Tag unseres Lebens die Chance, das Göttliche zu erfahren. Die folgende Geschichte möchte Sie daran erinnern ...

Als Männer und Frauen sich noch göttlich liebten

Es gab Zeiten auf unserem Planeten, da waren Männer und Frauen noch Götter auf Erden. Ihre Liebe war Gott und das Produzieren von Liebe ein göttlicher Akt, und so betrachteten sie ihre Liebesorgane als Werkzeuge der göttlichen Liebe. Während der Vereinigung wurden sie ganz eins mit ihnen und genossen das körperliche und spirituelle Entzücken in seiner ganzen Herrlichkeit.

Der Akt der Liebe war immer ein heiliger Akt, und die Männer und Frauen hielten ihre Göttlichkeit aufrecht, indem sie sich göttlich liebten. Die vaginale Höhle stand für die ewige Sehnsucht der Frau nach erfüllender Liebe. Der Penis stand für die Liebe, die sie erfüllen konnte. Beim Liebesakt waren die Partner psychisch präsent und ganz in der Hingabe an das, was zwischen ihnen geschah.

Die einstmals göttlichen Männer und Frauen kommunizierten über ihren Heiligenschein. Das war eine leuchtende, goldene Kugel, die ihren gesamten Körper umgab, vom Sonnengeflecht ausgehend, über den Kopf und die ausgebreiteten Arme bis hinunter zu den Füßen. Wenn der Mann und die Frau sich liebten, taten sie das in absoluter Ekstase. Die dabei erzeugte göttliche Energie war so mächtig, dass die Lichtkreise um sie herum anschließend noch stärker leuchteten. Dieser Schein spiritueller Liebe, der durch die körperliche Vereinigung erzeugt wurde, war Ausdruck ihrer göttlichen und zugleich irdischen Natur.

Der Heiligenschein war auch ihr Kommunikationsmittel. Seine Ausdehnung ging weit über den sichtbaren Schein hinaus, und Mann und Frau waren durch ihn in ständiger Verbindung – egal ob sie getrennt oder beisammen waren. Wenn einer der beiden Heiligenscheine neue Energie brauchte, zog es den Mann und die Frau wie magisch zueinander, dann machten sie ekstatisch Liebe. Durch ihren göttlichen Akt waren sie in der Lage, sich gegenseitig zu erhellen, zu heilen und mit Kraft zu füllen. Der Mann erweckte die Liebe der Frau zu neuem Leben, während sie seine Liebe und seine Autorität erneuerte. Die Kommunikation zwischen den beiden funktionierte perfekt, sie brauchten keine Sprache, sie waren telepathisch verbunden.

Doch dann kam die Zeit, als Männer und Frauen aus dem Augenblick herausfielen und die Zeit begann. Über ihre Aufgabe, die Welt zu erbauen, vergaßen sie das Lieben und die Kunst, immer sie selbst zu sein. Als sie über ihrem Tun immer öfter versäumten, sich göttlich zu lieben, wurde ihr Glorienschein immer kleiner und schwächer, er leuchtete bald nur noch um den Kopf herum, und irgendwann konnten die Menschen ihn nicht einmal mehr sehen. So kam es, wie es kommen musste. Der seelische Abstand zwischen Mann und Frau wurde immer größer, sie verstanden einander nicht mehr. Sie begannen, miteinander zu sprechen. Das war der Anfang der Missverständnisse und der Emotionen, und mehr und mehr drang die Lieblosigkeit in die Körper von Mann und Frau. Gleichzeitig nahm ihr Vokabular immer weiter zu.

Als die Zeit fortschritt und immer mehr Vergangenheit entstand, verschlechterten sich die Verhältnisse zunehmend. Es waren erst ein paar Jahrtausende vergangen, da wussten Männer und Frauen nicht mehr, wie man göttlich liebt und wie die Liebe ist. Sie vollzogen nach wie vor den gleichen körperlichen Akt, aber es gelang ihnen nicht mehr, dabei göttliche Energien zu produzieren oder ihre Energien gegenseitig zu erneuern. Ihre Körper waren nicht mehr in Liebe verbunden. Aus reiner, bedingungsloser Liebe war emotionale, fordernde Liebe geworden, und statt erleuchtete, selbstbestimmte Kinder in die Welt zu setzen, zeugten sie emotional abhängige Kinder. Die Frauen wurden mit der Zeit unzufriedener, die Männer, die ihre natürliche Autorität verloren hatten, wurden zunehmend ungeduldiger mit ihnen. Im Versuch, seine verlorene Autorität zu ersetzen, wurde der Mann zu einem aktiven, fordernden Wesen. Um die Frau zu kontrollieren, setzte er nun seine körperliche Überlegenheit ein, um sie in eine unterlegene Position zu zwingen. Zusätzlich beutete er ihre Liebe zu ihren Kindern aus. Das wiederum machte sie zur rasenden Furie, die ihm sein Unrecht über die Besudelung der Liebe nie verzieh. So kam es zu den verstrickten Beziehungen, in denen wir heute gefangen sind. Doch eines Tages werden wir wieder da sein, wo alles seinen Anfang nahm. Wir bekommen eine neue Chance.

Der Weckruf der Erde

Zugegeben, auf den ersten Blick erscheinen die zerstörerischen Prozesse auf unserem Planeten nicht unbedingt geeignet, uns an göttliche Zeiten zu erinnern, doch in Wahrheit sind sie genau das: eine Chance, an unsere geistige Heimat anzuknüpfen. Viel zu lange schon sind wir von der eigenen, inneren und der äußeren Natur entfremdet. Wir haben vergessen, dass wir zusammengehören, aufeinander aufbauen und voneinander abhängen. Es ist an der Zeit, sich zu besinnen: Wir sind eins.

Unsere Erde tut alles, um uns wachzurütteln. Mit ihrem Schütteln und Beben spiegelt sie den Zustand: Die Beziehungen zu uns selbst, zu unseren Mitmenschen und zur Umwelt sind aus den Fugen geraten. Alle Werte, die auf dem Weltbild von Trennung und Abspaltung fußen, geraten nun ins Wanken. Doch statt angstvoll an ihnen festzuhalten und nach mehr Sicherheit zu rufen, können wir mit den Veränderungen fließen. Überschlagen sich die Ereignisse, drehen wir uns einfach mit. So wie die Erde jetzt beginnt, sich auszudehnen und zu erneuern, sind auch wir aufgefordert, uns zu weiten, einengende Hüllen und Strukturen zu sprengen.

Wir sind die mutigen Seelen, die sich entschieden haben, die Zeit des Wandels auf diesem Planeten mitzugestalten. Die Zeit des Umbruchs ist nichts für Feiglinge. Sie braucht Menschen mit dem Geist von Revolutionären. Jeder hat dabei seinen eigenen Weg. Es bringt also nichts, andere um Rat zu fragen, nur unser Herz weist uns die Richtung. Die neue Zeit wird denen gehören, die imstande sind, der Stimme ihres Herzens zu folgen. Heute reden die Menschen wieder selbstverständlicher über Spiritualität – vor zehn Jahren sprachen nur die Esoteriker davon. Es gibt tatsächlich ein unsichtbares Netz, das alle Menschen verbindet, die an die Liebe glauben. Wir sind viele, auf der ganzen Welt verteilt, alle durch den selben Glauben verbunden. Es liegt nun an uns, in diesem entscheidenden Augenblick der Geschichte zu Leuchttürmen der Liebe zu werden. So können wir das Schicksal der Erde verändern. Und diese Liebe beginnt bei uns selbst. Unsere Schwächen, unsere Aggressionen, unseren Selbsthass, die Zweifel und die Unentschlossenheit – all das dürfen wir jetzt hinter uns lassen. Wenn wir meinen, wir müssten uns zu makellosen

Menschen entwickeln, bevor wir uns lieben dürfen, kommen wir nicht weiter. Es geht darum, alles zu akzeptieren, wie es ist. Wir sind es wert, geliebt zu werden. Das ist eine der Kernbotschaften der neuen Zeit. Selbstliebe hilft uns, das Leben zu akzeptieren, auch den Krieg und das Chaos.

Liebe Leserin und lieber Leser, unsere gemeinsame Reise ist hier zu Ende. Ich danke Ihnen für Ihre Aufmerksamkeit. Wenn nur ein einziger Satz in diesem Buch etwas in Ihnen angerührt und geöffnet hat, war es das Schreiben wert. Nun ist es also an der Zeit, dass wir unsere Plätze einnehmen. Klären Sie Ihre Gedanken, überprüfen Sie Ihre Absichten, lassen Sie los, was Sie daran hindert, zu wachsen, und vergessen Sie nicht, sich immer wieder im Herzen zu verankern. So wie in der Mitte des sich drehenden Rades Ruhe herrscht, kommen Sie zur Besinnung, indem Sie in Ihre Mitte gehen. Je stärker das Chaos im Außen, desto mehr brauchen wir die Stunden der Muße. Meditieren Sie, erinnern Sie sich an die Kraft des Gebets. Danken Sie in Demut für das, was Sie haben und wer Sie sind. Was immer Ihnen Zugang zu Ihrer Seele verschafft, ist richtig. Es wird die Menschen in Ihr Leben ziehen, mit denen Sie Ihre Welt neu gestalten können. Was dann geboren wird, bekommt Flügel. Es wird bleiben, weil es auf der neuen Ebene der Einheit wächst.

DIE HÄUFIGSTEN FRAGEN ZUM SEELENPARTNER

Liebe Leserin und lieber Leser, hoffentlich konnte ich Ihnen vermitteln, was jeder Einzelne von Ihnen zur Liebe in der neuen Zeit beitragen kann.

Große Themen muss man stets mehrere Male beleuchten, um sie zu durchdringen, und immer wieder aus verschiedenen Blickwinkeln betrachten. Aus manchen Antworten entstehen dabei neue Fragen. Deshalb möchte ich hier die wichtigsten Fragen, die vielen von Ihnen am Herzen liegen, wiedergeben und beantworten:

Wie finde ich heraus, ob mein Partner mein Seelenpartner ist?

Typischerweise stellen mir diese Frage Menschen, die sich ihrer Beziehung nicht sicher sind. Wer mit seinem Seelenpartner zusammen ist, fragt sich das nicht. Er fühlt im Herzen eine tiefe Gewissheit, er zweifelt keine Sekunde daran, den anderen Part, nach dem seine Seele immer gesucht hat, gefunden zu haben. Für Seelenpartner ist mit dem Auftauchen des anderen jede weitere Partnersuche beendet. Auch das ist ein sicheres Zeichen.

Kann man sich in seinem Seelenpartner täuschen?

Leider ja. Wenn Sie sich sehr heftig wünschen, ihm zu begegnen, »erkennen« Sie in einer Person, zu der Sie sich stark hingezogen fühlen, leicht den Seelenpartner. Leider spielen uns die Hormone im Zustand des Verliebtseins gerne einen Streich und lassen uns den anderen in einem verklärten Licht sehen. Spätestens wenn der Alltag in die Beziehung eingekehrt ist und die ersten üblichen Paarprobleme auftauchen – wie Eifersucht, Besitzansprüche und vieles mehr – werden Sie merken, dass das Leben Ihnen vielleicht doch einen wunderbaren »normalen« Beziehungspartner geschenkt hat. Freuen Sie sich! Sie begegnen immer genau dem Lebensgefährten, mit dem Sie die gerade anstehenden Lernerfahrungen machen können.

Wie finde ich meinen Seelenpartner?

Indem Sie ihn nicht suchen. Leben Sie Ihr Leben so bewusst und so entspannt wie möglich und zürnen Sie Ihrem Schicksal nicht. Ziehen Sie sich nicht zurück, sondern öffnen Sie sich für neue Begegnungen mit anderen Menschen – und zwar so, wie sie sich von selbst ergeben: ohne Manipulation, ohne Zwang. Lassen Sie Beziehungen entstehen und stattfinden, wie es sich für Sie richtig anfühlt. Verstehen Sie jede neue Partnerschaft als wichtigen Wachstumsschritt, den Sie dankbar annehmen. Indem Sie sich diesem Wachsen und Zulassen nicht entziehen, sondern alle auftauchenden Themen als Herausforderung verstehen, erledigen Sie Ihre karmischen Aufgaben. Wenn Sie selbst frei geworden sind, taucht oft wie von selbst ein ebenso freier Mensch bei Ihnen auf. Seelenpartner kommen niemals »gezielt« oder auf Abruf. Meistens geht die Tür für einen neuen Lebensabschnitt auf, wenn eine wichtige Erfahrung innerlich und äußerlich wirklich abgeschlossen ist. Der Seelenpartner erscheint dann, wenn Sie garantiert nicht mit ihm rechnen – bei einer scheinbar zufälligen, unerklärlichen Begegnung.

Ist es möglich, dass ich meinem Seelenpartner in diesem Leben gar nicht begegne?

Ja, das ist möglich. Wenn dem so ist, haben Ihre beiden Seelen das aber bei Ihrer Lebensplanung auf der geistigen Ebene beschlossen. Gehen Sie davon aus, dass es triftige Gründe dafür gab. Vielleicht wollten Sie in diesem Leben eine tiefe Erfahrung mit einem anderen, seelenverwandten Liebespartner machen, und die Seelenliebe wäre Ihnen dabei im Wege gestanden. Oder Ihre Seele hat beschlossen, ein Leben ohne eine allzu intensive Liebesbeziehung zu verbringen, weil in Ihrem Seelenplan etwas vorgesehen ist, für das eine enge Partnerschaft eher hinderlich wäre. Was auch immer der Grund sein mag – viele Menschen begegnen »der« großen Liebe nicht als Person, aber sie finden die Liebe auf andere Art und leben ein sehr glückliches, zufriedenes und liebevolles Leben.

Kann ich meinen Seelenpartner durch Meditation zu mir herziehen?

Nein. Meditation ist eine sehr gute Bewusstseinsschule und hilft Ihnen, das Gefühl bedingungsloser Liebe zu erfahren. Aber sie ist kein Mittel zum Zweck, schon gar nicht, um etwas herbeizumanipulieren. Was Sie tun können: Bitten Sie Ihren geistigen Führer oder Ihre geistige Führerin während einer Meditation darum, Ihnen aufzuzeigen, was in Ihrem Seelenplan als nächster Schritt vorgesehen ist und was Sie tun können, damit er gelingt. Vielleicht wird Ihnen ein Bild gezeigt oder ein Hinweis gegeben. Wenn der richtige Zeitpunkt für eine Begegnung mit dem Seelenpartner gekommen ist, begegnen Sie ihm ohnehin – mit und ohne Meditation.

Kann man nach dem Ende einer Seelenpartnerschaft noch einmal mit einem anderen Partner glücklich werden?

Durchaus. Nicht alle Seelenpaare treffen sich, um für den Rest des Lebens beisammenzubleiben. Wenn sie aus irgendeinem Grund getrennt werden, sind beide offen für eine neue Beziehung. In diesem Fall wird jeder aber für immer das Bild des anderen in seinem Herzen bewahren und wissen, dass diese Liebe niemals zu Ende sein wird, auch nicht nach dem Tod. Wenn irgend möglich, sollten Seelenpartner nach der Trennung miteinander in Verbindung bleiben, sich regelmäßig ihrer tiefen, seelischen Zusammengehörigkeit versichern und sich bei Problemen unterstützen. Das ist für beider Seelenheil sehr wichtig.

Ist es möglich, dass man zwei oder mehreren Seelenpartnern begegnet?

Kaum – und wenn, dann geschieht es äußerst selten. Wenn jemand in seinem Leben zweimal meint, seinen Seelenpartner gefunden zu haben, handelt es sich meines Erachtens bei einem der beiden Partner eher um einen sehr wichtigen, seelenverwandten Menschen. Auch zwischen seelenverwandten Paaren kann eine tiefe Vertrautheit entstehen, die daher rührt, dass man in früheren Leben bereits einige Liebesbeziehungen miteinander durchlebt hat.

Was ist der Unterschied zwischen einer Dualseele, einer Zwillingsseele und einem Seelenpartner?

Leider besteht auf diesem Gebiet ein großes Begriffswirrwarr. Die meisten spirituellen Lehrer stellen ihre eigenen Definitionen auf und verwenden die Namen nach eigenem Gutdünken. Ich habe in diesem Buch ganz bewusst auf Begriffe wie Dual- oder Zwillingsseele verzichtet und ausschließlich von Seelenpartnern gesprochen, weil ich dieses Wort für treffend halte. Allerdings unterscheide ich zwischen seelengleichen und seelenverwandten Menschen. Seelengleich können nur Seelenpartner sein, die nach meiner Definition aus derselben Urzelle entstanden sind, die sich dann später in zwei Seelenteile geteilt hat. Als seelenverwandt bezeichne ich alle Menschen, deren Seelen aus derselben Seelenfamilie stammen.

Kann ein Liebespaar, das »nur« seelenverwandt ist, auch glücklich werden?

Auf jeden Fall! Denken Sie nur an all die zufriedenen Paare aus Ihrem Bekanntenkreis. Die meisten Beziehungen sind – zumindest am Anfang – glücklich. Ob sie es bleiben, entscheiden beide Partner selbst. Es kommt darauf an, wie viel Engagement und Bewusstsein sie in ihre Beziehung investieren. Ich bin der Meinung, dass es Glück oder Pech in der Liebe nicht gibt. Probleme sind immer hausgemacht und dazu da, um an ihnen zu wachsen. So wie wir im ganzen Leben unseres Glückes Schmied sind, sind wir es auch in unseren Liebesbeziehungen.

Kann es sein, dass eine Beziehung zwischen Seelenpartnern auseinanderbricht?

Gegenfrage: Warum sollte eine erfüllte Beziehung auseinanderbrechen? Ein Paar, das miteinander bedingungslose Liebe praktiziert, hat in Sachen Beziehung den Jackpot gezogen und kein Interesse daran, sich zu trennen. Die üblichen Gründe, die bei Liebespaaren zu Trennungen führen, gibt es bei Seelenpartnern sehr selten. Etwas anderes ist es, wenn einer der beiden stirbt oder wenn die Partner durch bestimmte Lebensumstände voneinander getrennt werden.

Ich bin erst 21 und meinem Seelenpartner, der 22 Jahre alt ist, bereits begegnet. Können wir glücklich werden, obwohl wir noch so jung sind?

Auf jeden Fall! Vielleicht gehören Sie zur Generation der Indigokinder, die heute zwischen 20 und 30 Jahre alt sind. Diese jungen Menschen sind ohne karmische Altlasten zur Welt gekommen. Ihnen hat das Schicksal die Beziehungsarbeit erspart, die viele erst durchmachen müssen, bevor sie ihrem Seelenpartner begegnen. Wenn Sie Ihr gemeinsames Leben planen, seien Sie sich aber bitte bewusst, dass auf viele Indigos besondere Aufgaben warten. Versuchen Sie herauszufinden, welche es sind, indem Sie aufrichtig Ihre wahren, inneren Bedürfnisse und Ziele erkunden. Lassen Sie sich nicht durch von außen an Sie herangetragene Ideen von Ihren Plänen abbringen. Seelenpartner gelten als Wegbereiter für die Liebe in der neuen Zeit. Sie sind die Keimzellen der Gesellschaft von morgen!

Kann sich ein normales Liebespaar durch Bewusstseinsarbeit in ein Seelenpaar verwandeln?

Das ist leider nicht möglich. Allerdings ist Bewusstseinsarbeit immer ein guter Weg – für jedes Liebespaar! Arbeiten Sie an Ihren Schattenseiten, integrieren Sie Ihre Schwächen, lernen Sie, sich selbst und den anderen vollkommen zu akzeptieren. Damit haben Sie bereits einen sehr wesentlichen Beitrag zu Ihrer Beziehung geleistet. Selbstliebe, Achtsamkeit, Verzeihen – das sind einige der Punkte, die Ihr Liebesbewusstsein schulen und Sie zu einem seelisch gesunden, reifen Menschen machen. Damit wachsen im Übrigen auch Ihre Beziehungsfähigkeit und die Nähe und Intimität in Ihrer Partnerschaft. Wie gesagt, es gibt sehr glückliche, normale Liebesbeziehungen.

Kann es sein, dass nur ein Seelenpartner den anderen erkennt?

Ja. Es gibt Fälle, wo einer der beiden noch nicht so weit ist, den anderen zu erkennen, weil er noch in seinen Themen gefangen ist. Oft ist er gebunden oder befindet sich in einer Lebensphase, in der er auf etwas anderes konzentriert ist. Es kann auch sein, dass er gerade eine Trennung hinter sich hat und noch so beziehungsgeschädigt ist, dass er sich nicht auf eine neue Liebe einlassen kann. In all diesen Fällen helfen drei Dinge: Zeit, Geduld und Vertrauen! Wenn Ihre Seelen beschlossen haben, einander zu erkennen, wird es geschehen, und zwar zu genau dem Zeitpunkt, den Ihre Seelen dafür auf der geistigen Ebene vorgesehen haben. Sie können daran nichts ändern. Versuchen Sie bitte auf keinen Fall, den anderen davon zu überzeugen, dass er Ihr Seelenpartner ist.

Ich bin Single: Wie kann ich mich auf bedingungslose Liebe vorbereiten?

Indem Sie Selbstliebe praktizieren. Sie ist die wichtigste Voraussetzung, um einen anderen Menschen lieben zu können. Lesen Sie Bücher zum Thema und versuchen Sie, den Unterschied zwischen Selbstverliebtheit und Selbstliebe herauszufinden. Wenn ein Mensch in sich verliebt ist, besitzt er eine narzisstische Prägung – er ist eitel, selbstbezogen und sucht Anerkennung im Außen, weil er nicht viel von sich selbst hält. Wer sich hingegen liebt, schenkt sich die nötige Anerkennung und Wertschätzung selbst, er ist also nicht von äußerem Lob und Schmeicheleien abhängig.

Verstehen Sie die Zeit, die Sie als ungebundener Mensch verbringen, als wichtige Lernphase. Sie haben jetzt Gelegenheit, intensiv an Ihrem inneren Diamanten zu feilen! Entdecken Sie Ihre Talente und Bedürfnisse und machen Sie sich frei von anerzogenen Vorstellungen, wie etwas zu sein hat. Sich lebendig zu fühlen, möglichst viele Erfahrungen zu machen und sich frei zu entfalten sind Ihre wichtigsten Aufgaben.

Ich habe meinen Seelenpartner gefunden und bin total in ihn verliebt. Ist das ein schlechtes Zeichen?

Die vibrierende Verliebtheit mit den berühmten Schmetterlingen im Bauch hat nichts mit Liebe zu tun. Sie ist eine Mischung aus Freude und der Angst, dass der Zustand zu Ende gehen könnte. Diese Angst ist berechtigt, denn jede Verliebtheit hat ein Ende, Liebe hingegen endet nicht. Wenn Sie verliebt sind, schließen Sie in gewisser Weise die Augen und driften in ein Traumland ab. Sie sehen nicht, was wirklich zwischen Ihnen und Ihrem Partner geschieht, weil Sie ständig in Ihrer Fantasie gefangen sind. So ein Zustand endet immer mit der Desillusionierung. Versuchen Sie, Ihre erste Euphorie ein wenig herunterzuschrauben und ganz in den Moment zu kommen. In der Liebe zu sein heißt wahrzunehmen, was ist, statt der Verzückung anheimzufallen. Wenn Sie es schaffen, sich der Vergänglichkeit Ihres Zustands bewusst zu werden und Ihr Gegenüber mit wachen Augen ansehen, kann nach dem Abklingen des Verliebtseins die Liebe beginnen.

Meine Freundin behauptet, sie liebt mich mehr als ihr eigenes Leben. Ist das echte Liebe?

Machen Sie Ihrer Freundin klar, dass Liebe immer bei sich selbst beginnt. Ermutigen Sie sie, sich als göttliches Wesen zu verstehen. Dann wird sie ihren Körper und ihr Leben als etwas Wertvolles verstehen und beide niemals unter ein anderes Leben stellen. Vielleicht wurde Ihrer Freundin von Kindesbeinen an eingetrichtert, dass man die eigenen Bedürfnisse denen anderer Menschen unterordnen soll. Mit solchen überholten Vorstellungen tut sie weder sich noch Ihnen einen Gefallen. Spirituelle Liebe versteht den Körper als Tempel der Seele und die Seele als Teil des Göttlichen. Nur wenn Mann und Frau das verinnerlicht haben, können sie bedingungslose Liebe praktizieren und damit ihr gemeinsames Energiefeld immer wieder neu aufladen. Rufen Sie das Ihrer Freundin ins Bewusstsein – es wird Ihre Beziehung ins Gleichgewicht bringen.

Wenn Sie weitere Fragen haben oder Ihre Erfahrungen zum Thema Seelenpartner an andere weitergeben möchten, besuchen Sie mich! Auf meiner Homepage *www.gerti-samel.de* habe ich ein Gästebuch für Sie angelegt.

DANKE!

Ich danke allen wundervollen geistigen und irdischen Inspirationsquellen, die mich unterstützt, gestärkt, genährt und durch dieses Buch getragen haben. Ich danke meinem Sohn Benedict für seine Liebe. Er ist eine der Seelen, die der neuen Zeit den Boden bereiten.

Mein Dank gilt allen Menschen, die an diesem Projekt beteiligt sind. Meinem Verleger Christian Strasser, weil er an mich glaubt – und meinen beiden Lektorinnen Tatijana Milovic und Annette Maas für ihren kompetenten Rat und zartfühlenden Umgang mit meiner Person.

Danke auch an Astrid und Yvonne, an Ingrid und meine Mutter. Ihr habt mich mit euren Gedanken begleitet.

Aus tiefsten Herzen danke ich dem Mann, durch den dieses Buch erst möglich wurde. Er zeigt mir jeden Tag, dass man die Seelenpartnerschaft von morgen schon heute erfahren kann.

Literatur- und Quellenverzeichnis

1. Kapitel

Dieter Broers: *(R)evolution 2012 – Warum die Menschheit vor einem Revolutionssprung steht,* Scorpio 2009

Fritjof Capra: *Wendezeit – Bausteine für ein neues Weltbild,* Droemer Knaur 1999

Unsichtbares Komitee: *Der kommende Aufstand,* Edition Nautilus 2010

Deepak Chopra: *Heilung – Körper und Seele in neuer Ganzheit erfahren,* Nymphenburger 2010

Alain Ehrenberg, Martin Klaus, Manuela Lenzen: *Das erschöpfte Selbst – Depression und Gesellschaft in der Gegenwart,* Suhrkamp Verlag 2008

Elizabeth Gilbert: *Eat Pray Love,* Bvt Berliner Taschenbuch Verlag 2007

Louise L. Hay: *Liebe deinen Körper – Positive Affirmationen für einen gesunden Körper,* Lüchow, Berlin 2010

Stefan Klein: *Der Sinn des Gebens – Warum Selbstlosigkeit in der Evolution siegt und wir mit Egoismus nicht weiterkommen,* S. Fischer 2010

Wilhelm Schmid: *Die Liebe neu erfinden – Von der Lebenskunst im Umgang mit anderen,* Suhrkamp Verlag 2011

Richard David Precht: *Die Kunst, kein Egoist zu sein – Warum wir gerne gut sein wollen und was uns davon abhält,* Goldmann 2010

Neale Donald Walsch: *Trilogie Gespräche mit Gott,* Band 1: *Ein ungewöhnlicher Dialog,* Arkana TB 2006;

Band 2: *Gesellschaft und Bewusstseinswandel,* Goldmann TB 2008;
Band 3: *Kosmische Weisheit,* Goldmann TB 2008
Eva-Maria Zurhorst: *Liebe dich selbst und es ist egal, wen du heiratest,* Goldmann 2009

3. Kapitel
Dan Millman: *Der Pfad des friedvollen Kriegers,* Ansata 2003 (1. Auflage)
Rupert Sheldrake: *Das Gedächtnis der Natur,* Scherz Verlag 2003 (1. Auflage)

4. Kapitel
Robert Schwartz: *Mutige Seelen – Planen wir unsere Lebensaufgabe bereits vor der Geburt?,* Ansata 2008

5. Kapitel
Sogyal Rinpoche: *Das tibetische Buch vom Leben und Sterben,* Droemer/Knaur 2010 (Neuauflage)

6. Kapitel
Barbara Carrellas: *Alltägliche Ekstase – Tantra-Rituale für alle Leidenschaften,* Orlanda Frauenverlag 2009
Gopi Krishna: *Kundalini – Erweckung der geistigen Kraft im Menschen,* O.W. Barth 2010
Christian Strasser: *Das erwachende Bewusstsein,* Scorpio Verlag 2010